山东省社会科学规划研究项目文丛·外语研究专项（动态系统理论视角下学习者个体因素对大学生英语能力发展的影响，项目编号：16CWZJ22）

外语学习中纠正性反馈、个体差异与二语发展的关系研究

Studies on the Relationship Among Corrective Feedback, Individual Differences and Second Language Development in Foreign Language Learning

唐建敏　曹慧玲　李　恒　著

中国海洋大学出版社
·青岛·

图书在版编目（CIP）数据

外语学习中纠正性反馈、个体差异与二语发展的关系
研究/唐建敏,曹慧玲,李恒著 . -- 青岛：中国海洋
大学出版社，2020. 9
ISBN 978-7-5670-2580-6

Ⅰ . ①外… Ⅱ . ①唐… ②曹… ③李… Ⅲ . ①第二语
言－语言学习－研究 Ⅳ . ① H003

中国版本图书馆 CIP 数据核字（2020）第 176981 号

出版发行	中国海洋大学出版社	
社　　址	青岛市香港东路 23 号	邮政编码　266071
出 版 人	杨立敏	
网　　址	http://pub.ouc.edu.cn/	
电子信箱	1922305382@qq.com	
订购电话	0532－82032573（传真）	
责任编辑	邵成军	电　　话　0532－85902533
印　　制	青岛国彩印刷股份有限公司	
版　　次	2020 年 9 月第 1 版	
印　　次	2020 年 9 月第 1 次印刷	
成品尺寸	170 mm ×240 mm	
印　　张	13.5	
字　　数	226 千	
印　　数	1—1000	
定　　价	45.00 元	

前 言

Preface

　　我对于纠正性反馈的研究兴趣起源于2012—2013年在美国参与汉弗莱项目(Humphrey Program)。项目所在学校波士顿大学给汉弗莱学者提供了广阔的选课空间。我当时选修的课程包括二语习得和英语教学观察。这两门课程各有侧重,二语习得偏重理论,以上课讲授为主,而英语教学观察偏重实践,大多数时间用于了解真实课堂。令我感到惊喜的是,互动和纠正性反馈在两门课程中均为重要专题,特别是在教学观察课程中,用于讲授和讨论这两个专题的时间较多,并把这两个方面作为课堂观察的重点。这次学习经历使我把研究视角转移到了互动与纠正性反馈上。随后,我查阅了国际期刊的相关文献,发现研究数量众多、范围广阔,并且对其促学机制挖掘较深,说明互动与纠正性反馈对二语习得意义重大。相对而言,我国相关研究较少。回国后我主要围绕纠正性反馈开展研究。后来又逐渐把这两个专题与学习者个体差异结合起来。本书即是我与合作者近些年对于此方面研究的总结。

　　本书聚焦纠正性反馈和个体差异两大因素,考察在中国外语学习语境下它们与二语发展的关系。二语的发展取决于外部、内部两种因素的影响,而纠正性反馈和个体差异分别属于外部、内部因素。纠正性反馈指教师或者交际对象针对学习者的二语输出错误所给予的反馈,是互动的重要组成部分。近年来,纠正性反馈的研究热点是反馈类型对二语发展的作用。学者们对此做了大量研究,但发现并不一致。个体差异指学习者个体所具有的区别于他人的稳定性特征,包括语言学能、工作记忆、动机、信念、学习策略、认知方式和性格等。个体差异有可能影响纠正性反馈的有效性,进而影响学习者的二语发展。目前,国外对于纠正性反馈、个体差异与二语习得的研究较多,但在中国外语学习语境下的研究数量不多,而且缺乏同时考察纠正性反馈与学习者个体差异对中国学生外语发展的影响的研究。

全书包括三编十二章。第一编为二语习得中的纠正性反馈研究,共包括三章。第一章和第二章主要从术语界定和理论基础等方面概述纠正性反馈的相关研究,综述影响纠正性反馈有效性的六大因素,提出教学启示。第三章为实证研究,探索不同计算机交流环境下书面纠正性反馈对英语语法习得的影响。研究发现,计算机交流环境下语法纠正性反馈具有有效性,但反馈时机与任务类型对于有效性的程度产生影响。

第二编集中于二语习得中的个体差异,共包括五章,介绍个体差异研究的新方法,并运用新方法综述国内外个体差异研究的最新动态。第四~七章以复杂(动态)系统理论为切入点,阐述了二语习得及其研究的复杂性,介绍了学习者个体差异的构成要素、研究主题、研究内容、研究方法及工具等,并分别梳理了语言学能、动机与工作记忆等个体差异因素对二语发展的影响。第八章借助CiteSpace 文献分析软件,对 Web of Science 数据库中收录的 2008—2018 年间语言学习者个体差异的研究文献进行了可视化分析,通过分析国际语言学习者个体差异领域的研究现状、热点课题和关键文献,明确了该领域研究的最新状况和发展趋势。

第三编主要考察纠正性反馈与个体差异的交互作用对二语发展的影响,共包括四章。第九章和第十章通过探索纠正性反馈与语言学能和工作记忆之间的动态交互关系对二语发展的影响,挖掘其背后的促学机制。第十一章和第十二章为实证研究,通过相关分析和问卷调查探讨纠正性反馈和学习者个体差异两类因素之间的交互作用对中国外语学习语境下的外语发展的影响。

本书各研究既独立,又相互联系,既有综述研究,又有实证研究。综述研究既有传统的整理分析,又有借助软件的可视化分析。实证研究既有实验研究,又有相关性研究和调查研究。本书一方面系统地评述了纠正性反馈、个体差异与外语发展的关系并指出发展趋势,另一方面通过实证研究考察了在中国外语学习语境下纠正性反馈以及个体差异对中国学习者外语发展的影响。本书部分成果曾发表,收入本书时做了扩充和完善。

本书在准备及写作过程中,得到了很多帮助,特此致谢。首先感谢两位合作者曹慧玲(执笔第四、五、七、九章)和李恒(执笔第六、八、十章)。我们从 2016 年学院组建科研团队开始,一起在二语习得领域共同学习、研究,共同给硕士研究生开设语言习得理论课程。2020 年初,此课程获批为山东省研究生优质课程。在艰辛的写作过程中,他们给予我鼓励、督促和帮助,才使得我坚持至终。其次,我还要感谢同事刘德美和杨明,她们在第三章的写作中做出了重要的贡献。感谢山东科技大学外国语学院 2017 级硕士研究生官小龙同学,他完成了第八章的 CiteSpace 软件的技术分析。最后,我还要特别感谢蔡金亭教授,从全书的选题和构架到一些具体章节的写作蔡教授都进行了指导。在我困惑的时候,蔡教授给予方向性的指引以及激励和鞭策。感谢本书的责任编辑邵成军,他对本书的文字表达进行了仔细的校对,提升了本书的质量。

唐建敏

2020 年 8 月

于青岛黄岛

目 录

Contents

第一编
二语习得中的纠正性反馈研究

第 一 章

纠正性反馈研究概述

1.1 引 言

　　随着二语习得理论的发展,互动成为二语习得研究和二(外)语教学的重要内容。从 20 世纪 90 年代后期开始,国内外对互动的研究开始转向纠正性反馈,纠正性反馈研究成为国内外二语习得界的研究热点。徐锦芬和寇金南(2014)在《基于词频的国内课堂互动研究热点及趋势分析》中选取了国内 9 种外语类核心期刊的 54 篇有关外语课堂互动研究的文献进行了关键词研究热点综述,发现国内关注的热点的前 3 位关键词是重铸、反馈及纠正性反馈,从而看出,纠正性反馈(重铸是纠正性反馈的一种)是国内课堂互动研究的核心内容。王立非和江进林(2012)选取了《第二语言习得研究》(*Studies in Second Language Acquisition*)、《语言学习》(*Language Learning*)、《外语教学季刊》(*TESOL Quarterly*)和《应用语言学》(*Applied Linguistics*)等 4 种国际权威二语习得学术期刊上 2000—2009 年的全部学术论文共 806 篇,进行高频关键词丛的词义归并统计,在排除了一些词义宽泛、特点不突出的关键词丛后发现,纠正性反馈是 2000—2009 年国际二语习得研究的 20 个热点之一。

　　在纠正性反馈研究开展得方兴未艾之时,有必要对其背景及其前期研究做一个系统的梳理,以便为今后的研究和教学指明方向。本研究将分 3 个部分进行阐述,首先进行纠正性反馈的术语界定和理论基础探讨,然后综述其国内外实证研究,最后提出今后值得关注的 3 个方面。

1.2　纠正性反馈的术语界定

对于确定学习者错误和提供纠正性反馈,在二语习得的文献中有不同的术语,其中最常见的是纠正性反馈、负证据和负反馈。由于使用这些术语可能会出现混乱,下面对术语的定义和不同种类的反馈做一个文献梳理。

Schachter(1991)认为,纠正性反馈、负证据和负反馈是分别使用于语言教学、语言习得和认知心理学领域的三个术语。不同的研究者常交替使用这些术语。反馈可以是显性的(例如,语法解释或者明确的错误纠正),也可以是隐性的。隐性的纠正包括核查确认、重复、重铸、要求澄清、沉默以及面部表情。

Lightbown & Spada (1999:171-172)把纠正性反馈定义为"任何对于学习者目标语使用错误的说明"。这包括学习者所接收到的各种反应。当一个学习者说"He go to school every day. "时,可以给其提供显性纠正性反馈,例如,"No, you should say goes, not go. ",或者给其隐性纠正性反馈"Yes, he goes to school every day. ",还可以给予包括元语言信息的反馈,例如,"Don't forget to make the verb agree with the subject. "。

Long (1996)提出了较为全面的反馈观点,认为提供给学习者的关于目的语的环境输入有两类:正证据和负证据。Long 认为正证据是提供给学习者的范例,告知学习者什么是目的语中符合语法和可接受的;而负证据是提供给学习者的直接或者间接的信息,告知其什么是不可接受的。这些信息可以是显性的(比如,语法解释或者明确的错误纠正),也可以是隐性的(比如,重新组织学习者的话语而没有打断对话。在这种情况下,负证据同时提供了额外的正证据)。根据 Long 的分类,正证据和负证据是仅可提供给学习者的证据类型。每种证据类型还可以进一步细分。

综合上述专家的观点可知,纠正性反馈是指当学习者使用目标语进行交际出现非目标语产出时,交际同伴所给予的任何反应。因此,纠正性反馈不但包括负证据,而且包括正证据。如 Long 所说,每类证据还可以进一步细分。纠正性反馈因此也可以进一步细分为以下几种。① 重铸。对非目标语产出重组,给予目标语形式。② 显性反馈。直接指出非目标语产出的错误。③ 重复。重复非目标语产出。④ 引导。引导则指教师不重新用正确的形式纠正学习者的错误,而是通过提问题,推动学习者进行自我修正。⑤ 要求澄清。通过使用"Excuse me. "或者是"I don't understand. "来表明学习者的输出违背理解或者存在错误,需要重新表达。⑥ 元语言反馈。不需要提供正确的形式,而是通过提问或者提供一些与学习者话语相关的语法信息来指出错误,希望其更正。⑦ 副语言信息。使用一些手势等副语言手段。有时,学者们对纠正性反馈也进行大类的划分,一种是分为显性反馈和隐性反馈,另一种是分为重铸和提示,其中提示包括重复、引导、元语言反馈、要求澄清以及副语言信息等。

1.3　纠正性反馈在二语习得中的理论探讨

1.3.1　正证据的主导作用

关于二语习得动力的争论,其实也是到底是正证据作用大还是负证据作用大的问题。以 Chomsky 为代表的内在主义者认为,负证据几乎不起作用。对于内在主义者而言,普遍语法使得二语习得成为可能。也就是说,从这个角度来看语言学习,人人具备内在固有的语言机制,而这种语言机制,即普通语法,是习得语言的条件。包括负证据在内的教学对于普遍语法内的语言形式影响较小,因为它只是暂时改变语言行为而非对中介语语法产生作用(Carroll, 1996)。就这个观点而言,对中介语产生作用的仅是正证据。

另外,Krashen(1982)认为,二语习得是一个隐性的过程,包括接受可理解性输入。有意识的学习仅可作为监控来编辑输出。以负证据形式及显性教学形式出现的显性证据只能影响学习,而不能对目标语习得产生影响。Krashen 的输入假说认为,学习不能转换为习得。简而言之,Krashen 认为,负证据对于二语习得的影响很微弱。

1.3.2　注意的作用

虽然学者们同意可理解性输入是语言习得的基础,但是这种习得并非自然形成的隐性学习过程,注意也是习得过程中不可或缺的条件(Ellis, 1991;Gass & Varonis, 1991;Schmidt, 1990)。根据注意假说,如将输入变成二语学习的吸收,对输入必须给予一定程度的注意,而纠正性反馈正是起到了引发学习者注意目标语形式及其中介语之间差距的作用,进而引发重新构建语法形式(Schmidt, 1990)。

Schmidt(1990:149)认为:"潜意识的语言学习是不可能发生的,吸收是在学习者有意识注意后发生的。注意这个必要条件涉及注意语言的各个方面。"然而,学习者的注意能力是有限的,起决定作用的因素是注意力。"想要学习对于学习来说并不是关键,而注意到学习内容才是关键所在。"(Schmidt, 1990:176)

此外，注意"还能影响学习者获取有意识的经验"（Schmidt，1990：176），进而习得到新的语言形式。

同样，Gass（1991）也反对只给予学习者可以理解的输入的表征即可使其吸收，进而成为输出的观点。她认为，如果学习者想要将输入内化以达到影响习得的效果，他们不但必须理解输入，还必须注意到输入与其中介语系统的差别。Gass（1991：136）指出："除非学习者有意识地进行注意，否则，目标语中的任何东西都不可能作为吸收而进入学习者已有的语言系统中。"

1.3.3　负证据的作用

如果说注意是二语习得中重要或者必要的因素，那么什么可以引起学习者对于目标语习得形式的注意呢？Gass（1991）认为，语言学习者可接触到两种形式的反馈：正证据和负证据。正证据告诉学习者哪些是目标语中所能够接受的，它包含"一套语法结构完好的句子"（Gass，1991：136）。相反，负证据给学习者提供的信息是告诉学习者其二语话语中的错误。这个信息是通过对于学习者的非目标语产出所提供的纠正性反馈给予的。她还认为，纠正性反馈具有注意吸引器的作用。如果输入中没有直接的或者经常性的纠正性反馈来允许学习者发现其语言与目标语之间的距离，石化现象将会产生。纠正性反馈的有效性主要在于其所提供的负证据。Gass & Varonis（1994：229）还指出："意识到有差距可以促使改良已有的二语知识，其结果会慢慢显现。"同样，Ellis（1991）也有类似的观点，他认为，习得的过程包括注意、比较和整合等步骤。

Long（1996）在其校正了的互动假说中也主张，选择性注意和学习者的二语发展处理能力对环境给予习得的积极影响起到了调节作用。在意义协商或者其他过程中所得到的负证据可能会至少在词汇、语态和一些特定的句法方面对二语发展起到促进作用，其对学习一些特定的一语—二语差异也是必要的。这也给负证据在二语习得中的作用予以支撑。

从二语习得理论的发展角度来看，除了可理解性输入（正证据）外，注意是习得的重要条件。引起学习者注意的有效手段之一是提供纠正性反馈。纠正性反馈包括正证据以及负证据。只有在这种情况下，才能更好地使得学习者关注其产出与目标语之间的差别，进而进行修正性产出，逐渐接近目标语结构和表达。因此，纠正性反馈的互动有助于二语的发展，纠正性反馈在二语习得中的作用得以凸显。

1.4　纠正性反馈的研究现状

自从纠正性反馈的作用有了理论的依据,对其有效性的研究也就有了动力,研究者从不同的角度对其有效性进行了研究。下面对其实证性研究做一梳理。

1.4.1　早期纠正性反馈有效性的研究

Lightbown & Spada（1990）最早研究在强化外语课程中纠正性反馈与聚焦形式教学对二语习得的影响。研究的目的是探寻教学、互动与习得的关系。100名以法语为母语的5、6年级英语学习者成为被试。结果表明,在以内容为基础的形式教学中进行聚焦形式的活动和提供纠正性反馈对整体的语言技能有较好的促进作用。

Trahey & White（1993）研究了与一语参数设定不兼容的二语正证据的输入是否足以推动重新设定参数这一问题。研究使用了前测、后测及延时后测的实验设计,以54名5年级的母语为法语的英语学习者为被试,进行了为期两周每天一小时的实验。被试接触的材料中含有自然插入的英语副词。最后,各被试班级并没有显著性差别,说明仅有正证据不足以排除掉一语的参数设定。因此,负证据的作用得以显现。

1.4.2　重铸对二语习得的影响

近年来,越来越多的研究开始探讨不同种类的纠正性反馈对二语习得不同方面产生的不同影响。研究者们主要的兴趣点之一是重铸的作用（Loewen & Philp,2006）。重铸作为研究的焦点主要在于,重铸是纠正性反馈中教师使用最多的一种方式（Sheen,2006）。重铸具有多个特点。首先,它的不易察觉性使得它不会对交际的流畅产生过多的影响。其次,它有即时性。通常认为,在错误出现之后立即给予反馈是非常重要的,因为它能帮助学习者发现自己错误的话语与目标结构的差别,有利于以后放弃错误而习得正确的结构（Nicholas,Lightbown & Spada,2001）。

Ellis、Loewen & Erlam（2006）从显性反馈和隐性反馈对二语语法影响的角度研究了重铸的作用。在研究中,重铸被视为隐性反馈,元语言解释被视为显性纠正性反馈。习得目标结构是英语过去时,被试是中低级二语学习者。实验设计是前测、后测及两个实验组和一个对照组。实验组在进行交际活动过程中分别接受重铸和元语言反馈。最后习得的结果依靠口语模仿（测试隐性知识）、非限时语法判断和元语言测试（均测试显性知识）来判断。两周的实验后结果显示,显性反馈,即元语言反馈组,在口语模仿及语法判断测试中明显优于隐性反馈,即重铸组,说明元语言反馈不但利于显性知识的习得,同时也利于隐性知识的习得。

Nassaji（2009）的研究探索在结对互动中重铸与引导对伴随语法现象习得的影响。此研究中重铸和引导又因显性程度不同而进一步细分。数据来自 42 名成年英语学习者。在任务导向的互动中,这些英语学习者与两名母语为英语的教师进行互动,接受重铸和引导等纠正性反馈。实验周期为两周。纠正性反馈效果通过互动前场景描述和互动后的改错识别和修正来实现。结果显示,重铸组在互动后即时改错中较好。同时,两种反馈中显性度强的形式优于显性度弱的形式。但是,显性度强的重铸显性效果比显性度强的引导效果突出。这一发现说明,虽然重铸和引导对二语学习都有利,但是它们的效果与其显性度有密切的关系,而且效果与显性度的关系存在差异。

Lyster（2009）研究了结对互动中重铸与提示反馈对法语语法性概念范畴习得的影响。25 名中级法语学习者成为被试。所有被试在经过两周的聚焦形式的课堂教学后被随机分到重铸组或者提示组。在课外的场景下,每个被试与母语为法语或者接近于母语为法语水平的同伴进行了两次配对互动。被试出现语法性范畴的错误时,将得到重铸或者提示的反馈。前测、即时后测和延时后测均使用两个口语输出测试和一个反应时间二元选择测试。重复量测方差分析显示,不管纠正性反馈种类如何,两个实验组在准确度上均有明显提高。研究得出了如下结论:得到重铸反馈的学习者从两方面获益,一是反复接触正证据提供的范例,二是有机会去推断负证据;得到提示反馈的学习者也从两方面获益,一是反复接触负证据,二是有机会进行修复性输出。

总体而言,研究有如下发现:重铸促进二语习得;反馈类型不同,反馈效果不同,显性反馈优于隐性反馈(Ellis, Loewen & Erlam, 2006),如元语言反馈优于重铸;不同类型的反馈对二语习得有不同的影响,元语言反馈利于隐性知识的习得;反馈的显性度与反馈效果密切相关。

1.4.3 学习者个体因素与纠正性反馈研究

值得注意的是,上述研究主要是从教师的角度开展的。研究者逐渐倾向于从学习者的角度来进行研究,研究涉及学习者感知及到位状态对反馈的反应。Mackey、Gass & McDonough（2000）的研究就是关于学习者感知的研究,该研究探寻学习者是否能够感知到反馈或者是否能够认识到反馈的目标。另外,该研究还进一步探讨学习者对反馈的感知与反馈后即时理解力的关系。反馈被分为重铸、协商以及重铸与协商的结合。研究对象为 17 名在美国学习的成人学习者。结果显示,学习者没有把重铸当成纠正性反馈,而是当成表达同一事物的另一种方式。研究还发现,在出现领会的反馈时段中,学习者表示他们能够感知反馈的目标,而在没有出现领会的反馈时段中,学习者并不能有此感知。因此,可以看出,学习者的反馈感知对于反馈作用产生重要的影响。

Mackey & Philp（1998）从学习者语言发展的到位状态角度研究了重铸对产出及英语疑问句发展的作用。研究对比了五组学习者。两组学习者接受互动输入,还有两组接受同样的输入,但是包含密集的重铸。最后一组为控制组。实验条件对于中介语的影响是通过检查其疑问句的变化发展来评价的。实验处理和实验测试的疑问句都是按照 Pienemann & Johnson（1987）的疑问句发展顺序来确定的。研究使用了前测、后测设计。被试一旦确定了其"到位"与"非到位"的身份后,就被随机分组:两个交互组,两个重铸组,一个控制组。当重铸组的参与者在完成任务过程中出现非目标语的话语时,他们会收到大量的重铸反馈,而交互组完成同样的任务,不会收到重铸反馈。控制组仅参与前测、后测,其成员均为"到位"的学习者。分析结果表明,高发展水平的重铸组成员比非重铸组的同等水平的成员在高等级问句结构中表现出更为突出的增长。另外,同样接收重铸反馈,"到位"的学习者所产出的问句结构比"非到位"的学习者高级。

对学习者个体因素与纠正性反馈的研究发现,学习者的感知对于纠正性反馈的效果起着重要的作用。同时,学习者语言学习发展的到位情况也影响纠正性反馈的效果。比如,虽然重铸并不能帮助学生在其未达到特定发展水平时习得某些语法结构,但是,一旦学习者达到某发展阶段,纠正性反馈就可促进其快速发展。

1.5 结　语

从以上阐述中可以发现,许多二语习得研究人员支持互动反馈能促进二语习得发展的立场,并且在增强纠正性反馈对二语习得发展的有效性方面做了大量的实证研究。这些研究总体上表明,纠正性反馈对二语习得有积极意义。但是,仍有一些问题需要进一步探索。首先,由于重铸的一些特点,重铸成为教师课堂上使用最多的纠正性反馈形式,但是,其在实证中的有效性低于元语言反馈。如何在教学中提高这种常用的反馈形式的显性度以增强其纠正性反馈的有效性呢?其次,不同形式的纠正性反馈对学习者的显性、隐性知识的影响是什么?是否如 Ellis、Loewen & Erlam（2006）的研究所显示的那样，元语言反馈更有利于学习者隐性知识的习得呢？其结果似乎与 Krashen 的习得与学得观不一致。这些需要更多的实证研究进行检验。最后，还有哪些关于学习者个体差异的因素会影响到纠正性反馈的效果呢？更多针对学习者个体差异的研究会给教学提供更有针对性的教学启示。

第二章

二语习得中书面纠正性反馈的有效性研究

2.1 引 言

纠正性反馈是针对学习者非目标语使用所做出的任何回应（Lightbown & Spada，2006）。书面纠正性反馈是指教师对于学习者非目标语书面表达的解释说明，通常涉及学习者的语法错误。因此，书面纠正性反馈也称为"语法纠正"或者"错误纠正"（Ferris，2011）。书面纠正性反馈是现今二语写作教学中最为广泛使用的反馈形式，其有效性随着 Truscott（1996）的研究而引起广泛争议，并引发了大量的实证研究。

为了给今后的研究和教学指明方向，有必要对书面纠正性反馈前期研究做一个系统的梳理。本章将从三个方面进行阐述，首先厘清对于书面纠正性反馈有效性的争论，然后综述影响纠正性反馈的因素，最后提出对今后教学的启示。

2.2 关于书面纠正性反馈有效性的争论

纠正性反馈到底在二语习得中起到了什么作用成了非常有争议的话题之一，而 Truscott（1996）常被认为使得这场争论变得更加激烈。Truscott 提出，写作教师应该停止给学习者书面纠错。他承认，让教师们停止是比较困难的，一般来说，写作教师都有强烈的愿望去修改学习者的写作文本。同时，学习者也希望教师们对其作文进行修改。尽管如此，Truscott 还是坚持认为，教师应该放弃这样的做法，因为书面纠正性反馈不但无效，而且有潜在的危害。Truscott（1996，2004）从实践和理论的角度论证其观点。从实践角度而言，这一问题涉及教师和学习者双方。就教师而言，首先，教师是否能够提供恰当和连贯的反馈呢？教师在纠正策略上有时可能并不系统，或者缺乏一致性。其次，教师是否能够清楚地对错误给予恰当的元语言解释呢？就学习者而言，首先，学习者是否能够有效使用反馈和愿意使用反馈呢？有时即便是最优秀的学习者也仅仅会在脑海中进行错误更正，很少会对错误进行重写更正，这使得纠正不太可能会有长期效果。其次，学习者可能为了减少错误而回避使用复杂的语言形式。从理论角度而言，Truscott 认为，书面纠正性反馈的使用忽视了二语习得理论给我们带来的一些启示。错误纠正是简单的信息转换，而这与渐进和复杂的中介语的发展形成鲜明的对比。另外，有效性得到证实的纠正性反馈的最好的情况也只是与显性的陈述性知识有关（DeKeyser，2003；Ellis，2004），与对于二语习得非常重要的隐性知识无关。因此，纠正性反馈只是促进了"假学习"，或者说有利于自我校订和改写技能的提高，并没有促进二语真正的准确性发展。

但是，并非所有的二语研究者都同意 Truscott 的观点。Ferris（1999）认为还没有足够的证据证实错误纠正不需要做。纠正学习者的书面错误这个工作过于费时，但是，Ferris 相信，以后的研究会证明纠正是有用的，特别是纠正特定语言形式的错误。Reichelt（2001）指出，可以从另外一个角度理解写作和写作教学。写作不仅仅是一个结果，二语写作教学可以被看作是促进二语习得的一个手段。换句话说，与书面纠正性反馈相结合的写作教学可以吸引学习者注意其写作中的语言形式，进而提高第二语言的习得。Hyland & Hyland（2006）也指出，二语习得是一个缓慢的过程，如果仅从检测书面纠错与提高书面语法正确率的直接关系上探讨书面纠错的有效性未免有些过于简单。因此，他们支持继续给学习者提供某种形式的纠正性反馈的观点，同时在书面纠正的基础上辅以课堂语法讨论。

Truscott（1996）引发了二语习得界大量探讨书面纠正性反馈的作用的实证研究。这些实证研究在探索书面纠正性反馈有效与否的同时（例如，Chandler，2003；Bitchener，2005，2008；Ellis，Sheen & Murakami et al.，2008；Ferris，2006；Sheen，2007a），也揭示出影响书面纠正性反馈有效性的调节变量。这些调节变量成为外语教师实施书面纠正性反馈时应该考虑的因素。

2.3 影响书面纠正性反馈有效性的因素

大量的实证研究对书面纠正性反馈有效性进行了探讨，结论仍存在争议。但是，这些实证研究进一步加深了研究者对纠正性反馈作用的认识，发现了影响其有效性的因素。这些影响因素包括个体差异、目标结构、反馈类型、反馈形式、反馈来源等。

2.3.1　个体差异

二语习得领域中的个体因素主要包括学能、工作记忆、焦虑等（Dörnyei，2005）。Sheen（2007a）研究了学习者学能影响纠正性反馈有效性的程度。91 名中级英语学习者参与实验，分为三组：直接纠正组、带有元语言解释的纠正组和无任何纠正组。该研究采取了前测、后测、延时后测的准实验研究设计。研究结果表明，具有较高学能的学习者从两种纠正性反馈中受益最多。这一结果说明，当学习者具有较高学能时，纠正性反馈更有可能提高学习者意识（在关注和理解的水平上）。同时，当纠正性反馈包含元语言信息时，这一优势更加明显。Benson & DeKeyser（2018）以 151 名英语为第二语言的学习者的作文为研究对象，探讨直接或元语言书面反馈对一般过去时和现在完成时错误的影响。研究将学能作为调节变量。三组学习者参与实验。结果发现，两个反馈组的学习者与没有接受反馈的对照组相比，语法准确性有所提高。同时，学能分数较低的小组在直接反馈中的受益较大，学能成绩较高的小组在接收元语言反馈时受益较大，说明学能与纠正性反馈的有效性存在实证关系，学能与反馈类型存在交互效应。工作记忆在写作过程中也起着重要的作用（Kellogg，1996）。Li & Roshan（2019）探讨了两种类型的工作记忆（复杂工作记忆和语音短时记忆）与四种书面纠正性反馈（直接纠正性反馈、直接纠正性反馈加修正、元语言解释和元语言解释加修正）之间的关联。79 名成人学习者作为被试完成了三项写作任务并进行了两项工作记忆测试。结果表明，工作记忆的作用随反馈类型的变化而变化，复杂工作记忆和语音短时记忆与书面反馈的有效性可能存在着相反的关系。除了认知因素外，学习者的情感也是影响纠正性反馈有效性的因素。Anrold & Brown（1999:4）指出："焦虑很可能是一个无处不在的情感因素，它阻碍着学习的发展。"也正是由于这个原因，焦虑也成为二语习得研究中的焦点之一。Loreto & Kim（2013）研究了教师反馈与学习者焦虑之间的关系。被试为 53 名中级英语学习者。在五个月时间里，被试参加两次综合练习写作测试，并接受书面纠正性反馈，之后他们完成了五份有关语言学习焦虑、二语写作焦虑和对教师反馈看法的问卷调查。结果显示，学习者对教师反馈的感知与学习焦虑之间存在明显的负相关，对教师反馈意见较为积极的学习者焦虑程度较低。因此，教师提供反馈时应根据学习者的情况进行积极反馈，减少学习者焦虑情绪。

2.3.2 目标结构

不同目标结构会对纠错效果产生不同影响。Ferris & Roberts（2001）研究了纠正性反馈对特定错误类型的影响。研究调查了 72 名大学二语学习者在三种反馈条件下自我编辑文本的能力。研究设定的错误以动词为最多，其次是句子结构、单词选择、名词结尾和冠词。三种不同的反馈条件是，以五种不同错误种类代码标记、仅标记下画线以及对错误无反馈。除了课堂上的写作、反馈和编辑周期外，学习者还完成了语法知识问卷和语法知识预测试。结果表明，学习者修改"可处理的"错误类别（动词、名词结尾和冠词）比"不可处理的"错误类别（单词选择和句子结构）的成功率更高，并且在解决单词选择问题上比解决句子结构问题更成功。Shintani、Ellis & Suzuki（2014）也探究了书面纠正性反馈的有效性是否因语法目标而发生变化。参与实验的是日本一所大学的 214 名二语学习者，研究的两个目标结构为假设条件和不定冠词 a/an，实验过程包括背景调查、采访、听写任务及完成新的写作任务。研究发现，直接反馈和元语言解释对于学习者正确使用假设条件这一语法结构有积极作用，但是它们对不定冠词并无影响。研究者认为，学习者有限的注意力更倾向于关注更显著的结构（如假设条件），而忽视不显著的结构（如不定冠词）。由上述内容可知，目标结构的选择是影响纠正性反馈效果的重要因素，教师在教授目标结构时，应考虑目标结构的复杂程度、学习者接受语法知识的认知负荷，以实现学习者注意力的最大化，强化纠正性反馈的效果，加深学习者对语法知识的理解。

2.3.3 反馈类型

书面纠正性反馈的类型主要包含直接反馈、间接反馈、元语言反馈（解释）。Ferris（2002）认为间接反馈比直接反馈更有力，因为它会促使学习者进行假设检验，从而引发更深层次的内部处理，帮助他们内化正确形式。然而，Chandler（2003）认为直接反馈优于间接反馈。他在研究中通过观察学习者文本修改的准确性以及随后写作中准确性以及流利程度的变化，探究了不同种类纠正性反馈的作用。36 名被试分别分在直接反馈、下画线提示并作描述、仅描述以及仅下画线提示四个组中。结果发现，直接反馈组和下画线提示组都明显优于描述错误类型。研究者认为直接反馈更有利于做出准确修改，并且学习者更喜欢这种方式，因为对学习者而言，这是修改错误最快、最简单的方式。研究结果还表明，学习者使用间接反馈进行自我纠正时，需要付出更多的认知努力来延迟对假设正确性的确认,但是直接反馈可以帮助二语学习者以更有效的方式内化正确形式,因此与直接反馈相比,间接反馈并无优势。在 Sheen（2007a）的研究中,带有书面元语言解释的纠正性反馈作用显著。91 名中级英语学习者被分为三组,两个实验组分别接受纠正性反馈,其中一组的纠正性反馈中带有书面元语言解释,控制组不接受任何纠正性反馈。研究结果显示,两个实验组的成绩好于控制组,带有元语言解释的实验组成绩又好于另一组。由此可以看出,不同类型书面纠正性反馈的有效性情况并不确定。一个可能的原因是反馈类型的变量可能与其他因素（如学习者语言水平）产生交互作用,即语言水平低的学习者可能需要直接的反馈,语言水平高的学习者可能更受益于间接反馈。持类似观点的学者还有 Ferris。Ferris（2002）认为,当学习者处于初级水平时,教师应该提供更直接的错误反馈,因为他们没有足够的语言知识来进行自我纠正,他们从直接纠错中获益更多。

由上述研究可以发现,各反馈类型有不同的优势:直接反馈可以为学习者明确地指出错误并提供正确形式;间接反馈可以引发学习者深层次的内部处理;元语言反馈可以通过提供错误代码提高学习者修改错误的准确率。但是,这些反馈类型又可能与其他因素产生交互,进而影响反馈的有效性。

2.3.4　反馈形式

根据反馈的聚焦程度,反馈可以分为聚焦反馈和非聚焦反馈。Sheen、Wright & Moldawa（2009）研究了不同反馈形式对学习者准确使用语法形式的影响,指出聚焦反馈在提高学习者语法准确性方面比非聚焦反馈更有效。他将80 名被试分为四组:聚焦反馈组、非聚焦反馈组、写作练习组以及对照组（无任何反馈）。实验结果表明,三个实验组（聚焦反馈组、非聚焦反馈组、写作练习组）在后测中都提高了语法准确性,但聚焦反馈组在冠词和其他四种语法结构（系动词 be、一般过去时、不规则过去时、介词）中的即时后测、延时后测方面的语法准确性更高。结果还表明,学习者更有可能参与针对单一（或数量有限）错误类型的更正,并且有可能对错误的性质和所需的更正形成更清晰的理解,因而聚焦反馈更有效。Ellis、Sheen & Murakami et al.（2008）以不定冠词和定冠词为目标结构考察了聚焦反馈与非聚焦反馈的效果。该研究采用了准实验设计,将 49 名日本二语学习者分为聚焦反馈组、非聚焦反馈组以及对照组,采用前测、即时后测和延时后测的方法,进行基于图画故事的叙述性写作。研究结果表明,聚焦反馈学习者比非聚焦反馈学习者的总纠错量高,但是从统计学角度看,聚焦反馈和非聚焦反馈没有显著性差异,也就是说,两种类型的反馈都有效。研究者认为,应该将两种类型反馈的差异描述为"聚焦"与"少聚焦",而不是"聚焦"与"非聚焦"。也有研究提出,在写作中明确纠正某些错误可以带来语法准确度的提高(Bitchener,2008)。总体来看,聚焦反馈或者少聚焦反馈比非聚焦反馈的优势更明显,这样可以减轻学习者的认知负荷。

2.3.5　反馈来源

反馈可以来自教师、同伴或者计算机。其中,教师反馈权威性强,也是最主要、最普遍和最传统的反馈。同伴反馈由于可以帮助学习者提高学习自主性使得其现今备受关注。计算机反馈效率高,且可为学习者提供个性化和特定错误类型的反馈,因而受到学习者和教师的青睐。如今,反馈来源对反馈有效性的影响也成为大家探究的热点。

同伴反馈通过赋予学习者额外的指导者角色,可以提高学习者对写作过程的洞察力,扩大学习者的参与度,帮助学习者自主学习(Jacobs,1989)。同伴反馈在二语写作中还有很多积极效用,如提高学习者的写作水平、培养批判性思维能力(Guerrero & Villamil,1996)。Guerrero & Villamil(2000)在Vygotsky(1978)的最近发展区和"支架"理论基础上,以两名中级二语学习者为被试研究了写作课堂中同伴合作的有效性,并通过追踪两名学习者的互动和论文修改,发现两名学习者都能从他们的互动中获益。研究者认为,在反馈过程中进行面对面的讨论,可以为学习者提供学习和运用写作技巧的机会,使其以更多视角来促进写作能力的发展。但是,也有一些研究者对同伴反馈持否定态度,认为同伴反馈在二语教学中受到学习者自身的能力问题等很多因素的制约,因而反馈质量低(Leki,1990;Sengupta,1998)。

对教师来说,写作反馈是一项耗时的任务,因为他们可能无法向多个写作文本提供个性化、即时的反馈(Grimes & Warschauer,2010;Lee,Wong & Cheung et al.,2009)。El-Ebyary & Windeatt(2010)认为,尽管二语写作的研究表明,教师的反馈意见对学习者的书面写作产生积极影响,但定期提供此类反馈意见会出现问题,尤其在学习者人数较多的情况下。研究者认为,基于计算机的反馈,如计算机自动写作评估系统,可以解决这个问题。El-Ebyary & Windeatt(2010)研究了计算机反馈是否会对学习者接受反馈、写作过程及结果的态度产生影响。

研究的背景是亚历山大大学的教师培训课程，31 名教师和 549 名学习者参与了前测（包括调查问卷、采访），24 名来自前测阶段的学习者参与了随后的测试（写作任务、定期的计算机反馈）以及后测（调查问卷、访谈）。研究结果表明，参与者对接受反馈的态度以及他们对写作质量的看法都发生了积极的变化。研究者认为，在学习者数量庞大的情况下，教师一般采用随机抽样的口头反馈作为反馈策略，而计算机反馈可以针对学习者的写作特点提供反馈，并且提供反馈总分，提醒学习者在哪一方面需要加强学习，每个学习者都可以得到个性化、有针对性的反馈。但是，计算机反馈也存在缺陷，在篇章结构、切题等方面无法进行准确判断。教师反馈面临的问题是如何有效地利用有限的反馈时间。教师可以结合计算机反馈处理机械错误，根据计算机反馈结果对学习者进行有效指导。

由此可知，与教师相比，同伴的二语能力和水平有限，所提供反馈的质量具有不确定性，但是可以激发学习者进行自主学习，促进学习者间的合作学习，弥补教师反馈可能对学习者造成的学习焦虑和挫败感；同样，对于计算机反馈来说，计算机反馈的灵活性和广泛适应性优于教师反馈，但是对篇章结构等方面的反馈水平不够。因此，教师在提供反馈时，需要根据具体情况结合同伴反馈或计算机反馈进行，达到最优反馈效果。

2.3.6　反馈模态

传统的反馈以纸笔反馈为主。随着数字化教学的发展，计算机中介下的互动由于具有口头对话的互动特征而受到教师和学习者的青睐，教师通过计算机中介给予学习者的纠正性反馈也逐渐趋多（González-Lloret，2014）。近年来，研究者对于计算机中介模态下的纠正性反馈研究主要经历了两个阶段：一是单纯地探究计算机中介模态下的反馈是否有效，二是探究计算机模态下反馈时机对反馈有效性的影响。对于第一阶段的研究，Sauro（2009）调查了重铸和元语言信息对成人学习者二语知识发展的影响。瑞典一所大学的一个完整班级的 23 名学习者被随机分配到两个反馈组和一个对照组，并与以英语为母语者随机配对进行基于任务的计算机文本聊天互动，学习者接受反馈。研究的前测、后测和延时后测也均在计算机模态下进行。结果显示，两种反馈类型之间无显著性差异，但是元语言反馈组的情况明显好于控制组。这个结果与纸笔模态下的结果有所不同。传统纸笔的反馈结果是反馈类型会引起结果的差异，一般为元语言反馈优于重铸反馈，但在这个计算机模态下的研究发现，两者效果无显著性差异。这说明重铸在计算机模态下也受到了学习者的关注,可以产生一定的学习效果。计算机模态下第二个阶段的研究主要探究反馈时机对反馈效果的影响。Shintani & Aubrey（2016）将日本一所大学的 68 名中级英语学习者分为三个组,分别是同步纠正性反馈组、异步纠正性反馈组和对照组,学习者使用 Google Docs 完成了两个写作任务。反馈类型都是直接反馈。即时反馈还是延时反馈是研究的重点。即时测试结果表明,两个实验组从前测到后测的书面语法均明显改善,也就是说,时机对反馈效果影响不大。但是,延时后测的效果发现,同步反馈组在提高学习者的语法准确性方面更为有效,说明时机对于反馈的长时有效性还是有影响的。Arroyo & Yilmaz（2018）在对西班牙语名词—形容词性别一致性的目标语习得的研究中也得出类似结论,即即时反馈的长期效果好于延时反馈。可以看出,同步中介下计算机反馈可以作为一种认知放大器,为学习者注意二语形式创造了一个合适的条件（Warschauer, 1997）。这种条件与纠正性反馈相结合,会产生与传统纸笔不尽相同的结果。

2.4　结　语

近年来,书面纠正性反馈是二语习得研究中一个非常有争议的话题。Truscott（1996）提出书面纠正性反馈的消极作用后,许多实证研究开始探讨其有效性。大部分实证研究发现书面纠正性反馈的积极作用,但是同时也可以看到,其有效性受到一些因素的影响。这些因素既有学习者的个体因素,也有反馈本身的类型因素以及反馈的方式、来源和模态等因素。在厘清书面纠正性反馈有效性争论的主要观点及其影响有效性的因素后,我们可以思考其对教学的启示。

首先,在反馈时,个体差异因素是必须考虑的问题。学习者内部的认知因素,包括学习者的学能以及工作记忆因素,已被证实对书面纠正性反馈的认知处理有影响。另外,研究也发现了学习者的语言发展水平制约纠正性反馈的作用。因此,教师在提供纠正性反馈时,需要根据学习者的认知水平,针对学习目标,采用灵活、合适的反馈形式和教学策略,激发学习者的学习潜能,从而促使学习者参与并接受教师的纠正性反馈。其次,利用计算机中介进行多模态（计算机加传统纸笔）反馈。计算机中介下的交际具有口语交际的特点,如短句、实时交际,进而可以给语言学习者带来更多的互动和协商机会。它也可以帮助学习者获得客观视觉化的评价信息,全方位地认识自身不足。随着计算机中介反馈的有效性得以证实,同时随着计算机及移动端在学习中的大量使用,给予学习者多模态反馈是可行和有效的。最后,综合使用反馈。反馈是一个复杂的现象,影响其有效性的因素是交互的。因此,在教学中提供反馈时,要充分考虑其影响因素的交互作用,统筹考虑使用的策略。比如,学能和反馈类型可能相互作用:语言分析能力较高的学习者在接受元语言反馈时能够产生准确的输出,而学能分析能力较低的学习者可能接受同样的元语言反馈而无法准确地修改他们的输出。

第 三 章

不同计算机交流环境下书面纠正性反馈对英语语法习得的影响

3.1 研究背景

纠正性反馈指在学习者使用目标语进行交际时,教师针对其非目标语产出所给出的任何明确反应,目的是改变其非目标语产出,或者要求其进行修改(Chaudron, 1977)。纠正性反馈在基于课堂的二语(外语)教学中经常发生,引起了学界较多的关注。纠正性反馈可以口头或书面的形式进行。书面纠正性反馈针对学习者写作中的非目标语产出错误,提供书面反馈,目的是帮助学习者发现错误,改正错误,提高二语书面表达能力。纠正性反馈对二语习得起什么作用,是备受关注且争议较大的问题。虽然有人认为应停止纠正性反馈(Truscott & Hsu, 2008),但大部分研究表明,书面纠正性反馈给学习者提供了对比原稿和反馈稿的机会,使他们意识到反馈前后两稿之间的差距,帮助他们在已经完成的写作任务的改写和新的写作任务中提高语法表达的准确性,促进语法知识的内化,实现二语习得的持续发展(Ashwell, 2000;Bitchener & Knoch, 2009;Shintani & Ellis, 2014)。

围绕纠正性反馈的一个主要研究问题是不同反馈形式对反馈效果的影响,具体涉及以下方面。首先,直接反馈与间接反馈的效果是否有差异?元分析研究表明,直接反馈是一种更有效的反馈形式,更能促进学习者的语法习得(Biber, Nekrasova & Horn, 2011;Kang & Han, 2015)。其次,聚焦性反馈、非聚焦性反馈的效果是否有差异?聚焦性反馈指教师有选择地针对学习者写作中的某一特定语法结构使用错误提供反馈。研究证明,聚焦性反馈更符合二语习得认知发展规律,能够有效引起学习者的注意,使他们更容易注意到针对某一特定语法结构所提供的反馈,进而推动语言知识的吸收与内化,增加后期使用这一语法的准确性(Bitchener & Knoch, 2009;Shintani & Ellis, 2014;Yang & Lyster, 2010)。综上所述,传统纸笔交际环境下的书面聚焦性、直接纠正性反馈对二语(外语)习得起促进作用。

　　近年来,随着网络在人们生活和工作中的迅速普及,学者们开始研究计算机交流环境下纠正性反馈的效果。根据信息交流的即时程度,计算机交流环境下的交流分为同步交流和异步交流(Chun, 2011)。同步交流为实时发生,异步交流为延时发生。同步计算机交流环境下纠正性反馈指以计算机为中介,教师在学习者目标语产出的过程中,对其不符合目标语结构的产出提供即时反馈。一些在线编辑工具(如 Google Docs、SkyDrive 和有道云)可以让教师观察学习者写作过程,并对其产出的语言错误给予反馈。例如,Kim (2010)使用 Google Docs 提供纠正性反馈,提高了学习者论文写作修改的有效性,证明了计算机同步反馈在实际操作中的可行性。Aubrey (2014)探索了同步、异步反馈的特点以及实施同步反馈可带来的同伴相互反馈的可能性。研究发现,学习者对于同步反馈持积极态度,同步反馈有利于大班教学,使更多学习者同时受益。目前,同步、异步计算机交流环境下的纠正性反馈效果比较研究并不多,而且结果也不一致。Lavolette、Polio & Kahng (2015)在计算机交流环境下,把 32 名被试分为两组,一组接受即时反馈,教师利用计算机软件,在被试写作过程中提供反馈;另外一组在写作完成后 1～3 周的时间内接受教师的延时反馈。他们发现,即时反馈组和延时反馈组在完成写作任务的语法准确性方面没有显著性差异。Arroyo & Yilmaz (2018)对纠正性反馈的即时性对西班牙语学习者习得名词和形容词阴阳性配合这一语法准确性的影响进行了计算机交流环境下的同异步研究,发现了即时反馈组与延时反馈组之间在口语进步上的显著性差异,但是书面语法判断题中没有发现显著性差异。Shintani & Aubrey (2016)考察了计算机交流环境下显性聚焦反馈对学习者语法习得准确性的有效性问题。通过使用 Google Docs,对比同步、异步纠正性反馈对二语学习者语法习得的不同作用,他们发现了同步反馈具有优势。

　　鉴于国内缺少同类研究,笔者采用实验设计,考察我国外语教学中同步、异步计算机交流环境下书面纠正性反馈的效果差异。

3.2　研究设计

3.2.1　研究问题

本研究主要考察同步、异步计算机交流环境下书面纠正性反馈对英语目标结构(虚拟语气)习得的影响。选择的具体语法项目是"与过去相反的虚拟语气"的用法。它要求学习者对语义正确理解,也涉及语言形式的正确使用,是虚拟语气三种使用方法中最难掌握的一种。另外,"与过去相反的虚拟语气"的用法也曾在其他研究中被当作目标结构(例如,Shintani & Aubrey,2016),便于把本研究结果与前人研究进行比较。在本研究中,自变量是不同交流环境下的纠正性反馈以及不同时间的测试,因变量是被试的英语语法(与过去相反的虚拟语气)习得效果。

研究具体回答了以下三个问题:

(1)学习者在异步计算机交流环境下的书面反馈中,在前测、即时后测、延时后测中的虚拟语气得分方面是否有显著性差异?

(2)学习者在同步计算机交流环境下的书面反馈中,在前测、即时后测、延时后测中的虚拟语气得分方面是否有显著性差异?

(3)学习者在同步与异步计算机交流环境的书面反馈中,在前测、即时后测、延时后测中的虚拟语气得分方面是否有显著性差异?

3.2.2　被试

本研究中的研究对象为山东某高校英语专业二年级两个自然班的学习者,共65人,其中女生57人,男生8人,年龄在19～22岁之间。65名研究对象被随机分为三个组,即同步计算机交流环境下纠正性反馈组(同步组)(22人)、异步计算机交流环境下纠正性反馈组(异步组)(22人)和对照组(21人)。其中,同步组接受即时直接性、纠正性反馈,异步组在写作任务完成后的20～24小时之间得到直接性、纠正性反馈,对照组不接受任何形式的纠正性反馈,只在20～24小时之间接受任务评分。

在后期数据收集过程中,同步组和异步组各有1名女生请假,数据缺失,因而在后期数据整理和分析过程中,这2名研究对象的数据全部被淘汰,最后参加完整实验的研究对象为63人,每组21人。

3.2.3　测试材料

本实验前测、后测共三次,均采用语篇重构任务,三次的文章字数都在

100～120个单词之间,且难度相当。每个语篇都包含五个虚拟语气的句子,都聚焦"与过去相反的虚拟语气"这一语法结构。语篇重构任务通过复合式听写来实现。实验邀请一名外籍教师将三个语篇进行录音。音频播放三遍,第一遍要求被试只听不写,了解语篇主要内容,然后再播放两遍后,要求被试尽可能完整地写出语篇。为了避免语篇顺序对被试表现的影响,笔者把同步组、异步组和对照组分别分在不同的三个语篇重构组。第一组在前测、即时后测和延时后测中,分别采用语篇 A、B 和 C;第二组在前测、即时后测和延时后测中,分别采用语篇 B、C 和 A;第三组在前测、即时后测和延时后测中,分别采用语篇 C、A 和 B。测试工具可靠性检验显示,前测信度为 0.88,即时后测信度为 0.85,延时后测信度为 0.86,均达到较高信度。

3.2.4　数据收集

本研究的数据收集来源于两方面:一是前测、后测的语篇重构任务,二是实验干预中的纠错语料。语料收集通过有道云协作平台实现。有道云笔记格式的文档支持多人编辑,交流各方可以实时沟通,可以利用讨论区进行即时通信,针对文本的修改意见进行即时交流,并且文本的修改等所有的变动都可以保存修改痕迹,修改的过程一目了然。有道云协作平台为同步、异步计算机交流下的反馈提供了可能性。具体而言,有道云协作平台可以实现教师和学习者同时阅读和编辑一个文档。在学习者编辑产出的过程中,教师可以通过讨论区和他们进行即时交流,对他们产出的非目标语结构提出修改意见,并可监督学习者的修改过程,从而使同步、异步计算机交流环境下的纠正性反馈成为可能(同步反馈实例见图3-1)。

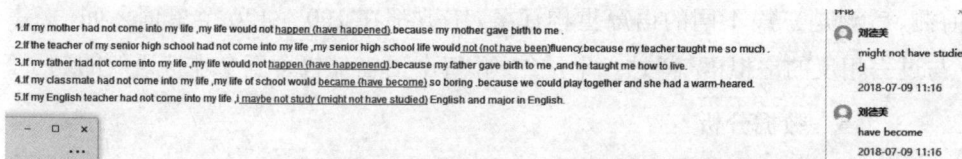

图3-1　同步反馈实例

本实验为期六个周,实验安排见表3-1。前测、后测共三次,第一周周一进行前测,前测结果发现三组之间没有显著性差异,然后进行干预。在正式干预的前两天,给被试布置一项写作任务,让其对能用到的词汇有所准备,确保在正式实验中词汇不会成为写作障碍。第一次写作任务要求被试写出对自己影响较深的五个人。第一周周五进行正式干预,要求被试参照之前的写作任务,设想如果生命中没有这五个人,会发生什么,并简单解释。每组每次分别仅有七名被试接受干预,以保证研究者可以给同步组以即时反馈。第二周周五给被试布置第二次写作任务。第二次写作任务要求被试写出对自己影响较深的五件事。第三周周一进行第二次干预,要求被试参照之前的写作,设想如果生命中这五件事没有发生,会是什么样的情境,并进行简单解释。同样,被试接受时机不同的反馈。图3-1显示了同步反馈的一个实例(由于是同步反馈,右侧反馈对话栏中的反馈与左侧的句子顺序相反,即第一条反馈是对第五个句子的反馈)。

表 3-1　实验安排

周数	星期	实验内容
一	周一	前测(语篇重构)
	周五(干预两天前)	写作任务一(课下作业)
二	周一	干预一(写作任务一)
	周五(干预两天前)	写作任务二(课下作业)
三	周一	干预二(写作任务二)
	周五(三天后)	即时后测(语篇重构)
六	周一(两周后)	延时后测(语篇重构)

干预三天后,于第三周周五进行即时后测,即时后测两周后进行延时后测。前测、后测是三篇不同的语篇重构任务,字数都在 $100 \sim 120$ 个单词之间,聚焦"与过去相反的虚拟语气"这一语法结构。每个语篇都包含五个虚拟语气的句子。

3.2.5　数据分析

评分主要采用 Shintani & Aubrey (2016)所使用的赋分标准。评分仅针对三次测试进行,纠错的干预过程不进行评分。目标语结构分为两个部分,即主句与从句,评分按照主句与从句的准确性分别给分,最后相加得出每个句子的分值(见表3-2)。满分为 5 分。

表 3-2　目标结构评分标准

句子构成	评分标准	特征	组成成分	得分
从句(满分 2 分)	1	完成时态	have + verb	1.0
	2	助动词过去时	had	0.5
	3	过去分词	过去分词(正确)	0.5
主句(满分 3 分)	4	情态动词过去时	would、could、might 等	1.0
	5	完成时态	have + verb	1.0
	6	助动词	have	0.5
	7	过去分词	过去分词(正确)	0.5
主句、从句总分(满分 5 分)				5

　　评分是根据目标语法结构所包含的具体语法特征点进行评判。评分的基本原则是,学习者针对每个语法特征点的努力,都看作是实现最终目标语法结构的重要组成部分,均可给分。对于虚拟语气的条件句来说,共分解出 7 个语法点特征,学习者只要在输出中实现一个点,即可根据标准给分。三次测试中,每次测试可产出三个句子,每个句子最高得分为 5 分,每次测试的最高分为 15 分。本研究由两名评分人对三次测试中的准确性进行赋分。两位评分人的信度系数在 0.81~0.90 之间,说明两者的评分具有较高的一致性。

　　评分完毕后,笔者使用 SPSS 17.0 进行单因素方差分析及双因素重复测量方差分析,使用 STATA 20.0 进行各组效应量 d 值计算,并通过效应量值的置信区间判断各组效应量值的显著性差异情况。

3.3　研究结果

　　表 3-3 报告了三次测试的总体情况。从描述性统计数据看出,被试在三次测试中前测分数都不高,说明学习者对此目标语言结构掌握得不是很好。但同步组和异步组在经过实验干预后,在即时后测和延时后测中,目标语言结构的得分有了不同程度的提高。两组从前测到即时后测、从前测到延时后测的分值有所提高,但是从即时后测到延时后测分值稍微下降。对照组在三次测试中,平均值(前测,$M=11.43$;即时后测,$M=11.93$;延时后测,$M=11.67$)都保持在一个水

平线上，分值没有明显变化。

表3-3　前测及后测目标语言结构得分的描述性统计

测试　　　　分组	前测		即时后测		延时后测	
	平均值	标准差	平均值	标准差	平均值	标准差
同步组	12.12	1.14	13.64	0.74	12.91	0.93
异步组	11.67	1.33	13.55	1.08	12.64	0.81
对照组	11.43	1.14	11.93	0.84	11.67	1.08

　　由于研究目的是探索同步、异步计算机交流环境下的纠正性反馈对大学生英语语法习得的影响，其中涉及被试前测、后测（时间变量）和不同的交流环境差异（组别）两个自变量对英语语法习得的影响，因此，首先使用双因素重复方差分析，考察两个变量的交互性，然后根据结果，再考察时间变量对语法习得的影响（研究问题一、二）和组别变量对语法习得的影响情况（研究问题三）。

　　双因素重复测量方差分析的数据结果满足球形检验，方差显示齐性。分析结果显示，时间与组别因素之间的交互效应显著，$F(4, 120)=4.75$，$p=0.000$，$\eta_p^2=0.137$；时间因素对测试的主效应达到了显著性水平，$F(2, 120)=46.88$，$p=0.000$，$\eta_p^2=0.439$；组别因素对测试的主效应也达到了显著性水平，$F(2, 60)=12.68$，$p=0.000$，$\eta_p^2=0.297$。

　　其次，以测试时间为自变量（研究问题一、二），以被试三个不同时间段的测试成绩为因变量，进行单因素重复测量方差分析，检验时间因素对测试成绩是否有显著性差异。结果显示，被试内效应检验结果达到显著性水平，$F(2, 124)=42.08$，$p=0.000$，$\eta_p^2=0.40$，说明时间因素对测试成绩的影响较大。进一步检验显示：第一，异步组结果（研究问题一）重复测量方差分析结果，$F=13.93$，$p=0.001$；从前测到即时后测、从即时后测到延时后测以及从前测到延时后测均有显著性差异，$p=0.000$，$p=0.000$，$p=0.001$，效应量为$d=1.58$，$d=0.87$，$d=-0.76$。从数据中可以看出，虽然从即时后测到延时后测成绩出现下降，但仍具有显著性。第二，同步组（研究问题二）重复测量方差分析结果与异步组结果趋势基本相同，$F=10.46$，$p=0.004$；从前测到即时后测、从即时后测到延时后测以及从前测到延时后测均有显著性差异，$p=0.000$，$p=0.000$，$p=0.004$，效应量为 $d=1.68$，$d=1.01$，$d=-0.85$。从即时后测到延时后测，虽然显示出下滑的趋势，但是仍具显著性差异。根据 Cohen（1988）的效应量标准，上述 d 值均为大效应量。对照组重复测量方差显示，其三次测试不具备显著性，$F=1.27$，$p=0.274$。对照组从前测到即时后测、从前测到延时后测和从即时后测到延时后测的效应量分别为 $d=0.47$，$d=0.25$，$d=-0.19$。各组三次测试效应量值见表 3-4。

表 3-4　被试三次测试单因素重复方差测试分析效应值结果

组别	前测到即时后测	前测到延时后测	即时后测到延时后测
异步组	$d=1.58^{*}$	$d=0.87^{*}$	$d=-0.76^{*}$
同步组	$d=1.68^{*}$	$d=1.01^{*}$	$d=-0.85^{*}$
对照组	$d=0.47$	$d=0.25$	$d=-0.19$

*：显著性差异 $p < 0.05$

　　最后，研究以组别为自变量，以被试三个不同时间段的测试成绩为因变量，进行单因素方差分析，检验组别因素对测试成绩是否有显著性差异（研究问题三）。统计结果显示，在前测中，三个组的测试成绩在 0.05 的水平上没有达到显著性差异，$F(2, 62)=1.78$，$p=0.18$；即时后测中，组间差异达到了显著性水平，$F(2, 62)=19.49$，$p=0.000$。同步组与对照组达到了显著性差异，$p=0.000$（效应量 $d=2.16$），异步组与对照组也达到了显著性差异，$p=0.000$（效应量 $d=1.67$）。同步组和异步组没有显著性差异，$p=0.0943$；延时后测中，组间差异也达到了显著性水平，$F(2, 62)=10.02$，$p=0.000$。同步组与异步组都与对照组存在显著性差异，$p=0.000$，$p=0.006$，效应量分别为 $d=1.23$ 和 $d=1.03$，同步组与异步组不存在显著性差异，$p=0.067$。

表 3-5　后测效应量显著性检验

组别	即时后测	延时后测
异步组/对照组	$d=1.67^{*}$	$d=1.23^{*}$
同步组/对照组	$d=2.16^{*}$	$d=1.03^{*}$
异步组/同步组	$d=0.10$	$d=0.30$

*：显著性差异 $p < 0.05$

　　表 3-5 将后测效应量的显著性情况进行了汇报。可以看出，同步组和异步组在即时后测中都比对照组学习效果有显著增长，显示出更大效应量。在延时

后测中,同步组和异步组与对照组的效应量值都有所下降,但是它们之间的差异仍存在显著性。同步组与异步组在即时后测和延时后测中的效应量值差异都不具显著性。

综上所述,实验结果表明:第一,大学生在异步计算机交流环境下的反馈中,其前测、即时后测、延时后测中的虚拟语气得分存在显著性差异,即时后测好于前测,虽然延时后测成绩有所下降,但是其仍好于前测和即时后测;第二,大学生在同步计算机交流环境下的反馈中,其前测、即时后测、延时后测中的虚拟语气得分也存在显著性差异,其三次测试的变化模式与异步组相同;第三,同步组与异步组在前测、即时后测、延时后测中的虚拟语气得分并不具有显著性差异。

3.4　讨　论

第一个研究问题涉及异步计算机交流环境中的书面纠正性反馈对准确使用虚拟语气结构的有效性。异步组在即时后测中显示出显著效应量($d=1.68$),在延时后测中的效应量有所降低。虽然延时后测的效果有下降,但是其仍然保持较大效应量($d=1.01$),与对照组相比保持显著优势。这说明,异步组的即时效应证明了异步计算机中介下的纠错可以有效地提高目标结构的准确使用。异步计算机交流下的反馈从反馈形式上来说与传统纸笔反馈基本相同。因此,该结果与传统纸笔交际模式下的书面纠正性反馈研究结果一致(例如,Shintani, Ellis & Suzuki, 2014)。异步反馈的有效性的主要原因可以用 Schmidt(1990)的注意假说来解释。首先,聚焦性直接反馈可将所需学习的语法特征凸显给学习者。一些显性教学或者聚焦形式的教学可以帮助学习者首先关注形式,通过形式与意义的结合固化显性结构(Smith, 1981)。其次,在计算机交流模式下所提供的聚焦性直接反馈,更强化了反馈凸显度,利于提高学习效果。最后,从语法复杂度来看,复杂结构的反馈(假设条件)凸显度也较强,可以促进学习成效。Schmidt(1993)指出,许多二语语法特征的输入不够频繁或凸显,有意识地聚焦注意力对语言学习是必要的。后测分数的下降在某种程度上可以说明,语法准确性的提高可能受直接或显性反馈的影响,显性反馈或者教学对学习者显性语法知识的发展有积极作用。Polio(2012)也曾经指出,书面纠正性反馈可以增加学习者的显性知识。显性知识为非程序性知识,稳定性不强,容易波动。

第二个研究问题是关于同步计算机书面纠正性反馈对目标特征准确性的影响。同步组与异步组的结果趋势基本相同。从前测到即时后测成绩提高很大

(d=1.58)，但是从即时后测到延时后测，成绩稍有下降，但是仍然比前测成绩高（d=0.87）。结果表明，在新的写作任务中使用同步计算机反馈有助于提高条件句语法特征的准确性。这一结果与国外的一些相关研究结论相似，即同步计算机中介环境中的纠错反馈对语法习得有积极的作用（例如，Shintani & Aubrey，2016）。与对照组相比，同步组不但具有聚焦性直接反馈的干预作用，而且具备即时反馈的特点。正如 Ellis（2012）所说，启动是基于使用的语言习得中的因素，也就是说，当交际者刚听过的话再说时，他更可能使用这个结构。这在某种程度上肯定了同步计算机交流模式下的即时反馈的作用。Doughty（2001）的窗口期假说也提出，对学习者在语言表达过程中出现的语言错误应该进行即时纠正，让学习者在最容易学习的窗口期进行学习。同步组在即时后测中显示出的大效应量会随着时间的推移而减少（延时后测），这也表明学习者在接受训练时所获得的语法知识为显性知识。也就是说，学习者写作时给其提供的同步计算机交流环境下的直接反馈对发展显性知识有很大影响（Shintani，2016）。

第三个研究问题是对同步、异步计算机交流环境下的书面纠正性反馈效果进行比较。首先，与对照组相比，两组在即时后测中都显示出大的效应量（见表3-4）。虽然同步组的即时后测效应量与对照组相比（d=2.16）高于异步组与对照组（d=1.67），但是，他们之间在即时后测的成绩上没有表现出显著性差异。这说明，同步计算机中介媒介下的反馈与异步反馈在即时后测效应上作用基本相同。其次，在延时后测中，两组效应量虽都有下降，但是均比对照组显示出显著优势。与本研究有相似结论的研究包括 Arroyo & Yilmaz（2018）的研究，他们分析了不同计算机交流环境下纠正性反馈对西班牙语学习者习得名词和形容词阴阳性配合的影响，发现同步反馈组与异步反馈组之间没有差别。但是，本研究结论与 Shintani & Aubrey（2016）不同。在他们的研究中，同步反馈的延时后测效果优于异步组。他们认为，同步组学习者的优势并不是其在学习过程中得到更多的学习机会，而在于其在修正过程中，利用了前面互动中留在计算机互动界面上的教师反馈信息。那么，如何解释本研究所得出的结论，即同步、异步两种计算机交流环境下的写作语法纠错效果差异不大呢？本研究认为，可以从以下方面来探讨。首先，对于同步计算机交流环境下的外语习得，其优势有两点。一是同步交流下的外语学习会给学习者提供更多的学习机会：既具有实时性特点，例如，具备一些面对面口语交流的特征，要求交际者进行会话式交流，在意义和形式上进行协商，创造一种类似于面对面口语交际的情境，同时又具有一定的交际延时性,减弱面对面交际的时间紧迫感,适当延长了学习者理解和改正形式上的错误的加工时间,延伸了工作记忆。在这两个特点结合的过程中,可以产生较多的形式和意义协商的机会,利于习得的发展。二是同步计算机交流可以通过计算机技术凸显一些交际信息,增强学习者的关注,达到习得产生的必要条件——注意性(Schmidt,1993)。但是,在同步交流环境下通过纠错来进行的书面语法学习中,可能并没有充分体现同步交流的主要特点,特别是第一个特点。这也像 Shintani & Aubrey(2016)研究中所发现的那样,同步计算机交流并没有产生出更多的协商机会。对于计算机技术所提供的凸显性,其实无论同步还是异步,从技术层面上讲,都可以实现,不会给同步交流更大的优势。其次,在本研究中,影响同步计算机交流环境下习得结果的另一个因素是任务类型的使用。基于同步计算机交流模式下的写作纠错反馈,常使用语篇重构任务(例如,Shintani & Aubrey,2016)。这种任务在用于书面反馈时,交际双方之间不是通过信息差来进行意义和形式的协商。这样的语篇重构任务只通过限定形式进行输出产出,不能引发更多的意义和形式上的协商,增强纠正性反馈机会,加大学习者对某种语法点的关注。一些学者指出,利于语言习得的任务是拼图型任务等信息差任务以及双向交流性任务(Ellis,2000;Pica, Kanagy & Falodun,1993)。基于 Pica 等人的观点,在拼图型任务中,学习者各自拥有不同种类的信息。他们必须通过分享和组合信息才能达到最后的目的,在这个过程中最可能产生机会来促进理解、反馈以及中介语的修正。所以,选择合适的任务类型也是关系同步计算机交流环境下语言习得的重要因素。

3.5　结　语

本研究以"虚拟语气"为目标语言结构,研究了同步与异步两种计算机交流环境下书面纠正性反馈对中国大学生语法现象习得的影响,得出以下两点结论。第一,同步组和异步组在语法学习效果上均好于对照组,显示出计算机交流环境下的书面纠正性反馈的有效性。值得关注的是,延时后测中,两组在效应量上均有下降。这说明,计算机交流环境下的书面纠正性反馈在某种程度上促进的可能是学习者的显性知识发展,是否可以用网络计算机技术促进学习者的隐性知识发展需要进一步考察。第二,同步组的效果并没有优于异步组,说明在同步交流环境下,通过使用语篇重构任务来进行书面纠正性反馈帮助学习者习得语法结构,并不能体现同步计算机交流环境下语言学习的主要特点。在语篇重构任务中,进行意义和形式协商的语法结构通常数量已经固定。这样,同步计算机交流环境下本可以通过增加协商和交流来促进习得的特点无法体现。

随着网络与计算机技术的发展,其与二语(外语)教学的结合给语言学习带来了更大的空间。但是,如何给学习者带来更多的意义与形式上的协商机会,如何从技术层面凸显习得内容进而促进习得发展,如何选择任务类型,发挥新技术的特点,促进书面写作中的语法习得,仍需进一步探讨。

第二编
二语习得中的个体差异研究

第四章

复杂系统理论视角下的个体差异

4.1 引 言

复杂系统理论也被称为动态系统理论,它起源于自然科学中混沌论与系统论的结合,是复杂性科学的主要研究任务,也是系统科学发展的新阶段。它的目的是研究复杂系统中各种成分之间相互作用所引起的系统的集体行为,以及系统和其环境之间的相互作用。从细胞结构到生物系统,从生命构成到社会发展,复杂系统无处不在。根据复杂系统理论,存在于我们周围的事物所表现出来的无限多样性和复杂性都是系统中各种成分相互作用的结果。复杂性理论主要关注复杂的、动态的和非线性的系统,强调研究系统的动态性和过程性,而非静态性和状态性。它继承并超越了以还原论、可逆性、单性、线性、有序性、因果决定论等为主要特征的传统经典科学范式。复杂系统理论虽然仍处在萌芽阶段,但是已经在经济、生物、地理、气象、化学、社会、生命科学等诸领域炙手可热,引起了重大反响,是当代科学发展的前沿之一。

首次将复杂系统理论引入应用语言学研究领域的是 Larsen-Freeman (1997)。她倡导将复杂性科学应用于应用语言学研究,开辟了应用语言学研究的新视角。Larsen-Freeman (1997)认为,一个系统之所以被称为复杂系统,首先是因为它由大量的要素和主体构成,其次是因为复杂系统的行为是这些构成要素和主体之间相互作用的结果,而不是任何单一的要素和主体的行为。她进一步分析了复杂性理论与 SLA 的共性关系,认为复杂性理论研究的复杂系统有以下特点。(1)动态性:随时间变化而变化,关注过程而非状态,强调系统在时间上的变化性;(2)非线性:结果与原因系非对应关系;(3)混沌性:复杂系统行为呈现出完全随机的、不规则的、无法预测的状态;(4)不可预测性:系统行为的随机性导致了复杂性和多样性;(5)初始条件敏感性:初始条件的细微变化能导致质变的结果,即蝴蝶效应,而这一点恰恰指出了复杂系统不可预测的原因;(6)开放性:信息或能量能出入系统,使系统的有序性和复杂性不断增加,强调系统与外界环境的交互作用;(7)自组织性:系统开放性导致的系统有序性不断增加,达到某个临界点后无序混沌的系统会协调一致,新的结构或模式随系统构成部分的相互作用而涌现;(8)反馈敏感性:反馈融入行为,强调反馈对于复杂系统的重要性;(9)适应性:根据环境进行自我优化;(10)引子奇异性:总体有型,但细节无法预测;(11)分形性:一个模式能在不同层级上自我复现。Larsen-Freeman(1997)还进一步指出,作为一个"自下而上"的理论,复杂系统理论尊重语言习得的本质,认为使用语言是改变语言的途径,语言每次使用都会发生变化。

　　Larsen-Freeman(1997)主张从复杂系统理论的视角看待语言和语言发展问题,认为语言系统是复杂的、开放的、自组织的和自适应的,语言发展是动态的、非线性的、混沌的和不可预测的。在她的影响之下,复杂性科学进入了更多应用语言学家的视野。Larsen-Freeman(2007)将二语习得研究中的认知派观点和社会派观点进行了整合,提出语言的复杂性和创造性是从交互中浮现出来的,语言同时是认知资源和社会资源。复杂系统理论给我们带来了全新的语言观,使我们看清了语言所具有的复杂系统的关键特征。Larsen-Freeman & Cameron(2008)进一步对复杂系统的关键特征作了如下界定:(1)系统中的元素具有异质性;(2)系统随时间变化而变化,具有动态性;(3)系统的变化呈现出非线性;(4)系统与外界进行能量和物质交换,具有开放性;(5)系统能调整自身以适应外部环境的变化,具有适应性。Larsen-Freeman & Ellis(2009)提出,语言作为复杂的自适应系统有以下主要特征:该系统包括多个语言使用者的互动;该系统是自适应系统;语言使用者的行为是包括感性认识、社会动机等在内的竞争因素作用的结果;语言结构源于经验、社会互动和认知机制相互联系的模式。

　　目前,越来越多的应用语言学研究者把目光投向复杂系统理论,他们认同Larsen-Freeman(1997)关于"语言、语言学习甚至是语言学习者都是典型的、复杂的、动态的系统,呈非线性发展,有自组织的适应性"的观点,认为语言学习不是单纯由输入引导的线性过程,而是充满倒退、停滞甚至跳跃式前进的动态系统行为。这与传统的语言研究大为不同。传统的语言研究采用自上而下的还原方法,重视简单的因果关系,认为某一因素的变化会相应地导致某种结果。比如,对于"人是如何学会语言的"这一语言习得研究中的核心问题,不同学科的基本理论和基本观点是不同甚至相悖的。以 Skinner 为代表的行为主义者认为,语言习得是外部因素作用的结果,是刺激、反应、强化过程不断反复的结果;受 Chomsky 生成语法思想的影响,生成语言学家认为,人的大脑中先天存在一个独立的语言习得机制,它制约语言的习得;而心理学家们则认为,语言习得受人类一般认知机制的制约,和其他认知技能的获得并无二致。审视这些理论对于语言习得机制的解释,就会发现它们都是在简单性信念及理论的主导下,将语言学习的复杂性还原为系统内单个因素之间的线性关系,并力图用颇具代表性的语言现象和语言个体解释和证明语言系统的整体状态。而在复杂系统理论看来,语言中包含许多系统,这些系统都具有复杂、动态、非线性等特征;系统中的各个因素相互影响和作用,其结果是整体并非各个组成部分之和。复杂系统理论从更包容、更广阔的视角看待语言、语言学习和语言学习者,很好地融合和升华了语言学的各个分支,对语言习得的现象和本质有较为强大的解释力。

Larsen-Freeman & Cameron（2008）提出了八个基于复杂系统理论的语言和语言发展研究的方法论原则:(1)研究需具有生态效度,即一个研究可以从一种情境推广到其他情境;(2)崇尚复杂性,避免简化论;(3)考察动态过程和变量之间的关系,突出自组织、反馈、浮现等概念;(4)注重双向因果关系,而非简单的单向因果关系;(5)摒弃二元区分思维,如语言习得/语言使用、语言表现/语言能力,提倡互适应、软集合;(6)识别并分析一个系统中的多个变量或多个系统中的多重变量的相互作用;(7)建立不同层次和不同时间点之间的联系,重视历时研究;(8)从考察稳定性和变异性的角度理解语言发展,但变异性处于核心地位。在方法论原则的基础上,Larsen-Freeman & Cameron（2008）还提出了四类具体的研究方法。第一类是定性研究,比如,用人种志方法考察实际语境和互动中的真实人群,而非实验研究中对不同个体的简单的聚合与平均;再比如,采用纵向时间研究法、个案研究法、时间序列法等研究方法。第二类是质性研究和量化研究相结合,比如,微变化研究法,在短时间内进行高频数据采集得到密集语料,以直接观察正在发生的变换,重视个体差异和语言发展的变异性;再比如,动态的形成性实验、设计实验和行动研究。第三类是借助现代高科技仪器或手段的研究方法,比如,用计算机技术对动态复杂系统进行建模,通过调整模型的参数推断复杂系统中各变量及变量之间的关系;再比如,用脑成像技术(包括脑电图和功能磁共振图像)对人脑活动的动态性进行直观的观察和记录。第四类是综合研究法,比如,将语篇分析和语料库语言学相结合、将二语习得和语料库语言学相结合、将二语习得和会话分析相结合进行研究。

国内应用语言学领域涌现了一批介绍和思考复杂系统理论的研究成果,如张公瑾(1997)讨论了语言的长期演化趋势的不确定性、音位系统中具体音位分布的平衡和平衡破缺、语法形式的此起彼伏、词汇更新的无规则现象、语言与文化的平行发展和穿插对应等语言现象、文化因素互相纠缠现象以及存在的许多动态的、不稳定的、随机性的因素。戴运财和王同顺(2012)依据动态系统理论,借鉴二语习得模式研究的成果,尝试构建了包含环境因素、学习者因素和语言因素三个组成部分的中国语境下的二语习得动态模式。王兰兰和苗兴伟(2013)梳理了复杂系统理论的内涵、历史演变过程,分析了该理论在应用语言学领域的意义、前景、对我国大学英语教学的启示以及具体的实际操作要点。郑咏滟和温植胜(2013)从外语学能与语言动机两大主要个体差异因素入手,详细阐释了个体差异的复杂动态系统特征,从理论和实践两个层面探讨了从动态系统理论的视角进行个体差异研究时应注意的问题,提出使用反溯法、混合法进行动态系统理论框架下的个体差异研究。雷鹏飞和徐锦芬(2017)从动态系统理论的视角,探讨了课堂外语学习环境中的语言迁移现象,认为动态性与系统性是语言迁移研究的哲学观和方法论,非线性与初始状态/反馈敏感性是语言迁移的外在表现,共同适应性与自组织性是语言迁移的内在机制。

4.2 二语习得的复杂性

从历时的角度来讲,语言是动态发展的。一千多年来,在英语本族语者和其他英语使用者的社会实践活动过程中,古英语经中古英语演变成现代英语,经历了漫长的演化与发展。英语语言系统的变化发展是非线性的,新的语言表达或形式的形成具有很大的任意性和随机性,加上人类社会环境的复杂性和不确定性,单从语言学视角很难准确预测语言的发展趋势。语言是一个由语音、词汇、语法、语义及语用等多个子系统组成的复杂系统。这些子系统互相影响,其中一个子系统的变化都可能会导致其他系统产生相应的改变。换句话说,语言发展的复杂性是由语言系统的复杂性和互联性决定的。De Bot(2005)指出,语言系统的复杂性体现在语言系统由很多嵌套子系统组成,各子系统之间相互联系、相互作用;语言系统的互联性贯穿于复杂性之中,是指复杂系统所有组成部分均直接或间接地互相关联。

　　从复杂性理论看,二语习得本身也是一个复杂系统。首先,从语言输入的角度来看,语言信息的输入具有多模态性,既包含语言输入(如词汇的语音和正字拼写),也包含非语言输入(如看到说话者的面部运动或周围环境中的物体)。语言输入对语言加工固然重要,非语言输入也蕴含着丰富的内涵。因此,真实情境中的语言加工往往是对多模态视觉和听觉双通道语言信息进行加工的结果。其次,从影响二语习得的内外资源来看,二语习得绝非经验主义认为的那样是一个简单的反射活动,它与学习者的认知能力、记忆能力及教师的指导和帮助等有密切的联系。它包含很多变量,如学习者个体差异(如学习者年龄、学习动机、学习策略、学习和认知风格、语言学能、工作记忆)、语言迁移(包括正迁移和负迁移)、社会环境(如对二语的接触、受教育程度、社会交往)、学习时间、学习环境(如课程设置、教材、教学方法和手段)。从互动的角度来看,学习者在语言交互活动中需要不断适应交际需求,恰当地选择语言和交际策略,使得语言习得有很强的动态性特征。二语习得极其复杂,同时受到二语学习者的心智结构、语言习惯、神经连接、语言输入、互动、语言产出和社会文化背景等多种因素影响。这些因素构成相互作用的子系统,共同促进二语习得系统发展。再者,二语习得并非从输入到输出的简单线性发展,而是一种基于社会交互的动态发展过程。学习者个体是自立的,但又离不开与社会其他个体的交互。他们相互影响,相互促进,其发展并非简单的因果关系。随着时间的推移,系统的各个变量相互影响,系统在变化与调整过程中会出现磨损、离散和折叠等现象,容易呈现混沌状态,促使系统趋向复杂并以非线性方式发展。总之,语言习得过程中的心理因素、社会因素和人际因素同样重要;语言输入与输出同等重要;语言的形式与意义密不可分。二语习得是复杂的动态发展过程,而非一个线性过程。二语习得是各种不同的复杂因素交互作用的结果,与学习者的母语系统、学习策略及能力、教师的教学等因素休戚相关。

　　学习者的初始条件的确对二语习得的效果有着非常重要的影响,二语学习某方面的能力薄弱会影响其他方面的学习。因此,二语习得还具有对初始条件的敏感性。例如,发音困难会影响口语的产出和理解,也会限制听力、阅读和写作技巧的发展,最终会产生连锁反应,影响语言综合运用能力的提高。De Bot(2005)综合研究了相关文献,提出母语能力是成功习得二语的重要条件,母语的语音意识和词汇辨识技能会影响二语的语音和词汇的习得。可见,二语习得困难在一定程度上与学习者初始条件薄弱所造成的蝴蝶效应是分不开的。

4.3　二语习得研究的复杂性

自 20 世纪 60 年代以来,二语习得研究领域出现了 40 余个理论假设。其中,最具有代表性、影响最为深远的有行为主义、文化适应模式、普遍语法、输入假说、输出假说、互动假说、社会文化理论等。行为主义强调外部学习因素的作用,认为语言习得是一个刺激—反应—强化的过程,然而它忽视了学习者内部的心理因素。文化适应模式认为,二语习得是文化适应的结果,是学习者在社会和心理层面上与目标语使用者的融合。Chomsky 没有直接提到普遍语法和二语习得之间的关系,但普遍语法理论对二语习得相关研究有很大的影响。根据普遍语法理论,人类天生具有语言习得机制,强调学习者的主观因素,弱化了环境输入的作用。Krashen(1985)的输入假说认为,可理解性语言输入($i+1$)是语言习得的充足条件,它把语言习得看作一个可以预测的线性过程。由于不赞成输入假说,Swain(1985)提出了输出假说,强调语言输出在二语习得中的作用:假设验证作用和元语言功能。Long(1996)的互动假说则认为,互动和意义协商能够有效地促进二语习得。Vygotsky(1978)的社会文化理论把语言学习看成一种社会中介活动,认为在个人与社会的发展过程中,语言起到了不可忽视的调节作用,强调社会文化因素在人类认知功能发展中的核心作用。这些理论相互补充,在一定程度上揭示了二语和外语学习的规律,但它们都是只关注二语习得的某一个或某几个方面,未能完整地解释二语发展的复杂性。在复杂性科学视角下,语言学习具有任何复杂系统所共有的整体性、开放性、动态性、不确定性和不可还原性等基本特征,这有助于我们回归到语言学习这一复杂现象的本质,从要素和主体间的动态交互作用出发,去审视二语习得的本真,以更科学的态度去探索语言研究的未知。在此背景下,语言学领域一些研究者们开始借鉴系统科学与复杂性科学的研究成果,重新审视和研究二语习得问题。

目前,国内外学者对二语发展复杂性的研究集中在以下几个方面。(1)词汇、句法、语篇等子系统的互联关系。例如,Larsen-Freeman(2006)研究发现,学习者的语言流利性、准确性、词汇和句法的复杂性等语言发展指标并非呈现出一致的进步趋势,语言发展指标之间存在相互抑制或促进的关系;Verspoor、Lowie & Van Dijk(2008)和 Spoelman & Verspoor(2010)则证实了二语学习者书面语词汇、句法和语篇的相互制约性和关联性;秦晓晴、文秋芳(2007)研究了英语专业学习者写作能力的发展状况,发现学习者写作中的句法复杂性与词汇发展、思维能力发展、写作成绩之间均存在密切的关系;郑咏滟(2015)也证实了学习者书面语的句法复杂性与词汇复杂性的动态发展过程以及两者的关联性。(2)二语发展非线性研究。例如,Laufer(1998)对二语学习者词汇发展过程的跟踪研究显示,在经过一年的学校学习后,学习者接受性词汇量的增长最明显,控制性产出词汇量的增长次之,自由产出性词汇量几乎没有增长;De Haan & Van Esch(2005)跟踪调查了英语学习者一年内的语言变化,发现他们的语言流利度有所提高,但词汇的复杂度有所下降;文秋芳(2006)从语言流利性、词汇多样性、词频广度三个维度对比分析了英语专业学习者四年的口语跟踪语料和美国大学生的语料,发现中国大学生在流利性和词汇多样性方面显著低于本族语大学生,但在词频广度上与本族语大学生差异不明显。(3)二语发展变异性研究。例如,Javis & Odlin(2000)提到了母语迁移研究中存在个体变异;Larsen-Freeman(2006)对英语学习者在词汇复杂度、语法复杂度、流利度和准确度等语言发展指标上出现的"例外"现象进行了考察。(4)学习者个体差异研究。个体差异是指语言学习者个体所具有的区别于他人的稳定性特征(Dörnyei,2005)。Dörnyei 是率先运用动态系统理论阐释学习者个体差异的研究者。Dörnyei(2009)以动态系统理论为基础,重新界定了个体差异的概念以及个体差异与环境之间的关系,认为学习者个体差异系统中的各个要素不是孤立的,而是相互联系的,它们之间的因果关系也不是永恒不变的,外界环境的影响往往会导致个体差异的变异性发展。Dörnyei & Kubanyiova(2014)从动态系统理论的视角出发,建立了一个由认知、情感和动机三大部分组成的人类心智框架。Dörnyei 的研究突破了 20 世纪 70 年代到 90 年代初关于学习者个体差异的单变量研究和 90 年代末开始的多变量研究模式,开创性地提出了运用动态系统理论研究学习者个体差异的理论假设,使学习者个体差异研究进入了全新的综合性的研究阶段。

4.4 学习者个体差异研究

自诞生之日起,心理学领域的研究就致力于探究两个不同且看似相互矛盾的问题,即理解人类思维的普遍性和个体思维的独特性。对个体思维独特性的探究使得一门独立的学科——个体心理学(传统上被称为差异心理学)于 19 世纪末 20 世纪初逐渐形成。学习者个体差异研究就起源于心理学领域的个体心理学。如该术语所暗示的,个体差异是个体可能被证明区别于其他个体的特征。不可否认,对于许多心理学家而言,这种差异造成对他们工作的干扰,因为如果每个人都一样,那么得出有关人类物种的有效结论和概括将会容易得多,而且研究结果将适用于每个人,根据这些研究发现,还能够设计适合所有人的有效治疗或干预手段。

Dörnyei(2005)认为,个体差异是指语言学习者个体所具有的区别于他人的稳定性特征,包括语言学能、学习动机、学习策略、认知方式、性格和学习观念等。朱智贤(1989)认为,学习者个体差异是指"个人在认识、情感、意志等心理活动过程中表现出来的相对稳定而又不同于他人的心理、生理特点"。20世纪60年代末70年代初,二语习得研究作为一门独立的学科开始形成并取得了迅速的发展。自那时起,国内外有关二语习得的研究不再只是集中在语言教学中的"教",而是转向了"学",研究重点逐渐从语言本体转向学习者主体。最初,研究者们感兴趣的是二语习得中的共性方面以及学习者认知过程的普遍性,但由于在研究中遇到了许多无法解释的问题和现象,于是开始从研究学习者个体差异中寻找答案。自20世纪60年代以来,随着二语习得研究广度和深度的不断拓展,学习者个体差异研究,尤其是语言学能和学习动机研究逐步成为二语习得研究的重要领域之一。学习者个体差异在二语习得中是客观存在的。Dörnyei(2005)指出,在众多影响二语习得的变量中,个体差异与二语习得的结果关系最为密切,其他变量均无法达到它的影响水平。Ellis(2008)也指出,若不充分考虑学习者的个体差异因素,任何对二语习得的解释都是不完整的。学习者个体差异研究主要关注以下几个问题:语言学习者存在哪些个体差异? 学习者个体差异对语言习得过程有何影响? 学习者个体差异对语言习得结果有何影响? 下面,笔者将从学习者个体差异的构成要素、研究主题、研究内容、研究方法及工具四个方面综述学习者个体差异研究的发展历程。

4.4.1　构成要素

个体差异的概念相当宽泛,包含某些核心变量和许多可选变量。自20世纪70年代起,学者们对个体差异的构成要素进行了分类和总结,但由于对个体差异中的一些术语理解不尽相同,进行严格区分比较困难,导致不同学者的归类标准和结果不尽相同。按照相关文献出版的时间顺序,有关研究可以概括如下。

（1）Altman 的讨论和分类

Altman（1980）认为,学习者个体差异的因素主要有年龄、性别、先前语言学习经历、母语熟练度、性格、语言学能、动机、态度、智力、感觉方式偏爱、认知方式、学习策略等。

（2）Skehan 的讨论和分类

Skehan（1989）认为,学习者个体差异因素包括语言学能、动机、学习策略、认知与情感因素（包括内向/外向性格、冒险精神、智力、场独立的认知方式、焦虑等）。

（3）Larsen-Freeman & Long 的讨论和分类

Larsen-Freeman & Long（1991）将学习者个体差异因素分为八大类：① 年龄；② 语言学能；③ 社会心理因素,包括动机和态度；④ 性格因素,包括自尊心、内向/外向、焦虑、冒险精神、对拒绝的敏感度、移情性、拘谨性、对歧义的容忍度；⑤ 认知风格,包括场独立/场依赖、范畴广度、审慎/冲动、听觉方式/视觉方式偏爱、分析型/格式塔型；⑥ 脑半球侧化；⑦ 学习策略；⑧ 其他因素,包括记忆能力、意识能力、意愿、语言能力缺陷、兴趣、性别、出生次序、先前语言学习经历等。

（4）Robinson 的讨论和分类

Robinson（2002）涵盖的个体差异因素有智力、语言学能、动机、焦虑感、情感、语言能力缺陷、语言分析能力、工作记忆、对反馈的注意、年龄。

（5）Dörnyei 的讨论和分类

Dörnyei（2005）指出,个体差异是个相对宽泛的概念,包含一些核心变量和许多其他变量,其中核心变量有性格、能力/语言学能、动机、学习风格、学习策略。其他变量主要有焦虑、自尊心、创造性、意愿、学习者信念。

（6）Ellis 的讨论和分类

Ellis（2008）在总结前人众多研究成果的基础上,提出了一个学习者个体差异研究框架,将学习者个体差异分为两大类：个人因素和普遍因素。个人因素是个体在学习二语时呈现出来的高度个性化的特征。普遍因素是与二语学习者有关的普遍存在的特征,可分为可调整因素（如学习动机）和不可调整因素（如语言学能）。个人因素和普遍因素都具有社会的、认知的以及情感上的特征。具体来说,Ellis 提到的个体差异因素有智力、语言学能、工作记忆、学习风格、动机、焦虑感（包括性格焦虑和情境焦虑）、性格、意愿、学习者信念、学习策略。

从上文可以看出,学习者个体差异构成要素的数量在不断增加,最为明显的一次数量突变是 Larsen-Freeman & Long（1991）对情感和认知因素进行了详细的扩充。虽然国外学者对学习者个体差异的归类标准和结果还没有统一的说法,但每种分类中都包含一些核心变量,如年龄、性格、语言学能、动机、场独立/场依赖认知方式、学习策略、智力、焦虑。随着研究的不断拓展和深入,学习者个体差异的构成要素不仅涵盖了认知、情感、动机等心理因素,还涉及神经系统、生理构造、学习环境、社会环境、个人经历、社会关系等多个方面。可见,在二语习得研究领域,个体差异研究已不仅仅局限于学习者的心理要素,而是包含更多的要素和维度,具有跨学科性质。

4.4.2　研究主题

影响二语习得的个体差异因素有很多,研究者们最关注的是对年龄、性格、语言学能、动机、工作记忆、学习策略、焦虑等核心因素的研究。

4.4.2.1　年龄

年龄问题一直是二语习得研究中的重点问题。研究者们普遍关注年龄对二语习得的过程、结果和速度有何影响。Lenneberg（1967）提出的关键期假设认为,儿童习得语言的过程与成人不同,对儿童而言,语言习得在一定时期内会自然、不费力气地发生。Lenneberg（1967）认为,关键期开始于 2 岁,结束于青春期,而部分语言学家则认为关键期可能在婴儿 6 个月大或是刚出生时就已经存在。Pentield 和 Roberts 在 1959 年指出,语言学习最佳年龄是 10 岁前。在这段时间内,人的大脑具有可塑性,但从青春期开始,可塑性开始消失(转引自 Ellis, 1985)。关键期假设一度引起了学者们的关注和争论,赞成者和反对者都不在少数。赞成者普遍认为,儿童在二语习得上比成人具有优势,他们的语言习得速度快,且更容易接近或达到母语的水平;反对者则通过大量的实证研究证明了成人在语音、语法判断能力等方面都可以达到本族语者的语言水平,普遍语法在他们身上仍然发挥作用,二语习得似乎并不存在所谓的关键期。

Gass & Selinker（1994）从以下几个方面总结了习得者的年龄对二语习得产生影响的原因:社会和心理方面的原因,即成人在某种程度上更压抑,他们不愿意放弃自己的口音带来的民族感和身份感,比较抵制社会化;认知方面的原因,即成人的认知能力较强,但根据 Krashen（1985）的理论,语言习得更多地依赖语言习得机制而不是认知能力,认知能力对二语习得产生负面作用,儿童在语言习得机制的作用下更容易习得第二语言;神经发展方面的原因,即神经系统的发育使得大脑侧化,成人大脑的灵活性、适应性和可塑性减弱,二语习得能力随之衰退;从语言输入的角度来看,儿童得到的语言输入往往更容易理解,从而更有利于语言习得。

　　由于不同研究者的研究角度各异,使用的研究方法也不同,因此得出的结论不尽相同,但 Ellis（1994）还是总结了一些比较有共性的结论。

　　（1）就习得速度而言,成人学习者在习得的初始阶段具有优势,尤其在语法方面。但他们最后可能会被儿童学习者超越,因为后者能接收到足够的语言输入。这种情况更有可能出现在自然学习环境中。

　　（2）儿童比成人更有可能获得接近本族语水平的二语,特别在语音方面。

　　（3）儿童比成人更有可能获得本族语者的语法能力。习得语法能力不像习得语音能力那样较多地受制于年龄。

　　（4）不管二语习得者能否达到本族语者水平,在语音和语法方面,儿童比成人更有可能获得更高的语言水平。

4.4.2.2　性格

4.4.2.2.1　定义及分类

　　什么是性格?《柯林斯 COBUILD 高阶英语学习词典》将性格定义为一个人的"整体特征与天性"。根据 Pervin & John（2001）的定义,性格指一个人一贯的情感、思维和行为方式。但这些定义都强调一致的模式,即无论实际情况如何,个人的行为方式都存在一定的稳定性。事实上,每种语言都有很多的词语来描述这些行为方式,如"攻击性""善良""懒惰""善于交际",人们似乎对这种分类达成了一致意见,这表明这些词语代表了潜在的性格特征。性格特征是影响语言习得的重要因素之一,近年来越来越受到学者们的重视。针对性格特征的构成要素所提出的理论模型,目前占主导地位的有两种。一种是 Eysenck 的"三分量构造"模型。这种模型把人的性格标识为三个主要维度,即外向性和内向性,神经质、情绪性和情绪稳定性,精神质、刚性和温和。另一种模型是 Goldberg 所命名的"大五"模型,包括情绪稳定性、外向性、开放性、随和性和谨慎性五个维度,每个维度又包括五六种特质,即情绪稳定性包括焦虑、敌对、压抑、自我意识、冲动、脆弱,外向性包括热情、善于社交、果断、活跃、冒险、乐观,开放性包括想象、审美、情感丰富、求异、智能,随和性包括信任、直率、利他、依从、谦虚、移情,谨慎性包括胜任、条理、尽职、成就、自律、谨慎。这两个模型在很大程度上具有重叠性。Eysenck 的模型确定了三个主要的人格维度:（1）外向性和内向性;（2）神经质、情绪性和情绪稳定性;（3）精神质、刚性和温和。"大五"模型保留了 Eysenck 的前两个维度,但用谨慎性、随和性和开放性来取代了精神质。大量的实证研究对这些模型进行了测试,发现它们很好地代表了人格的核心特征。

得出"大五"模型的一个很重要的方法就是基于问卷研究。Costa 等人编制了测验五维度的 NEO-P1 人格量表。该量表包括 300 个项目，被试在五点量表（从完全同意到完全不同意）上指出每个句子表示他们自身特点的程度。除了五个维度上的得分，被试还有为每个维度量表设置的六个测量特质水平的层面量表得分。这些层面量表提供了有关"大五"维度的每个维度内的行为的更大区分性。有关人格"大五"特质因素和相关特征如下。

（1）情绪稳定性：指个体承受压力的能力。积极的情绪稳定者倾向于平和、自信和安全；消极的情绪稳定者倾向于紧张、焦虑、失望和缺乏安全感。

（2）外向性：这一维度描述的是个体对关系的舒适感程度。外向者倾向于喜欢群居、善于社交和自我决断。内向者倾向于封闭内向、胆小害羞和安静少语。

（3）开放性：描述一个人的认知风格、个体在新奇方面的兴趣和热衷程度。高开放性的人富有想象力和创造力，好奇，具有艺术敏感性，兴趣广泛。封闭性的人讲求实际，偏爱常规，对熟悉的事物感到舒适和满足，比较传统和保守。

（4）随和性：这一维度描述的是个体服从别人的倾向性，反映了个体在合作与社会和谐性方面的差异。高随和性的人是合作的、热情的和信赖他人的；低随和性的人是冷淡的、敌对的和不受欢迎的。

（5）谨慎性：这是对信誉的测量。高谨慎性的人是负责任的、值得信赖的、持之以恒的。低谨慎性的人很容易精力分散，缺乏规划性，且不可信赖。

然而，如果仅仅考虑人的一贯的情感、思维和行为方式，我们还不能全面地解释性格特征对语言习得的影响力。正如 Pervin & John（2001）指出的那样，从某种程度上来说，人们的性格特征是依赖于情境的。Dörnyei（2015）把情境因素考虑在内，将人类本质、内在特质、特征适应、整合生活叙事、文化五大维度包括其中，进一步把"大五"模型发展成为"新大五"模型。

尽管"大五"模型在目前性格研究中的主导作用不可否认，但我们应该注意到，人格心理学的范畴不仅仅限于五大特质。精神分析理论仍然是活跃的领域，行为主义、社会认知和人文主义的研究也取得了很大进展。因此，性格研究领域面临的一个挑战是如何整合不同的研究方法。另外，情境因素对人格和行为变化的影响以及性格因素与其他个体差异因素的关系也应该引起重视。

4.4.2.2.2　性格与二语习得

应用语言学中对性格的研究离不开对二语习得过程中"善于学习者"的研究。研究者们试图把性格因素，如外向、愿意冒险、不压抑、自尊，与成功的语言学习联系起来。Lalonde、Lee & Gardner（1987）所做的一项问卷调查显示，在被调查的教师中，超出 83% 的人认为二语习得过程中的"善于学习者"具有突出的性格特征，如谨慎细致、坚韧、善于交际、独立、求知欲强、参与性强、有组织性、活跃、灵活、自信、想象力丰富。Naiman et al.（1978）运用开放式问题所做的研究也表明了谨慎细致、坚韧、善于交际、独立等性格特征在语言习得中的积极作用。Dewaele & Furnham（1999）的实证研究表明，外向型学习者比内向型学习者的语言表达更流利，尤其是在正式的语言情境中，内向型学习者由于缺乏充足的短时记忆能力，不能产出较长的话语，导致流利性较低。他们还发现外向型学习者更能够灵活使用口语词，而内向型学习者则倾向于避免使用口语词。由于内向型学习者在人际交流和交际任务中处于弱势地位，这就意味着他们获得语言输入和进行语言输出的机会较少。Skehan（1989）建议，在二语习得领域人们应该更加注重外向型性格的积极作用，但同时指出，二语习得是一个包含多种学习任务的复杂过程，内向型学习者在某些学习任务中做得要比外向型学习者更好。内向型学习者更能有效地对各种学习材料进行编码使其进入长时记忆。Verhoeven & Vermeer（2002）运用"大五"模型调查了荷兰青少年语言学习者的性格特征与交际能力之间的关系。根据 Bachman & Palmer（1996）的分类法，交际能力包含三个部分：语言组织能力、策略能力和语用能力。研究发现，只有开放性与这三项能力均显著相关（平均相关系数为 0.43），外向性只与策略能力显著相关（相关系数为 0.51），谨慎性与语言组织能力存在中等程度的相关性（相关系数为 0.28），而情绪稳定性和随和性与交际能力无相关性。

4.4.2.3　语言学能

4.4.2.3.1　概述

语言学能一般是指人们在学习第二语言时表现出来的相对稳定的专门能力倾向。语言学能是个体差异的主要因素之一，是个体差异研究的一个重要议题。Gardner（1985）认为，语言学能是和动机具有同样预测作用的学习者因素。Skehan（1989）和 Dörnyei（2005）都指出，学能是学习成功与否的强力预示因素。语言学能测试开始于 20 世纪 20、30 年代的美国。由于当时学校安排的外语学习时间太少，导致外语学习的效果普遍很差，教育主管部门于是委托相关人员设计所谓的"诊断测试"以找出原因，这就是语言学能测试的起源。现代意义上的语言学能研究始于 20 世纪 50 年代美国心理学家 Carroll 进行的大量研究。1959年，Carroll 与他的同事 Sapon 一起研究设计了历史上第一个科学的语言学能测试工具——现代语言学能测试。现代语言学能测试题库具有很高的预测效度。直到今天,现代语言学能测试题库在美国政府和军方的外语人才选拔和培训等方面还发挥着重大作用。20世纪50、60年代,语言学能测试研究迎来了第二次发展高潮,其标志是两个著名的语言学能测试。除了Carroll & Sapon（1959）的现代语言学能测试题库,另一个是Pimsleur（1966）的皮姆斯纽语言学能测量表。语言学能研究从20世纪70年代初转入相对沉寂阶段,Skehan（2003）总结了三方面的原因:一是如果学能是稳定不可改变的,学能低的学习者就没有希望克服这种不利的状况,这有悖于以学习者为中心的现代语言教育原则,对学习者来说是不民主的,教学大纲和教学材料的制定都是建立在"学习者是相同的"假设之上的,并没有考虑到学习者之间的个体差异;二是语言学能的概念比较老旧,语言学能只是与过时的"听说教学法"有关联,与现代"交际教学法"并无太大关联;三是它的实际解释力不强,学能效应只适用于课堂学习,不适用于自然语言环境下的语言习得过程。到20世纪90年代初,一方面,认知心理学的发展使得各种心智技能和构成语言学习能力的学能成分能够被更精确地表征,另一方面,研究者们开始探讨语言学能与二语习得研究中的一些重要问题以及其他个体差异因素的联系,语言学能研究又获得了新的生命力。

4.4.2.3.2　现代语言学能测试题库和语言学能测量表

Carroll（1981）归纳了构成外语学能的四种最重要的能力:① 语言编码能力,即对新的语音进行识别、编码、记忆的能力;② 语法敏感度,即辨认单词或短语在句子中的语法功能的能力;③ 归纳语言学习能力,即能够在新材料中推导、归纳并运用语言规则的能力;④ 联想记忆能力,即快速有效地把单词和母语意义相联系并加以记忆的能力。现代语言学能测试题库是一个纸笔测试组合,由五大部分构成:① 数字学习;② 语音符号学习;③ 拼写提示学习;④ 句中单词学习;⑤ 联想配对学习。四种能力与五大测试部分的对应关系为:语音符号学习、拼写提示学习测试语言编码能力;句中单词学习测试语法敏感度;数字学习测试归纳语言学习能力和联想记忆能力;联想配对学习测试联想记忆能力。Carroll（1981）认为,语言学能与语言学业成绩不同,前者是学习成功与否的预示因素,后者则体现了学习者实际学到了多少;语言学能与学习动机是两种不同的个体差异因素;语言学能可能是天生固有的,相对稳定,很难靠后天的训练和培养改变;语言学能不是二语习得的前提条件,而是学习者学习速度和难易程度的预测;语言学能不同于智力和一般意义上的"能力",语言学能和一般智力之间没有相关性,应该互相区别。

Carroll 的语言学能框架和现代语言学能测试题库对其后的研究产生了深远的影响。受 Carroll 的影响，Pimsleur（1966）设计出了语言学能测量表。Pimsleur（1966）认为语言学能由三方面的因素构成：① 言语智力，即拥有词汇知识和运用词汇知识对语言材料进行分析推理的能力；② 学习某种语言的动机；③ 听觉能力，即接受和加工听觉信息材料的能力。Pimsleur 的外语学能成分与他所设计的语言学能测量表的各部分试题相照应，语言学能测量表也是一个纸笔测试组合，由六部分构成：① 平均学分绩点，即被试需要报告所学主要学科的平均成绩；② 语言学习兴趣，目的是测量外语学习动机；③ 词汇量，目的是测量言语智力；④ 语言分析，目的是测量言语智力；⑤ 语音辨别，要求被试辨别相似读音的单词所对应的意义；⑥ 语音—符号关联，要求被试根据听到的无意义词选择拼写正确的单词。Pimsleur（1968）认为，第 5 ～ 6 部分测量了听觉能力，而 Carroll（1981）认为这两部分可能都测量了语音编码能力。

现代语言学能测试题库和语言学能测量表两种测试工具存在很多相异之处，表现在以下方面：与现代语言学能测试题库相比，语言学能测量表更侧重听力技能而非记忆能力；语言学能测量表把学习者过去的平均学分绩点和语言学习兴趣作为测试必不可少的组成部分；语言学能测量表目标人群为中学生，尤其是遇到外语学习困难的学习者，而现代语言学能测试题库主要针对大学生和成人。然而，两者也存在很多相似之处，表现在以下方面：现代语言学能测试题库和语言学能测量表都采用试错法，沿袭了心理测量能力的理念；Pimsleur 对语言学能的分类与 Carroll 的分类有相似之处，Pimsleur 的"言语智力"接近 Carroll 的"语法敏感度"和"归纳语言学习能力"，Pimsleur 的"听觉能力"接近 Carroll 的"语言编码能力"。

4.4.2.3.3　后 Carroll 时代的语言学能研究

继现代语言学能测试题库和语言学能测量表之后又出现了一些语言学能测试，如约克语言学能测试、美国国防部语言学能测量表（该测试量表的目标是要在军队中挑选语言精英人才，强调测试听力技能及语言归纳能力，并增加视觉材料）、现代语言学习学能测试、美国陆军语言学能测试（该测试的目标人群为军方人员，目标外语为句法系统与英语句法相似的人工语言）。20 世纪 80 年代以来，出现了法语、日语、德语、西班牙语等其他语言的学能测试。Parry & Child（1990）设计出了 VORD 语言学能测量表。

　　自 20 世纪 90 年代以来,一些学者开始突破 Carroll 时代的语言学能研究传统,重新审视学能的结构和学能测试的构成部分,比较有影响力的是以下四种语言学能模式。

　　(1) Grigorenko、Sternberg & Ehrman (2000)的"外语习得中的创新认知能力测试"

　　Grigorenko、Sternberg & Ehrman 于 2000 年设计出了外语习得中的创新认知能力测试(简称 CANAL-FT)。与基于心理测量传统的现代语言学能测试题库和语言学能测量表不同,CANAL-FT 建立在 Sternberg (2002)的人类智力三元论基础之上,是理论驱动下的产物。根据这一理论,人的智力由三部分构成,分别是分析性智力、创造性智力和实践智力。分析性智力即分析、评估、判断、比较和对比能力,创造性智力即创新、创造、发明和发现能力,实践智力即运用相关知识处理日常生活中实际问题的能力。CANAL-FT 重点测量人们在学习中进行创新及处理歧义的能力,它把外语学习看作是语言知识的五种习得过程,分别是选择性编码、附带性编码、选择性比较、选择性迁移和选择性合并。语言知识的五种习得过程在四个语言层面以两种输入输出方式进行处理。四个层面包括词汇层面、形态层面、语义层面和句法层面,语言输入和输出的两种方式包括视觉方式和口头方式。学习者还需要在工作记忆中理解语言材料并对其编码,然后将其存储到长时记忆中以便于以后检索。编码、存储和信息检索是否成功可通过即时回忆任务和延时回忆任务来进行检验。

　　CANAL-FT 测试的目标语为人工语言——Ursulu,被试在测试开始时对这种语言一无所知,测试结束时,能够掌握关于这种语言的足够的词汇、形态、语义和句法知识。测试包括九个部分,主要考察对语言材料的回忆以及推断。其中,五个部分涉及即时回忆,四个部分涉及延时回忆。

　　CANAL-FT 以认知理论为基础,超越了对学能结构的传统认识,打破了传统学能测试的静态观点,创新了测试手段和方法。Grigorenko (2000)认为,在将来的研究中有必要将工作记忆测量包括进来。总体来说,这项研究应该被看作未来进一步发展的基础,而不是一项已完成的工作。

　　(2) Sparks & Ganschow (1995)的"语言编码差异假设"

　　Sparks & Ganschow (1995)提出了语言编码差异假设(linguistic coding differences hypothesis,简称 LCDH)。根据这个假设,一个人的二语学习能力与他的母语学习能力密切相关,二语学习障碍部分根源于母语学习障碍。该假设聚焦于语言编码能力,即母语的音系/文字加工和词汇识别/解码能力,认为这些能力是二语学习的基础,如果学习者在这些方面存在障碍,通常会给他们的二语学习造成困难。Sparks & Ganschow(2001)经多次调查发现,成功的外语学习者比不成功的外语学习者在母语文字加工技能和句法加工测试方面表现出明显的优势;成功的外语学习者在现代语言学能测试中表现更好。Dufva & Voeten(1999)对 160 名芬兰小学生进行了为期三年(从一年级到三年级)的历时研究,考察了他们的母语文字加工技能和语音记忆能力对二语(英语)学习的影响。

Sparks & Ganschow(2001)主要是从语言或智力的角度来研究外语学习机制,这是外语学能研究的一个全新视角。他们的调查发现也被其他研究者所证实,但仍存在一些不足之处,表现在:在该假设中他们关注的核心是音系/文字加工能力,没有考虑学习者的语义能力和语用能力;支持该理论的相关实证研究调查的对象是中学生或小学生,没有涉及高水平的学习者;Sparks 等通过回归分析发现音系—文字、意义以及外语学能三个元素可以解释约 60% 的外语学习结果差异,但他们调查的学习能力成分之间互相交叉和重叠。

(3)Skehan(2003)的"语言学能与二语习得构想"

Skehan(2003)认为,二语习得中存在三个模块:听觉加工、语言加工和记忆模块。这三个模块与 Carroll 的学能模式中的相应成分对应,可以将学能的不同组成部分和二语习得过程的不同阶段联系起来。宏观上,语音编码能力与语言输入过程相联系,语言分析能力与中央处理相联系,提取记忆与语言输出和流利度相联系。微观上,二语习得过程被细化为语言输入的加工策略、注意、语言结构的识别、重构与操纵、控制、融合等阶段,与现存的、潜在的语言学能构成要素相对应,具体见表 4-2。

表 4-2　二语习得步骤与学能结构联系表

二语习得的加工步骤	相应的语言学能构成要素
语言输入的加工策略(如切分)	注意力的控制 工作记忆
注意	音位编码能力 工作记忆
语言结构的识别	音位编码能力 工作记忆 语法敏感度 归纳语言学习能力

续表

二语习得的加工步骤	相应的语言学能构成要素
重构与操纵	语法敏感度 归纳语言学习能力
控制	自动化 融合记忆
融合	组块能力 检索记忆

在这些联系中,有些已被普遍接受,有些是假定的(斜体部分)。Skehan 认识到了各种学能构成要素在二语习得的不同阶段发挥不同的作用。语言学能是由多种因素构成的复杂认知概念,把学能与二语习得的认知过程联系起来,有助于对学能概念进行重构,这是学能研究的一大突破。但该模式只是处于设想阶段,目前还没有对新增加的学能要素进行测试的方法和工具。尽管如此,我们应该看到,Skehan 的研究为将来的学能研究提供了一种思路和进一步研究的内容。

(4)Robinson(2002)的"语言学能综合体理论"

Robinson(2002)结合 Snow 的学能综合体假设,提出了语言学能综合体理论。该理论旨在探讨外语学能的构成要素与不同条件下外语学习之间的关系。

4.4.2.4　动机

在二语习得领域,动机是引发学习并使这一漫长学习过程得以持续的驱动力。二语学习动机研究始于 Gardner & Lambert(1959)的学习动机理论。Gardner & Lambert(1959)认为,二语习得和母语习得一样,与整个社会环境因素相关,并由此提出了二语习得的社会教育模式。根据这一模式,融入另一个语言团体的融合型动机、语言学能和其他一些因素共同影响二语习得的结果。Gardner & Lambert(1972)指出,虽然语言学能在一个人的语言学习成功与否过程中扮演着相当重要的角色,但动机因素可以覆盖学能效应。在特定的语言环境下,人们都可以达到熟练掌握二语的程度,尽管他们的学能存在很大差异。Dörnyei(2005)认为,自 20 世纪 50 年代末至 21 世纪初,动机研究经历了三个阶段:社会心理学阶段、认知情境阶段和过程导向阶段。

(1)社会心理学阶段(1959—1990 年)

二语习得动机研究始于加拿大社会心理学家 Gardner 和 Lambert。在当时加拿大的一些群落里,既有母语为英语者,又有母语为法语者。Gardner & Lambert(1972)发现,二语在不同民族语言群落间起到了中介作用,语言学习动

机是促进或阻碍不同民族间的联系以及跨文化交际的主要力量。基于"学习者
对目的语的态度会影响学习的结果"这一原则，Gardner & Lambert（1972）试图
从社会心理学视角开展学习动机研究。从理论的角度来看，这意味着二语学习
动机研究需要在传统动机研究（只关注学习者）的基础上，运用社会心理学的理
论和方法，关注母语和二语群落；从教育的角度来看，Gardner & Lambert（1972）
的观点表明，二语学习不是社会文化的中性领域，而是受到一系列社会文化因素
如学习者对目的语的态度、文化偏见甚至地缘政治的影响。Gardner（1985）还
设计了态度/动机测验量表（the attitude/motivation test battery，简称 AMTB）。在
AMTB 里，融合型动机包含对目的语社团的态度、对目的语的兴趣和融入性取向
等 6 个维度。AMTB 是一个由 130 多个项目构成的调查问卷，具有良好的心理
测量学特征，如构建效度和预测效度（Gardner & MacIntyre，1993）。在随后的 30
余年里，Gardner 的社会教育模式和 AMTB 在二语习得动机研究领域占据着主
导地位，然而，在如何界定融合型动机上存在一定的模糊性；而且，用调查问卷的
形式很难对动机做出准确的测量。

（2）认知情境阶段（20 世纪 90 年代）

一般认为，Crookes & Schmidt（1991）的成果标志着二语习得动机研究进入
了新的阶段——认知情境阶段（Dörnyei，2005）。这一阶段的出现受两大趋势的
影响。一是动机心理学和教育心理学中认知理论的发展使研究者们希望拓展对
二语学习动机的理解。动机心理学家们从认知的视角指出，一个人对自身能力、
潜能、不足、以往的成绩、要完成的任务或达成的目标等的认识是学习动机的关
键（Dörnyei，2005）。二是研究者们希望缩小二语学习动机的研究维度，改变过
去从社会心理学的宏观角度研究整个学习群落的做法，从微观角度分析实际学
习情境（如语言课堂）之下的学习动机。不少研究者考察了课堂情境（如教师、教
学大纲、学习小组）对学习者语言学习动机的影响。研究者们发现，不同的语言
学习情境因素对学习动机产生不同的影响，课堂学习动机不是固定不变的，而是
动态的。

（3）过程导向阶段（21 世纪最初的 5 年）

过程导向阶段即动机研究的社会动态视角，这一阶段的研究者以 Dörnyei
和他的同事最为突出。Dörnyei 认为，动机具有动态性，会经历持续波动和变化，
因此，学习动机研究应该和具体的学习行为和过程结合起来，即需要采用能够解
释动机的日常波动和变化的过程导向方法。Dörnyei & Ottó（1998）构建了一个

学习动机过程模型，Dörnyei（2001）对该模型进行了修改。这一模型基于动机和时间的关系，包含预行动阶段、行动阶段和后行动阶段。三个阶段分别以动机选择、动机执行和动机回顾为特征，体现了动机在学习过程的不同阶段发挥的实际作用。

Dörnyei（2005）还提出了二语动机自我体系。该体系主要包括理想二语自我、应然二语自我和二语学习体验。理想二语自我是指二语学习者理想中自己具有的一些品质，和融合型动机有关；应然二语自我是指学习者认为为了避免负面结果，自己应该具有的品质，比如责任感。Dörnyei（2005）还提到了动机的神经生物学研究、动机衰竭、教师动机等。目前，动机研究与自我概念、自我认同的联系越来越密切。动机是一个高度情境化的综合体构念，具有很大的研究空间（张帅，罗少茜，2017）。

4.4.2.5　工作记忆

工作记忆（working memory）的概念最早是由英国心理学家 Baddeley & Hitch（1974）提出的。Baddeley & Hitch（1974）认为，工作记忆由语音环、视觉空间模板、中央执行系统构成，各部分专司不同信息的处理。在语言习得研究中，工作记忆模型及其测试工具被用于调查与解释语言习得的成效（例如，Baddeley，2003）。与短时记忆相比，工作记忆包括对被加工的认知任务中的信息的暂时存储与控制，拥有对信息同时进行存储和加工两大认知功能。换句话说，其有限的认知资源可以对诸如语言理解和语言输出等信息进行实时（在线）存储及加工处理。这对语言学习等复杂的人类高级认知活动显然具有深远影响（Baddeley，2003）。

关于工作记忆的另一个重要理论是 Daneman & Carpenter（1980）提出的复合语言记忆理论。该理论的核心是强调记忆的存储和加工两项功能的并行作用，它包括 Baddeley & Hitch（1974）模型中的语音短时记忆能力和中央执行系统的功能。该理论使用的测试工具主要有阅读广度测试与听觉广度测试。大量研究结果都证实，阅读或听觉广度测试的工作记忆容量与阅读或语法的习得有关。

关于工作记忆与语言学习，认知心理学界主要探讨工作记忆与语言加工处理的相互关系。相关研究表明，工作记忆的确对母语学习的诸多方面，如词汇习得和阅读理解能力，都具有深远影响（Baddeley，2003）。近年也有研究者开始关注工作记忆的认知功能对二语学习过程的影响，如 Ellis & Sinclair（1996）发现工作记忆中的语音因素（即语音环）对二语词汇习得、句法学习产生重要影响；

Mackey、Philp & Egi（2002）探讨了母语为日语的大学英语学习者的工作记忆与其语言输入时反馈信息的注意水平之间的关系,发现工作记忆在一定程度上影响对二语输入材料的注意程度;Walter（2004）探讨了母语为法语的中学英语学习者的工作记忆如何影响二语阅读能力,研究结果显示,二语工作记忆测试结果与二语阅读能力均呈显著相关。

　　随着语言学能研究的进展,Carroll（1990）、Miyake & Friedman（1998）、Sawyer & Ranta（2001）等提出工作记忆可作为语言学能的一个组成部分。Miyake & Friedman（1998）指出,Skehan 提出的学能三要素,即语音编码能力、语言分析能力和联想记忆能力在很大程度上与 Baddeley & Hitch（1974）的工作记忆模型不谋而合。温植胜（2007）认为,要将工作记忆作为外语学能的构成因素,必须先要满足两个条件:一是二语学习者的工作记忆存在个体差异,且这些差异可以被有效测量;二是工作记忆的这些个体差异对二语习得的各个方面均产生重大影响,且这些影响是系统的、稳定的、有规律可循的。因此,学界应该从理论与实践两个层面着手,开展更多的相关性研究,力求进一步证实工作记忆对二语习得的影响和作用。

4.4.2.6　学习策略

　　20 世纪 70 年代后期,"学习策略"这一概念被引入二语习得研究领域,激起了研究者和语言教师们的兴趣。其最初的研究目的是探讨能够从"善于学习者"身上学到什么,即二语习得中的"善于学习者"有哪些特点(例如, Naiman et al. , 1978;Stern, 1975;Wong-Fillmore, 1979)。20 世纪 90 年代初,关于语言学习策略的几本学术著作相继问世(例如, Oxford, 1990;O'Malley & Chamot, 1990;Wenden, 1991),表明学习策略研究进入了一个相对繁荣的时期。自 20 世纪末开始,研究者们对学习策略的研究热情逐渐下降。

　　关于学习策略的定义,学者们的看法不一。Oxford（1989:235）对学习策略的定义是"学习者为了使语言学习更成功、更自主、更有趣所采取的行为和动作"。O'Malley & Chamot（1990）认为,学习策略是学习者为了理解、学习和保持新信息所采取的特定的思维或行为。与 Oxford（1989）对学习策略的定义不同,O'Malley & Chamot（1990）的定义突出强调了认知层面上的学习策略使用。Oxford（1999b）将学习策略重新定义为学习者为了促进二语或外语学习所采取的特定动作、行为、步骤、技巧。在新的定义中,Oxford（1999b）认为学习策略不仅包含行为和动作,还包含认知和情感策略,学习策略有助于新语言的内化、存储、提取或使用。Cohen（1998:5）认为，学习策略是"学习者为了识别和区分学习材料（如根据词性对词汇进行分类），通过完成课堂任务或家庭作业而重复使用学习材料以及为了记忆学习材料而采取的各种手段"。Weinstein & Dierking（2000）把学习策略定义为能够促进新知识和新技能的习得、理解及转移的思维、行为、信念或情感。Dörnyei & Skehan（2003）指出，由于学习策略研究缺乏理论构念，导致学界对学习策略的定义内涵没有一致的认识。Cohen（1998）提供了一个更具体的语言学习策略定义：语言学习策略包括识别学习材料的策略（将学习材料与其他材料区分开来，将其分组以便于学习，例如，按类别将词汇分为名词、动词、形容词、副词）、重复接触材料的策略（例如，完成课堂任务或家庭作业）以及记忆学习材料的策略（机械记忆技术、使用助记符或其他一些记忆技术）。Weinstein、Husman & Dierking（2000）提出了三个学习策略的关键性特征：目标导向、故意调用和需要努力。

关于学习策略的分类，目前主要有 Oxford（1990）的"六分法"和 O'Malley & Chamot（1990）的"三分法"。Oxford（1990）把学习策略分为认知策略、记忆策略、元认知策略、补偿策略、情感策略和社会策略。其中，认知策略和记忆策略是两个独立范畴，而非记忆策略属于认知策略的次范畴；补偿策略即交际策略，与语言使用而非语言学习有关联。O'Malley & Chamot（1990）则把学习策略分为认知策略（与 Oxford（1990）的认知策略和记忆策略相对应）、元认知策略和社会情感策略（大体与 Oxford（1990）的社会策略、情感策略和交际策略相对应）。其中，社会情感策略包含合作、提问、澄清等各种行为。因此，Oxford（1990）和 O'Malley & Chamot（1990）提出的策略分类高度兼容。

尽管学习策略缺乏统一的理论基础和定义内涵，分类界限模糊，但学界还是容忍了这些缺陷，学习策略研究仍然在二语习得研究领域占有一席之地。其中，学习策略使用的个体差异研究最富有成效，表现在以下几个方面。① 不同文化背景的学习者学习策略研究。Oxford（1996）认为，语言学习是在特定的文化背景下发生的，不同的文化信仰、文化感知和文化价值观势必会影响到学习策略的使用。Levine、Reves & Leaver（1996）比较了移民以色列的苏联人和在以色列至少生活了五年的人的学习策略，发现前者更倾向于使用传统的学习策略，如记忆语法规则、反复写单词、机械式学习、做课本上的语法练习，而后者更倾向于使用交际法，敢于使用新结构和新单词。Bedell & Oxford（1996）回顾了民族语言学视角下的学习策略使用情况，发现学习者往往遵循被某种文化认可和被某种社会鼓励的学习行为。② 学习策略使用的性别差异。Oxford（1996）等发现，性别会影响学习策略使用，在许多文化背景下，女性学习者使用的学习策略多于男性。Kaylani（1996）研究了约旦的语言学习者，发现与男性学习者相比，女性学习者使用更多的记忆、认知、补充和情感策略。③ 学习策略使用的学科差异。Peacock & Ho（2003）比较了建筑、商业、计算机、工程、英语、数学、基础教育和科学等八种学科专业背景下的学术英语学习者的学习策略使用情况，发现学习策略使用呈现出明显的学科差异，英语专业的学习者使用的学习策略最多，计算机专业学习者使用的学习策略最少。④ 学习策略与其他个体差异因素（主要是动机）的关系。Schmidt & Watanabe（2001）分析了夏威夷 2000 余名大学生的学习策略，发现学习动机对不同的学习策略产生不同的影响。一般来说，认知和元认识策略受动机的影响最大，社会策略受动机的影响最小。

自 20 世纪 90 年代末以来，"学习策略"概念在教育心理学上的地位逐渐淡化，继而被"自我调节"这一概念所代替。自我调节是指学习者在学习过程中的积极程度，是一个动态的概念，包含学习者的认知、情感、动机、行为等。学习者的自我调节能力通过自陈问卷得以测量，目前主要有四种测量问卷：① The Motivated Strategies for Learning Questionnaire，简称 MSLQ；② Strategy Inventory for Language Learning，简称 SILL；③ Language Strategy Use Inventory and Index，简称 LSUII；④ Self-Regulate Capacity in Vocabulary Learning Scale，简称 SCVLS。

4.4.2.7　焦虑

自 Brown 1973 年发表《二语习得中的情感变量》一文以来，二语习得中的情感因素研究已有近 50 年的历史。焦虑可能是妨碍二语习得的最重要的情感变量，学习者的个性特征、对学习活动形式或教学方法的不适应、惧怕考试失败的经历等都会引起语言学习焦虑。Young（1991）总结了语言学习焦虑产生的六大因素：① 学习者自身及相互之间的因素；② 学习者对语言学习的看法；③ 教师对语言教学的看法；④ 教师与学习者之间的关系；⑤ 课堂活动；⑥ 语言测试。Rebecca（2000）认为，导致焦虑的原因有十个：① 自尊；② 模糊容忍度；③冒险；④ 竞争；⑤ 社交；⑥ 测试；⑦ 身份和文化冲突；⑧ 信念；⑨ 课堂活动和教学法；⑩ 教师与学习者之间的交流形式和内容。换句话说，导致焦虑的因素非常复杂，既可能是学习者的个体特征，也可能是学习活动形式或教学方法。

关于焦虑的范畴定位，学者们的观点也不尽一致。有人认为焦虑是动机的组成部分，有人认为焦虑是一种性格特征，也有人认为焦虑是一种情感，由此产生了三种不同的分类方法和结果。第一种，根据焦虑对外语学习的作用，分为促进型焦虑和妨碍型焦虑。适当的焦虑对学习有利，促进型焦虑能使学习者把压力变为动力，对学习有促进作用；过高和过低都会阻碍学习。第二种，根据焦虑持续的时间，分为气质型焦虑和状态型焦虑。气质型焦虑是一种较稳定的焦虑倾向，是性格的组成部分；状态型焦虑是指在某一特定时刻由具体情境所引发的暂时的情绪反应。第三种，Horwitz、Horwitz & Cope（1986）提出了一种特殊的情境型焦虑——外语课堂焦虑，包括交际恐惧、考试焦虑和负评价焦虑。交际恐惧是指个人在与他人交流前所产生的恐惧或焦虑；考试焦虑是指考生担心考试成绩不理想而产生的焦虑；负评价焦虑是指对负评价产生沮丧心理以及担心他人会对自己做出负评价的畏惧心理。Horwitz、Horwitz & Cope（1986）还提出了一个外语课堂焦虑量表（Foreign Language Classroom Anxiety Scale，简称FLCAS）。

　　语言学习焦虑不同于一般意义上的焦虑。二语习得水平和语言学习焦虑密切相关，相关的实证研究也表明语言学习焦虑作为一种特殊的情境型焦虑，与二语习得水平呈负相关。然而，两者之间的相关程度还依赖于焦虑和其他因素的相互作用，如焦虑和性格、动机、二语水平的自我认知等的相互作用。

4.4.3　研究内容

　　学习者个体差异研究内容主要包括下面两点：① 某个或某些构成要素与二语习得过程、速度、最终结果的关系或对二语习得结果的预测力；② 某些构成要素之间的相互关系。Gardner（1985）设计出了学习者个体差异的框架结构，见图4-1。

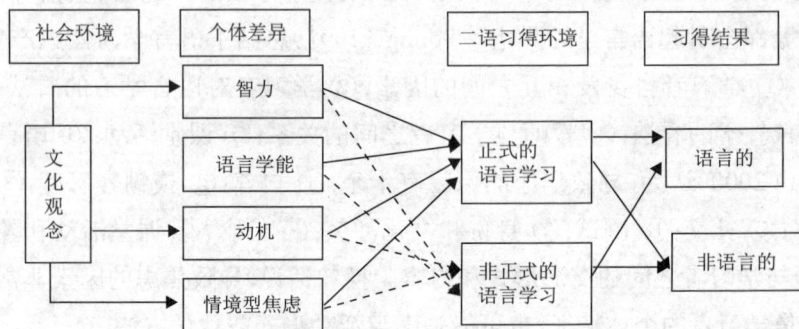

图4-1　Gardner 的社会教育模式中的学习者个体差异结构图

从 Gardner 的社会教育模式中的学习者个体差异结构图可以看出，个体差异受到社会环境的影响和制约，社会环境中的文化观念影响个体差异中的智力、语言学能、动机和情境型焦虑;而智力、语言学能、动机和情境型焦虑会直接影响正式的语言学习(用实线箭头表示),间接影响非正式的语言学习(用虚线箭头表示),并最终导致语言的和非语言的习得结果的差异。Gardner(1985)指出,由于语言学习中的很多因素都依赖于学习动机,因此动机是二语习得的核心推动力,学习者的动机越强,他们付出的努力就越多。学习动机包含四个方面的内容:目标、努力的行为、达到目标的愿望和在相应活动中表现出的积极态度。Gardner还将这四个方面划分为两组,其中目标为一组,其他三个方面为一组。这样划分的依据是语言学习的个体在学习目标上往往是一致或接近的,学习动机上的差别主要从其他三个方面体现出来。学习者所处的文化环境决定了学习者对所学语言和该语言代表的文化的态度,而文化环境对学习动机的影响是通过对学习态度的影响完成的。

Ellis(1985)也设计出了学习者个体差异的框架结构,见图4-2。

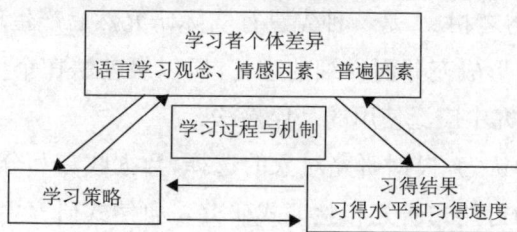

图4-2 Ellis 的学习者个体差异基本结构框架

根据 Ellis 的学习者个体差异基本结构框架图,学习者个体差异、学习策略和习得结果是语言习得的三个组成部分,其中学习者个体差异包括学习者的语言学习观念、情感因素和普遍因素,而普遍因素又包括智力、语言学能、动机、性格、认知方式等,是影响二语习得的主要因素。学习者的语言学习观念、情感因素和普遍因素交织在一起,共同发挥作用,影响学习策略的选择并最终影响习得结果(包括习得水平和习得速度);而习得结果又会反过来对学习者的学习观念、情感因素、动机、认知方式等产生影响,同时还会影响学习策略的选择,不同的学习策略也会影响到学习者的个体差异。

崔刚和柳鑫淼(2013)研究了过去40年国内外的学习者个体差异研究,并将其分为三种主要的类型:单变量研究、多变量研究和综合性研究。他们发现从20世纪70年代到90年代,学习者个体差异研究多属于单变量研究,这类研究主要关注某个单一的个体差异因素与学习成就之间的关系,但研究结论往往出现不统一甚至是相互矛盾的现象。除了对同一概念的界定与分类不同以及测量工具的差异,他们认为更重要的原因是这类研究都基于一个错误的假设:个体差异变量与学习成绩之间具有线性的因果关系。多变量研究始于 20 世纪 90 年代末,研究者开始运用非线性思维审视多变量互动的作用。但是,这类研究忽视了学习者个体差异的动态性以及对学习环境的依赖性,把个体差异看作是静止不动、脱离于学习环境之外的。这显然是有悖于学习者的认知、情感的动态发展性特点的。从 20 世纪末开始,学习者个体差异研究进入了综合性研究阶段,其标志就是 Larsen-Freeman(1997)主张从动态系统理论视角看待语言和语言发展问题,而 Dörnyei(2009)率先用动态系统理论重新阐释了学习者个体差异的概念以及个体差异与环境之间的关系。

4.4.4 研究方法及工具

Skehan(1989)指出,个体差异研究主要有两种方法:级差法和连接法。级差法是先形成理论,然后通过理论来预测并通过实验来验证特定的个体如何影响学习;连接法则与之相反,是一种先进行实际研究然后产生理论的方法。因为个体差异研究尚未形成充分而详细的理论,所以级差法在个体差异研究中用途不大。二语习得研究中广泛使用的是连接法。

戴运财(2005)认为,根据研究对象的选择、数据收集和分析的方式,个体差异研究还可以分为自然式研究和验证式研究。自然式研究主要采取观察法、内省法和回顾法等研究方法,还可以定量收集和分析学习者的语言样本,描述性地研究真实语言背景中学习者的个体差异;而验证式研究则是在实验条件下,通过控制某些变量来获得测试数据。因此,自然式研究是质化研究,验证式研究是量化研究。两者都属于实证研究。

文秋芳和王立非(2004)回顾了 20 世纪 60 年代末 70 年代初以来的二语习得研究方法,发现在个体差异研究中,质化研究方法主要是采用访谈或有声思维法。除此之外,人种志法、微变化研究法、纵向个案研究法、时间序列法等方法已经受到 Dörnyei、Larsen-Freeman、文秋芳等学者们的关注。但总体来看,质化研究占少数,大多数研究采用的是量化研究方法,一般是先采用调查量表、问卷、实验的方式获得数据,然后通过 SPSS 软件对数据进行描述性统计、均值比较、相关分析、因子分析和回归分析,或者是用 AMOS 软件分析结构方程模型,探寻多个自变量与多个因变量之间的关联或因果关系。在衡量二语水平的问题上,除了用考试成绩作为衡量标准,语料库和话语分析也提供了更为自然的途径。

　　李荼和隋铭才(2012)以在学习者个体差异研究方面成绩突出的 Dörnyei(国外)和文秋芳(国内)的相关文献为样本,对个体差异研究方法和研究工具的发展趋势进行了总结。从研究方法上来看,Dörnyei 的研究以纯量化研究为主,纯质化研究最少,量化与质化相结合的不多;文秋芳的研究纯量化研究数量最多,纯质化研究很少,量化与质化相结合的也不少。从研究工具上来看,Dörnyei 在数据收集时主要采取问卷调查法,并逐渐与深度访谈、口语任务、回溯性评价和观察方案等方式相结合。数据分析主要是使用 SPSS 软件进行 T 检验、单向方差分析、因子分析、相关分析、回归分析和聚类分析等,但结构方程模型、模板法和语料库方法被越来越多地使用。文秋芳在数据收集时采用了问卷结合访谈、有声思维、日记等,还建立了语料库进行跟踪调查。数据分析除了使用 SPSS 软件,还使用了结构方程模型便捷法 STREAMS、语料库等工具。

　　总体来看,学习者个体差异研究大多是横向研究,考察的是个体差异因素与语言学习结果之间的关系,而不是学习者个体差异因素影响外语学习的过程与原因。个体差异是一个跨学科的研究领域,心理语言学、认知语言学和神经语言学研究的深入为个体差异研究不断注入新鲜血液,个体差异研究应该吸收相关学科知识,构建新的理论框架。学习者个体差异构念具有复杂性、动态性和情境性。仅仅使用静态的横向研究法是不够的。应该注重个体差异因素与环境的关系,把横向研究与个案研究、历时研究或微变化研究等纵向研究方法有机结合起来,把定量研究和定性研究结合起来,才能更全面、更真实地把握个体差异发展和变化的实质性规律,揭示学习者个体差异与二语习得过程及结果之间的因果关系。Dörnyei(2015)指出,未来个体差异研究还可以使用以下方法:个体动态法、多重时标质性访谈设计、质性比较分析法、回溯质性建模法、轨迹等效建模法、变化点分析法等。

　　学习者个体差异是二语习得以及二语习得研究复杂性的原因和表现之一。本研究从复杂(动态)系统理论入手,阐述了二语习得的复杂性和二语习得研究的复杂性,介绍了学习者个体差异的构成要素、研究主题、研究内容、研究方法及工具等,阐释了学习者个体差异的复杂动态系统特征,并简要介绍了 40 年来国内外的学习者个体差异研究。未来,研究者仍需从多方面多视角、多维度地开展大量的探讨与实证研究。

第五章

学能与二语发展研究

5.1 引 言

在二语习得研究领域,个体差异现象早已引起了许多学者和教师的关注。二语习得中的个体差异包括年龄、性别、动机、智力、态度、认知方式、学习策略、学习风格、焦虑感、感觉方式偏爱、语言学能、冒险精神、学习者信念、自尊心、脑半球侧化、工作记忆、意愿等众多变量。在过去的几十年里,这一方面的研究也已取得了一定的成就。然而,大部分的研究工作集中在个体差异的几个主要方面,如学习方法、动机、学习策略和性格。相比之下,语言学能在语言学习中的作用却没有得到应有的重视。其实,早在 20 世纪 50 年代,语言学能这一因素就引起了关注,当时的研究结果也充分地肯定了语言学能在二语习得中的作用。因此,重新探索这一对语言学习十分重要却被忽视已久的因素是十分有意义的。

什么是语言学能? 根据 Gardner & MacIntyre (1992)的观点,造成个体差异的因素有两类:情感性的和认知性的。语言学能属于认知性因素,它是一种"认知的海绵",能将新的知识或技能自然地吸附到现有的知识或技能上。心理学家发现,人们在学习外语时,表现出不同的能力倾向。Carroll (1981)认为,语言学能就是指人们在学习外语时表现出来的相对稳定的专门能力倾向,它取决于学习者的某些相对稳定持久的特性的总和。为便于操作,学习者学会某项技能所需的学能,又被定义为学习者学会该项技能所需花费的时间。时间越短,这方面的学能就越高。语言学能研究始于 20 世纪 20 年代的美国。当时的教育主管部门委托研究人员设计诊断外语学习效果普遍较差的原因,并预测学习者可能达到的学习水平。在随后的几十年里,语言学能研究得到了迅速发展,出现了

Carroll & Sapon（1959）设计的现代语言学能测试题库和 Pimsleur（1966）设计的语言学能测量表。然而，从 20 世纪 60 年代末 70 年代初开始，学能研究在相当长的一段时期里一直处于停滞状态。到 20 世纪 90 年代，认知心理学等学科的发展使得学界对语言学能的研究重归活跃，研究领域、研究内容和研究视角也越来越趋于多样化。本研究将通过简要回顾语言学能理论和实证研究的起源，介绍语言学能理论的创新模式，述评语言学能与其他个体差异因素的关系研究，从而发掘语言学能与二语习得研究的关联性，并展望其未来的研究趋势。

5.2 语言学能研究的源流

语言学能研究起源于 20 世纪 20 年代。然而，现代意义上的语言学能研究始于 20 世纪 50 年代 Carroll & Sapon（1959）所进行的研究，可以说他们是语言学能测试的先驱。Carroll & Sapon（1959）认为语言学能是影响二语习得的因素，并从以下方面对语言学能的概念进行了界定：① 语言学能不等同于学业成绩，需区分这两个概念；② 语言学能与学习动机是两种不同的个体差异因素；③ 语言学能是相对稳定的，甚至是先天固有的；④ 语言学能不是二语习得的前提条件，而是用来预测学习者学习速度和难易程度的；⑤ 语言学能不等同于智力，应该互相区别。另外，Carroll & Sapon（1959）运用因子分析方法归纳出了构成外语学能的四种最重要的能力，分别是：① 语音编码能力，即分辨不同声音的能力，能够将那些声音与代表它们的符号联系起来，并且记住这种联系；② 语法敏感度，即识别单词在句子中的语法功能的能力；③ 语言归纳能力，即从一些语言的实例推断或归纳语言规则并能举一反三的能力；④ 联想记忆能力，即建立并记住母语中的单词词组与二语中的单词词组之间相对应的联系的能力。Carroll & Sapon（1959）还阐述了现代语言学能测试题库的五个测试部分，即数字学习、语音符号学习、拼写提示学习、句中单词学习和联想配对学习，与四种能力的对应关系：语音符号学习、拼写提示学习测试语音编码能力；句中单词学习测试语法敏感度；数字学习测试语言归纳能力和联想记忆能力；联想配对学习测试联想记忆能力。Carroll & Sapon（1959）一直侧重研究外语学能测试题并最终公布了现代语言学能测试题库。他们的学能理论与现代语言学能测试题库之间的关系见表 5-1。

表 5-1   Carroll & Sapon 的外语学能理论与现代语言学能测试题库之间的关系

外语学能	功能	现代语言学能测试题库
语音编码能力	对新语音进行编码、记忆的能力	语音符号学习、拼写提示学习
语法敏感度	能辨认出词在句子里的语法功能	句中单词学习
语言归纳能力	通过样句能推测和归纳语言规则	数字学习
联想记忆能力	快速形成文字与意义的联系并记忆	数字学习、联想配对学习

现代语言学能测试题库的设计初衷是为美国的外事机构筛选接受外语培训的人选,但由于该题库具有较强的预测效度,一般情况下可以成功预测学习者参与外语强化课程培训的结果,已被美国和加拿大的各类政府机构广泛采用。直到今天,现代语言学能测试题库依然是语言学能测试的代名词。受 Carroll & Sapon(1959)的影响,Pimsleur(1966)设计出了一套主要针对中学生的语言学能测试题——语言学能测量表。语言学能测量表涵盖了语言学习能力的诸多方面,包括以下五部分内容:① 辨音测试;② 声音与代码间的关联测试;③ 测试者列举出与所给单词押相同韵的单词的能力测试;④ 语言分析能力测试,测试学习者语言归纳能力;⑤ 词汇测试,要求学习者确认不同单词的含义。Pimsleur(1966)认为语言学能由三部分构成,分别是言语智力、学习某种语言的动机和听觉能力。语言学能测量表测试组合由六部分构成,分别是平均学分绩点、语言学习兴趣、词汇量、语言分析、语音辨别和语音—符号关联。Pimsleur 的语言学能成分与他所设计的语言学能测量表的各部分试题相照应。除了现代语言学能测试题库和语言学能测量表,其他主要的语言学能测试包括美国陆军语言学能测量表、美国国防部语言学能测量表、约克语言学能测试以及 VORD 语言学能测量表(Parry & Child,1990)。总体来说,这些测试都源于心理测试发展的传统,都以实证研究为基础。20 世纪 80 年代以来,语言学能测试出现了许多不同语言的版本,其中比较著名的有加拿大 Wesche 设计的法语版语言学能测量表、日本 Sasaki 设计的日本人语言学能测量表,其他语言的版本还有德语版、西班牙语版、意大利语版和匈牙利语版等。

众多研究者发现,语言学能是二语习得结果的重要预测指标。比如,Carroll(1981)在总结他多年研究的基础上,发现语言学能的数值与二语水平测试的数值始终保持明显的正相关,两者之间的相关系数随着参照值的不同(期末考试成绩、客观的外语能力考试成绩、教师对学习者学习能力的评估分数)在 0.40 ~ 0.60 之间浮动。Gardner(1980)回顾了几个关于加拿大学校法语学习情况与学能和动机之间关系的实验,发现语言学能与外语水平的相关系数为 0.41。

Ehrman & Oxford（1995）以在美国外语学校里学习32门不同外语的282名学习者为被试,研究了各种不同因素与他们的口语和阅读能力之间的关系。研究结果表明,语言学能与口语和阅读能力之间的相关系数高达0.51,相关度比学习方式、学习策略或性格更高。Sparks、Ganschow & Patton（1995）发现语言学能（通过现代语言学能测试题库测得）是预测高中外语学习者的学习成绩的两个最佳手段之一（另一个手段是本国语的成绩）。Gardner & MacIntyre（1992）认为,语言学能也许是最佳的、唯一的预测二语学习结果的手段。Dörnyei & Skehan（2003）指出,国外不少实证研究已明确指出外语学能是最能预测外语学习结果的个体差异因素之一,两者的相关系数达到0.40～0.60,大约跟学习动机的预测水平持平,远高于其他个体差异因素的预测效度。顾伟勤(2008)以上海外国语大学英语专业的3名二年级学生为实验对象,研究了语言学能与特定的学习任务之间的关系,发现被试的语言学能测试总成绩与理解和习得新词汇情况直接相关,并且能成功地预测被试的表现。

语言学能研究在20世纪60、70年代转入低谷,原因之一是有学者对外语学能理论提出了种种质疑。有学者认为外语学能测试会挫伤学习者尤其是那些测试分数低的学习者的学习能动性。其实,这个问题Carroll早已意识到,在对外语学能的概念进行定义时,就曾多次强调外语学能只是预测学习外语的速度而已。Skehan（2002）等认为,学能与外语教学没有什么关联,它违背了平等原则,如果学能是稳定不变的,学能低的学习者就会被贴上"语言低能"的标签,不利于发挥学习的积极性,而且教学大纲和教学材料的制定都是建立在"学习者是相同的"假设之上的,并没有考虑学习者之间的个体差异。不少人认为,语言学能的概念是在20世纪40、50年代流行的行为主义学习观、结构主义语言观和听说法为主的教学方法盛行的背景下提出的。进入70年代后,随着人们对语言习得和语言教学的认识不断加深,交际教学法盛行,学习者的口语表达能力日益得到重视,然而现代语言学能测试题库却没有相应的口语测试,原有的测试内容和形式也没有得到调整和改进,其测试信度和效度因此受到了多方面的质疑。也有人认为它的实际解释力不强。二语习得研究开始于20世纪70年代。当时对二语习得研究领域产生重大影响的Krashen提出了监察模式,该模式认为学习是次要的,习得才是主要的,语言学能仅仅与有意识的学习相关,而与习得不相关。目前学界尚无法找到充分有力的证据反驳这一观点,这也表明外语学能在概念和定义上是存在缺陷的。因此,进一步阐述其理念并论证其与二语习得过程之间的关系是非常有必要的。

5.3 语言学能理论的创新模式

（1）Skehan 对语言学能理论研究的推进

Skehan 从多方面推进了 Carroll 的语言学能理论。首先，Skehan（1998）研究了学能的起源，认为二语习得存在听觉加工、语言加工和记忆三个模块。这三个模块与 Carroll 的学能模式中的四种能力相对应，其中听觉加工模块与语音编码能力相对应，语言加工模块与语法敏感度和语言归纳能力相对应，记忆模块与记忆能力相对应。Skehan（1998）将 Carroll 学能理论中的语法敏感度和语言归纳能力合并为语言分析能力，因而语言学能变为由三种主要能力构成：语音编码能力、语言分析能力和记忆能力。其次，Skehan（1998，2002，2003）将外语学能的三种因素与基于信息加工的二语习得认知过程联系起来。其中，语音编码能力作用于语言输入阶段，对应的二语习得加工步骤是注意；语言分析能力作用于中央处理阶段，对应的二语习得加工步骤是语言结构识别、归纳总结、结构重建；记忆能力作用于语言输出阶段，与语言结构的控制和融合相对应。当前对语言学能研究的一个很大争议是学能概念不够清晰，而 Skehan 更多地利用了认知心理学、心理语言学和二语习得方面的有关成果，把语言学能要素与二语习得的认知过程联系起来，突破了以往的语言学能框架，对学能结构进行了重新认识，对学能的本质进行了再思考。这种跨学科的研究已经超越了传统的学能研究，使得学能研究更加宽泛、更加深入。Skehan 的研究有助于学界对学能概念进行重构，这是学能研究的一大突破。

（2）二语习得中的创新认知能力理论

二语习得中的创新认知能力理论是由 Grigorenko（2000）等提出来的。该理论将外语学习看作是选择性编码、附带性编码、选择性比较、选择性迁移和选择性合并等五种语言知识的习得过程。这五种过程发生在四个语言层面，分别是词汇层面、形态层面、语义层面和句法层面，以视觉模式和口头模式两种输入输出方式进行处理，需要利用工作记忆理解和编码语言材料，将其转移存储到长时记忆中，通过即时回忆任务和延时回忆任务来对学习成功与否进行测量评估。在此理论的基础之上，Grigorenko、Sternberg & Ehrman（2000）设计出了外语习得中的创新认知能力测试，重点测量人们在学习中进行创新及处理歧义的能力。它产生于认知理论基础之上，吸收了当代动态测试的理念，认为语言学能不是静态的,而是可以通过训练得到改变的,在测试手段和方法上也和以往的测试有所不同,但 Grigorenko、Sternberg & Ehrman（2000）认为,还需要对它的测试效度进行更进一步的研究。

（3）语言编码缺陷假设

Sparks 等人在探讨语言编码能力与诵读困难症两者之间关系的基础上提出了语言编码缺陷假设。根据该假设,学习者在语言加工处理的某个方面（尤其是发音或识字方面）存在缺陷,则通常会对他们的母语和外语学习造成障碍。该假设聚焦于语言编码能力,即母语的音系/文字加工和词汇识别/解码能力,认为这些能力是二语学习的基础,如果学习者在这些方面存在障碍,通常会对他们的二语学习造成困难。Sparks & Ganschow（2001）调查发现,优秀的外语学习者在母语文字加工技能和句法加工测试方面表现出明显的优势。我们知道,语言因素是影响二语习得的因素之一,却很少有人涉足这方面的研究。Sparks & Ganschow（2001）的创新之处在于它是从全新的角度,即语言的角度而不是情感或认知的角度来研究语言学能,从而极大地丰富了语言学能的内容建构。但该理论也存在某些缺陷:首先,它只关注音系/文字加工能力,对学习者的语义能力和语用能力没有涉及;其次,相关实证研究调查的对象是中学生或小学生,研究结果不一定适用于高水平学习者。

（4）基于"学能综合体理论"的语言学能理论模式

自20世纪90年代起,认知心理学等学科的发展促使学界开始突破"语言学能是静态的"的观点,逐步认识并接受语言学能的动态性。Robinson（2001）的"学能综合体理论"就是在这种背景下被提出的。该理论旨在探讨语言学能的构成要素与不同条件下的外语学习之间的关系,其主要观点包括:① 根本差异假设,即儿童与成人的语言学习存在根本差异;② 学能综合体假设,即不同学习任务的信息加工需要运用不同的认知能力或学能组合;③ 根本相似假设,即成人在任何学习条件下的语言学习本质上是相似的,都是某个认知能力组合与有意识的调整任务加工需求之间的互动结果。Robinson（2005）提出了一个包含四个层次圈的语言学能研究理论模型,第一个层次圈显示了包括加工速度、语法敏感度等在内的十种最基本的认知能力;第二个层次圈是不同认知能力组合形成的五种学能综合体,包括注意到差距、深层语义加工等;第三个层次圈是不同的任务学能;第四个层次圈则是语用、交互能力和特征。Robinson（2005）的理论模型率先将语言学能与语言学习环境（包括课堂学习环境和自然学习环境）和学习任务相联系,反映了它们之间的动态交互关系,使学能研究和二语习得研究有机地融合在一起。然而,由于该模型涵盖的内容太过宽泛,实际操作起来存在很大的难度,目前只是对某些局部变量开展了研究。例如,Robinson(1997,2001,2002)对学能与工作记忆、学习任务、组块知识之间的关系等进行了一系列研究,发现在不同的教学方法和学习条件下,语言学能对学习效果会产生不同的影响。

　　综上所述,理论观念的转变带动了研究取向的转变。首先,由于语言学能不再被视为固定不变的,而是动态发展的,因此测试方法也由固定不变的静态测试模式转变到当代的动态测试模式,即转为更加注重考察学习者的实际应用能力(例如,Grigorenko、Sternberg & Ehrman(2000)的创新认知能力测试),更加注重考察学习者在不同的二语学习阶段、不同的学习条件以及不同的学习环境下学能与教学任务的互动(例如,Robinson(2005)的学能综合体模式)。其次,在研究方法上,也由传统的根据数据统计得出的相关系数进行解释转为更注重结合认知科学的理论深入探讨外语学习的心理与认知过程。再者,学能测试的应用和研究范围比起过去更加广泛。学能测试研究已经不仅仅限于学能测试题的预测效度,而是采取了跨学科、多元化的研究视角,极大地拓宽了外语学能研究原有的理论基础,并充分借鉴与吸收了认知心理学、心理语言学、教育心理学、教育学以及二语习得研究等相关学科的最新成果与研究方法,有效地推动了学能理论的发展。学能测试的应用范围已经逐步扩展到包含预测功能、诊断功能、学能、教学方法的互动等(温植胜,2007)。

5.4　语言学能与学习条件以及其他个体差异因素的关系研究

　　语言学能既然是动态发展的,就必然与外部环境发生交互,也必然与其他个体差异因素相互作用,从而影响二语习得的结果。然而,目前这方面的相关研究数量相对较少,且比较零散。本研究尝试梳理语言学能在不同学习条件下的作用研究以及语言学能与其他个体差异因素的关系研究。

5.4.1　语言学能与外显、内隐学习条件

　　自 Krashen(1981)指出学能仅与有意识的外显学习相关,与习得或内隐学习无关以后,十几年里很少有学者开展实证研究来反驳这一观点。Robinson(1997)、DeGraaf(1997)首先尝试研究了语言学能在不同学习条件下发挥的作用,发现学能与对语言规则进行解释(即外显学习)和不对语言规则进行解释(即

内隐学习)条件下的学习结果均呈正相关。近年来,有更多的研究者投入学能对外显学习和内隐学习作用的研究中,研究在外显学习和内隐学习条件下学习者学习一种或多种语法结构或词汇过程中语言学能的作用。Erlam(2005)研究了演绎式教学、归纳式教学和结构化输入教学三种不同的教学方法对学习者学习法语直接宾语代词的影响。演绎式教学即教师讲授语言规则,被试则在口头或书面任务中产出目标结构,归纳式教学则是让被试学习并产出直接宾语代词结构。研究结果显示,演绎式教学通过给被试提供语言产出的机会,能够使被试语言学能间的差异最小化,而归纳式教学组被试的语言学能与其听力和写作任务的成绩均呈正相关。Sheen(2007b)探讨了语言分析能力对不同显性的纠正性反馈的作用。外显学习条件下的被试接受的反馈是:教师指出、纠正其错误并解释语言规则。内隐学习条件下的被试接受的反馈是:教师仅指出并纠正其错误,但不解释语言规则。研究发现,两组被试的即时和延时后测成绩均与其语言分析能力呈正相关。Hwu & Sun(2012)考察了西班牙语学习者的语言学能对其学习心理动词的作用,发现在外显学习条件下,被试的文本记忆能力与其即时心理动词测试成绩呈正相关;在内隐学习条件下,被试的文本记忆能力与即时、延时心理动词测试成绩均呈正相关,与延时测试成绩相关性更高。Van Patten & Borst(2012a, 2012b)分别探讨了被试对德语宾格标记和西班牙语附着代词的习得情况,发现在外显学习条件下,被试的语言学能与其德语宾格标记测试成绩呈微弱正相关,但与其西班牙语附着代词测试成绩不相关;在内隐学习条件下,语言学能与目标结构测试成绩之间均不相关。国内研究者苏建红(2012)以英语虚拟语气为目标结构,探讨了外显和内隐教学条件、学习者语言分析能力和目标结构习得之间的关系。研究结果表明,在外显条件下,高语言分析能力者的即时后测成绩高于低语言分析能力者,但两组被试的延时后测成绩无显著性差异;在内隐条件下,高语言分析能力者的即时后测成绩高于低语言分析能力者,而且其延时后测成绩的提高幅度大于低语言分析能力者。Li(2015)认为,外显学习条件下高学能者更能够注意到语言结构或反馈并对其进行分析,从而取得更好的学习效果。Skehan(2015)指出,语法知识点越突显,外语学能的影响越大,学习者就越能高效地对语言知识进行加工。上述研究结果也表明,语言学能不仅适用于外显学习主导的传统教学环境,也适用于内隐学习条件。

5.4.2　语言学能与年龄

关于语言学能与年龄的关系,目前研究者主要关注两方面的问题:① 不同年龄学习者的学能差异及其对学习任务的影响;② 语言学能、起始年龄与二语最终水平的关系。对于第一个问题,目前有影响力的研究还不多。Harley & Hart(1997,2002)的调查发现,对于不同年龄段的学习者,其学能成分发挥的作用并不相同,记忆能力对于年龄较小的学习者的影响较大,而语言分析能力对年龄较大的学习者的影响更大。随着学习者年龄的变化,语言学能与学习成绩的关系呈现出不断变化的态势。关于语言学能、起始年龄与二语最终水平的关系,DeKeyser(2000)认为,对儿童学习者来说,学能对他们的二语最终学习水平不产生影响,但学能对起始年龄晚的二语学习者会产生重要影响。DeKeyser(2010)以 76 名母语为俄语的英语学习者和 64 名母语为俄语的希伯来语学习者为被试,通过口头 SAT 和不限时听觉语法判断任务测量了语言学能与二语语法最终水平的相关性,发现起始年龄晚(大于 18 岁)的学习者的语言学能与其二语语法水平呈正相关,但起始年龄早(小于 18 岁)的学习者的语言学能与其二语语法水平不相关。Abrahamsson & Hyltenstam(2008)以 42 名母语为西班牙语的接近本族语者水平的瑞典语学习者为被试,通过 LAT 和不限时听觉、视觉语法判断任务研究了二语语法水平与语言学能的关系,研究结果显示,起始年龄大于 13岁的学习者的语言学能与语法能力具有相关性。Granena(2012)考察了 100 名母语为汉语的西班牙语学习者的语言分析能力和序列学习能力对二语语法最终水平的不同影响。研究采用语言学能测试工具 LLAMA、不限时听觉和视觉语法判断任务、限时听觉和视觉语法判断任务、词汇监控任务、智力测试、序列反应时任务和元语言知识测试来测试语言分析能力对控制性语言使用和自动化语言使用中语法水平的影响。研究显示,在控制性语言使用中,语言分析能力强的早学习者(3～6 岁)和晚学习者(大于 16 岁)的语法水平比学能低的早学习者和晚学习者好,而序列学习能力只对早学习者的语法水平有作用;在自动化语言使用中,序列学习能力强的早、晚学习者对违反一致性的语言结构有更高的敏感性。Granena(2014)以 50 名 3～6 岁的母语为汉语的西班牙语学习者为被试,对比了他们在限时和不限时两种语法判断任务中语言学能与语法水平的关系,发现在不限时语法判断任务中,被试的一致性语法结构的成绩与其语言学能呈正相关,而在限时语法判断任务中,二者无显著相关性。戴运财和蔡金亭(2008)指出,年龄必然会影响学习者学能的使用和发挥,学能的不同成分在不同年龄段发挥着不同的作用,但这种作用并不能说明起始年龄的早晚会决定学习者语言学能各因素的强弱,因为学能的构成因素是极其复杂的,只有对其作进一步的细化才能更准确地反映年龄和学能之间的关系。

5.4.3 语言学能与工作记忆

在二语学习过程中，学习者必然要积极激活语言加工处理机制，而对语言的加工处理是现代语言学能测试现时的联想记忆测试所无法测试出来的。Carroll将记忆能力简单理解为对词语的机械联想，这是现代语言学能测试存在的缺陷之一。随着认知心理学的发展以及人们对认知系统理解的不断加深，不少研究者，如 McLaughlin（1995）、Miyake & Friedman（1998）、Sawyer & Ranta（2001），主张将工作记忆作为外语学能的一个构成理念来进行研究。工作记忆的概念是在对短时记忆研究的基础上提出的，其中以 Baddeley & Hitch（1974）提出的工作记忆模型影响最为广泛（转引自温植胜，2007）。工作记忆可以同时对语言信息进行存储和加工，使学习者在处理大量输入的语言材料时做到既关注意义，又关注语言形式；在进行句型加工处理的同时可以保留更多的语言材料以供分析；在检索提取已经存储在长时记忆中的语言材料的同时保留当前正在接受加工处理的语言材料。工作记忆容量大的学习者在语言输入阶段、语言信息中央处理阶段和语言输出阶段等二语习得的各认知过程中有较大优势（Skehan，1998）。研究者主要探讨工作记忆与语言加工处理的相互关系。Gathercole & Baddeley（1993）以及 Baddeley、Gathercole & Papagno（1998）等的研究表明，工作记忆对词汇习得、语言理解与语言表达、阅读理解能力的发展等语言学习的诸多方面都具有深远影响。Miyake & Friedman（1998）研究发现，母语工作记忆容量与二语工作记忆、二语阅读理解等技能相关，并影响二语习得的速度以及学习的效率；工作记忆应该成为外语学能构成要素的补充成分，甚至有可能会取代外语学能，成为解释二语习得个体差异的关键因素。Daneman & Carpenter（1980）、Waters & Caplan（1996）研究设计了阅读广度测量方法实验，以此来测试被试的工作记忆广度。Harrington & Sawyer（1992）运用数字广度测试、词语广度测试和阅读广度任务等工作记忆测试分析了以日语为母语的大学英语学习者的工作记忆容量与他们的二语阅读技能之间的关系，结果表明，二语工作记忆容量和二语阅读水平呈显著相关。Berquist（1997）的研究结果同样证明了上述观点。戴运财（2014）研究了工作记忆与句法加工的关系，发现工作记忆容量高的被试在关系从句的加工方面占有显著优势，工作记忆与复杂的句法知识的加工呈显著相关。马拯和王同顺（2011）探讨了工作记忆对外语阅读的影响，研究表明，工作记忆与外语阅读显著相关。

也有研究者从心理语言学角度关注工作记忆的认知功能对二语学习过程的影响,开展了不少理论探索和实证研究。McLaughlin(1995)通过分析二语学习的认知过程,指出不同的二语学习阶段对工作记忆的需求也会出现变化。这主要是由于工作记忆的认知容量有限,因此对语言学习认知任务各阶段的发展均会产生制约作用。Ellis(1996)探讨了工作记忆中的语音环对二语学习的影响,认为语音环不但能够将语言序列组块存储到短时记忆,还可以将这些组块巩固到长时记忆,而语言组块能力的高低又反过来决定工作记忆容量的大小。因此,学习者的工作记忆容量与二语水平是相互影响和制约的。仅从理论层面来看,研究者们或者把二语习得看作对语言序列进行组块构建的认知过程,工作记忆通过影响语言组块的构建影响词汇、句法等的学习,或者是把二语习得看作对语言信息进行加工处理,工作记忆会影响语言输入、语言中央处理和语言输出等语言加工的主要阶段。

5.5　未来语言学能研究展望

(1)从结构上来说,语言学能是一个多因素组成的复杂的概念,不同学习者的语言学能差异明显,但不同学习者的学能都有其优势,学能中的某一个因素对学习者的影响较大。因此,学能研究应该注重学能中的各个要素对二语习得的影响。

(2)学能研究应该更多吸收认知心理学方面的研究成果,把工作记忆的研究纳入学能研究的范围中去。目前,国内外研究者对语言学能与年龄、语言学能与工作记忆的关系研究取得了一些成果。尤其是近年来,随着心理学的发展,人们对记忆的认识不断深入,将工作记忆作为外语学能的构成因素是研究的一个突破性进展,可进行更深入的探讨。对语言学能与其他个体差异因素(如学习动机、学习策略、认知风格)关系的研究还寥寥无几,这些问题有待学界进一步研究。

(3)本研究已经论述了语言学能在不同学习或教学条件(如外显、内隐学习条件)下对学习效果均产生不同的影响。语言学能与学习者年龄、工作记忆等个体差异因素密切相关,结合教学环境进行语言学能与其他个体差异的交互研究不仅具有重要的理论价值,对外语学习和教学也有很高的应用价值。

(4)尽管目前现代语言学能测试题库的预测效度较高,但其局限性也非常明显,尤其是与当前以交际活动为主的外语教学模式不相符。随着外语教学方式方法的不断创新,有必要对现代语言学能测试题库的学能测试进行更深入的研究和重新设计。Carroll 所处的时代对记忆的理解不够深刻。近年来，随着心理学的发展，将工作记忆作为外语学能的构成因素已势在必行。

（5）我国早期的语言学能研究以零散地介绍国外理论为主，实证研究很缺乏。国外的语言学能研究大多以移民为研究对象，他们学习语言的语境与中国学习者完全不同。因此，要加大外语学能测试的研究，开发适合中国学习者的学能测试，针对中国学习者学习外语的特点制定一套外语学能的测试表，研究外语学能中哪些部分会对外语学习产生重要的影响并进行相关的验证研究。这些应当引起我国二语习得研究者的重视。

第 六 章

语言习得视域下国内外工作记忆研究综述

6.1 引 言

工作记忆是现代认知心理学与认知神经科学中的核心概念之一,是一个或者一系列用来临时存储和操纵信息以便完成当前认知任务的系统(Baddeley,2002)。研究表明,工作记忆对信息同时进行存储和加工的能力对于人类的逻辑推理、语言理解、加工、心算、问题解决和决策等许多复杂的认知活动起到至关重要的作用(Carruthers,2015)。经过40多年的发展,围绕工作记忆对语言习得影响的研究已成为当代语言学和认知心理学最关注的课题之一(陈士法,2016;温植胜,2015)。由于语言学习是一个复杂的认知过程,涉及信息的组织、处理和传递,因此,探究语言学习主体的动态认知过程,对于了解人脑的认知方式、解释语言学习的内在机制以及提高语言教学效果均有重要意义。本研究结合工作记忆的基本原理及其在语言学习和研究领域内的应用,对国内外关于工作记忆在语言习得中作用的研究进行分析述评,以明确该领域的研究现状,并为今后进一步探索语言学习主体的认知心理过程提供一些研究和教学启示。

6.2 工作记忆原理及测量

6.2.1 工作记忆主要理论模型

工作记忆的概念由美国心理学家 Miller(1960)提出。Atkinson & Shiffrin(1968)在心理学研究中使用工作记忆的概念,用以解释他们提出的"记忆三级加工模型"中的短时记忆系统。自20世纪70年代以来,欧洲和北美的心理学家推出了一系列工作记忆理论模型,各模型的研究重点和测量方法也各有不同。其中,影响最大的是 Baddeley & Hitch(1974)提出的工作记忆多成分模型。该模型认为工作记忆不是单一的系统,而是由多个独立成分构成的复杂系统,由语音回路、视觉空间模板、中央执行系统和情境缓冲器/区四部分构成,各部分负责不同的信息存储与认知加工。其中,中央执行系统是工作记忆模型的核心部分,是一个容量有限的注意力资源控制系统,主要负责认知协调、资源分配、选择性注意和抑制等;语音回路主要负责以声音为基础的语言信息的存储和处理;视觉空间模板负责视觉和空间信息的加工和存储;而情境缓冲器/区是一个容量有限的用于保存不同信息加工结果的次级记忆系统,它将不同来源的信息编码进行整合,并为工作记忆和长时记忆提供一个交互衔接的工作平台。与短时记忆的概念不同,工作记忆不仅拥有信息存储功能,更突出信息的加工、监管和协调等多重功能(刘惠军和郭德俊,2006)。就语言学习而言,工作记忆有限的认知资源可以对语言理解和输出等信息进行实时存储与在线加工,对母语和外语学习这类复杂的人类高级认知活动具有深远影响。

与 Baddeley & Hitch(1974)的多成分研究视角不同,美国认知心理学家Cowan(1999)从长时记忆与注意的角度出发,提出了包括中央控制器、长时记忆、活跃记忆和注意焦点四个部分的工作记忆嵌套加工模型。Cowan(1999)认为,工作记忆是长时记忆系统的一部分,长时记忆中的信息由于被激活而进入注意焦点并变得凸显,由于注意焦点的容量有限,当容纳的信息达到饱和时,早期进入注意焦点的信息便会逐渐淡出。随后,美国心理学家 Engle(2002)进一步针对工作记忆提出了注意控制模型,认为工作记忆是一种快速提取和保持信息时控制注意的能力,个体工作记忆容量的差异反映了个体在面临外界信息干扰时有意识地激活长时记忆中的知识表征、将表征引向并保持在注意焦点的能力,其实质就是执行性注意能力。

此外,其他工作记忆模型还有 Lovett 的 ACR-T 模型、Ericsson 的长时工作记忆模型和 Barnard 的认知交互模型等。这些模型从不同角度对工作记忆的实质和结构进行了阐释,虽然内容和形式相差较大,但对工作记忆概念的本质理解大致相同,只是进行研究时的侧重点有所不同(温植胜,2015)。

总体而言,目前工作记忆的模型大致分为两类。一类是以 Baddeley & Hitch(1974)的工作记忆多成分模型为代表的欧洲阵营,它把工作记忆分为多个具有独立资源的系统,并强调通道特异性存储与加工,研究主要集中在工作记忆的存储成分上,即语音回路与视觉空间模板。另一类是以 Cowan(1999)的嵌套加工模型为代表的北美阵营,它强调工作记忆的功能性,注重探讨执行工作记忆在阅读和语言理解等复杂认知任务中的作用(陈彩琦,2003)。

6.2.2   工作记忆测量工具

工作记忆是对信息进行暂时存储和加工的记忆系统,其容量有限且存在明显的个体差异。对工作记忆容量的测量称为工作记忆广度测试。按测试任务的复杂度划分,可分为简单任务和复杂任务。按所测子系统划分,主要分为针对语音回路和中央执行系统的测量,常用的工作记忆测量方式都可以分别划分到这两个子系统的测量方式中(徐方,2017)。其中,简单任务测试通常用来对语音回路进行测量,包括字母广度测试、数字广度测试、词语广度测试、非词回述测试等,主要考察工作记忆的存储功能。复杂任务测试普遍通过设置双重任务来使被试对输入信息进行存储和加工,以对工作记忆的中央执行系统进行测量,主要包括阅读广度测试、听力广度测试、口语广度测试和运算广度测试等。其中,Daneman & Carpenter(1980)设计的阅读广度任务影响最大。复杂任务测试的结果反映了工作记忆认知资源的功能容量,体现了加工和存储两种功能的交互作用,即当加工功能占用过多的认知资源时,存储效率便会降低,反之亦然。常见的工作记忆容量测量方法见表 6-1。

表 6-1   常见的工作记忆容量测量方法

简单任务(只测试存储功能)		复杂任务(测试存储和加工功能)	
测量语音回路	字母广度测试	阅读广度测试	测量中央执行系统
	数字广度测试	听力广度测试	
	词语广度测试	口语广度测试	
	非词回述测试	运算广度测试	

6.3   工作记忆与母语习得

语言习得是一种复杂的认知和智力过程,与人类大脑获取、处理、保存和运用知识的方式密切相关(黄齐东,2009)。关于工作记忆与母语习得的研究主要以 Baddeley & Hitch(1974)的多成分模型为理论框架,探讨工作记忆不同成分对儿童母语习得过程的影响。大量研究表明,工作记忆作为信息短时存储与加工的记忆系统,对母语学习的诸多方面,如词汇和语法习得、理解能力发展、语言产出水平,都具有深远影响(Wen,2015)。

6.3.1　工作记忆与母语词汇和语法习得

词汇和语法学习是语言习得的重要方面,也是掌握一门语言的前提。目前,关于母语词汇与语法习得的研究主要关注语音环,即语音工作记忆在儿童词汇和语法/句法习得过程中的作用(Wen,2015)。语音工作记忆是以声音为基础的信息存储与加工装置,由语音存储装置与发音复述装置两部分构成。研究表明,语音工作记忆具有将语音序列进行组块并通过默声复述将其巩固到长时记忆的作用。语音短时记忆容量越大,词汇语音得到复述的可能性就越大,就越容易进入长时记忆形成语音表征。因此,语音工作记忆与儿童的词汇习得、语法/句法的习得与发展密不可分(Martin & Ellis,2012),甚至可以被认为是一种"语言学习装置"(Baddeley,Gathercole & Papagno,1998:158)。Gathercole & Baddeley(1993)考察了 80 名学龄儿童语音工作记忆与词汇习得的关系后发现,语音工作记忆在将新词的语音表征巩固到长期记忆的过程中发挥了关键作用,语音记忆能力越强,儿童词汇习得越快。Stiles(2011)对正常儿童和患有神经性听力损伤儿童的工作记忆与词汇习得进行对比研究后发现,无论是正常儿童还是患有听力损伤的儿童,工作记忆与词汇的习得都密切相关,工作记忆差的儿童词汇量往往较低。在工作记忆对语法习得作用的研究上,Andrade & Baddeley(2011)通过三个实验考察了语音短时记忆对一种人工语法习得的影响。结果表明,语音短时记忆会通过词汇学习对人工语法习得产生影响。

工作记忆与汉语习得的关系一直是国内心理学界和医学界关注的课题。研究者使用不同方法对工作记忆在汉语字词识记和句法加工中的作用进行了考察。李毕琴、徐展和赵守盈(2009)通过两种实验,对工作记忆中汉字词长效应机制进行了研究,结果发现,视觉和听觉两种感觉通道下汉语字词回忆成绩都有明显的词长效应,听觉呈现下的字词回忆率要高于视觉呈现;同时,在视觉呈现下的即时回忆中加入发音抑制,汉字词长效应消失。这一结果说明,发音抑制占用了工作记忆中的发音复述装置,使需要存储的项目无法进入发音复述装置,或是阻碍了视觉信息转换成语言形式的编码过程,导致字词遗漏错误增加,这支持了 Baddeley(2003)语音回路假设对词长效应的解释。樊瑞文、史华伟和黄幸等(2019)利用事件相关电位技术,探究了语言康复训练中工作记忆对汉语词汇学习的影响。结果显示,有工作记忆参与的词图匹配语言任务可以更好地调动语言相关脑区处理信息,对汉语词汇学习有促进作用。陈庆荣、邓铸和蒋波(2008)

采用自控步速移动窗口方法,研究了言语工作记忆与句法复杂性对汉语判断单句加工的影响。结果表明,言语工作记忆容量对汉语判断单句的语义提取产生影响;在加工模式上,高工作记忆容量者受句法难度和句子—图片语义失配的影响较小,语义匹配的验证时间显著少于低容量者。这也支持了 Baddeley(2002)的观点,即不同工作记忆容量者提取和整合句子语义信息的能力存在显著性差异,当加工任务复杂度增加时,容量低的学习者受影响更大,认知负荷越大,加工时间越长。

6.3.2　工作记忆与母语听力和阅读理解

语言理解是一个涉及信息加工和存储的复杂认知过程,包括"词汇识别、语义和句法功能获取、意义解释等环节,在加工的同时还需要暂时存储加工过程中产生的中间表征,并为不同层次的加工提供必要的信息"(陈庆荣、邓铸和蒋波,2008:633)。目前,对于工作记忆在母语语篇理解中作用的研究主要集中在以 Meredyth Daneman、Marcel Just 和 David Caplan 为代表的北美认知心理学家阵营中,他们倾向于将工作记忆看成长时记忆的一部分,被临时激活而成为"注意的焦点"或"控制注意"。由于工作记忆中的中央执行部分负责认知活动的控制与调节,具有认知协调、资源分配、选择性注意和抑制等功能,因此与语言的理解和加工有密不可分的联系。Gathercole(2006)对 46 名患有阅读障碍的 6～11 岁儿童进行了研究,考察工作记忆与阅读水平之间的关系。结果表明,这些患儿的语音短时记忆、视觉空间短时记忆和复杂工作记忆能力均处于较低水平,其工作记忆存储和加工能力在很大程度上制约了阅读技能的习得与发展。在工作记忆与听力理解的关系上,Florit(2009)考察了 4～5 岁学前儿童的记忆因素与文本听力理解之间的关系。结果表明,短时记忆和工作记忆对听力理解能力均有明显的预测力。

国内研究者鲁忠义和张亚静(2007)以正确数和反应时为考察指标,通过两个实验探讨了工作记忆中的语音回路对汉语阅读理解的影响。结果表明,语音回路中的发音复述装置和语音存储装置在汉语阅读理解中起着重要作用,汉语的字形和字音在阅读理解中作用于语音存储装置的方式也并不相同。谭珂、马杰和连坤予等(2018)以有语音意识和快速自动命名双重缺陷的汉语发展性阅读障碍儿童为研究对象,从词汇和句子角度考察了言语工作记忆和阅读能力发展的特点,采用数字广度和汉字广度对工作记忆容量进行测试。结果表明,与正常儿童相比,双重缺陷儿童在言语工作记忆上存在一定程度的发展滞后。研究者认为,双重缺陷儿童语音意识存在缺陷,语音表征薄弱,当任务要求从语音回路中提取激活存储的语音信息时,就会产生认知负荷过大的现象,最终体现为言语工作记忆容量减小。

　　与工作记忆对母语阅读影响的研究相比,国内关于工作记忆对听力发展影响的研究相对较少,研究者主要关注听力障碍儿童语言学习的认知心理研究,即探讨听力障碍儿童工作记忆与语言发展的关系与特点。李一员、吴睿明和胡兴旺等(2006)采用标准多维转化卡片分类任务考察听力障碍儿童执行功能的发展特征与水平,结果发现,听力障碍儿童执行功能的发展要滞后于正常儿童。研究者认为,由于听力障碍儿童缺少对自然语言的听力认知能力,其自身特有的符号系统与自然语言符号系统之间可能存在差异;这种特别的符号系统占用的认知资源更多,也无法十分准确地表征记忆内容,从而导致工作记忆执行功能发展的差异。

6.3.3　工作记忆与母语书面语和口语产出

　　写作作为一种复杂的主动认知活动,涉及写作计划、文本创造、文本转换、写后修改等多个过程的共同作用(Berninger & Swanson, 1994)。这些过程在写作中需要同时被激活,从而对容量有限的工作记忆产生极大的认知压力,造成写作方面的困难;同时,多个写作过程在认知资源的使用中相互竞争。因此,对认知资源的合理分配是影响写作效果的重要因素之一。在工作记忆对写作过程影响的研究上,Kellogg(1996)提出了由规划、执行和监控三部分构成的写作框架,并认为工作记忆的语音环、视觉空间模板和中央执行系统均参与到了具体的写作过程中。其中,中央执行系统作用最大,写作过程的宏观(计划、书写、修改)和微观(语法、标点等)层面几乎都受到它的监控。这一研究框架引起了研究者们的关注,他们从不同角度对其进行检验或修正。Ransdell、Levy & Kellogg(2002)考察了工作记忆对不同写作水平的学习者的影响后发现,语音回路的认知负荷加大会导致写作流畅度降低,写作质量下降,同时,对句子输出的长度也有影响。Hayes & Chenoweth(2006)考察了在文本转写时 20 名被试言语工作记忆对书面语产出的影响。结果显示,在发音压制条件下,被试的转写速度显著降低,错误率也明显上升,这说明语音回路的压力与书面语产出密切相关。Vanderberg & Swanson(2007)使用分层回归分析方法研究了 160 名高中学生工作记忆的不同成分对写作的影响。结果表明,工作记忆的中央执行成分对写作的宏观和微观层面的发展水平均有显著预测效果,进一步证实了工作记忆在写作中的重要作用。

沈洪炎(2012)通过三个实验探讨了工作记忆在中文写作过程中的作用。结果表明,语音回路、视觉空间模板和中央执行系统均参与中文写作过程;中央执行系统在写作过程中起着最重要的作用,而视觉空间模板的视觉表象和空间思维分别对写作子过程发挥作用,这也在一定程度上验证了 Kellogg 模型在中文写作中的适用性。此外,还有研究者从功能性和容量有限性的角度探讨了工作记忆对写作过程各阶段的影响。例如,朱晓斌和张积家(2004)考察了工作记忆与小学生文本产生、书写活动之间的关系。结果表明,儿童的工作记忆与写作表现关系密切,工作记忆的存储功能主要与书写活动有关,而加工功能主要与文本产生有关。研究同时发现,随着年级增长,小学生工作记忆的加工水平逐步提高。研究者认为,随着学习者年级增长,书写活动趋于自动化,更多的认知资源被分配给了文本产生任务,从而导致工作记忆加工水平提高。

作为一项复杂的实时认知活动,口语产出也同样受到工作记忆容量的制约。在口语产出过程中,组织交流意图、激活概念、提取词汇、句法和语音信息言语编码、控制发音器官发音、监控和调整言语产出等一系列加工任务紧密衔接,说话者因此承受巨大的工作记忆负荷(金霞,2012)。因此,当任务的认知负荷过大时,工作记忆容量不同的个体就会表现出口语流利度、准确度、复杂度等方面的差异。Adams & Gathercole(1995)考察了语音工作记忆对学前儿童口语发展的影响。结果表明,语音工作记忆与儿童口语产出呈正相关,即语音工作记忆容量高的儿童口语产出的句子更长,使用的词汇更丰富,语法结构也更复杂。Abrahams、Leigh & Harvey et al. (2000)考察了肌萎缩性脊髓侧索硬化症患者言语流利度和执行功能后发现,这些患者言语流利度较差主要是因为注意监控系统和工作记忆中央执行功能受损而导致高级认知功能紊乱。Meredith、Melinder & Barch (2003)对精神分裂症患者的工作记忆和口语产出进行了研究,以产出流利度和连贯度为考察指标。结果显示,口语产出的连贯程度与工作记忆容量个体差异显著相关。

国内研究者也从流畅性角度考察了工作记忆对汉语口语产出的影响。张积家和陆爱桃(2007)采用双任务范式,通过四个实验考察了工作记忆两个子系统:语音回路和视觉空间模板对音位流畅性和语义流畅性的影响。实验结果显示,汉语口语产出的音位流畅性更依赖于语音回路,而语义流畅性对视觉空间模板依赖更大。陆爱桃、张积家和莫雷(2008)探讨了中央执行系统的注意控制和短时存储对言语流畅性的影响。研究结果表明,语义流畅性更依赖短时存储资源,而音位流畅性更依赖注意控制资源。

6.4　工作记忆与二语习得

　　鉴于工作记忆在母语习得过程中的重大作用,近年来,越来越多的二语研究者开始关注工作记忆的认知功能对二语习得的影响。然而,二语习得与母语在习得动机、初始年龄、心智和生理发育程度等方面均存在较大差异。而且,大多数情况下,二语学习者在语言信息的加工过程中往往依赖自下而上的低水平加工方式,认知负荷可能会有所增加。因此,与母语习得相比,二语习得过程需要更高的工作记忆容量作为支撑(Skehan,2014)。研究者普遍认为,工作记忆的个体差异对二语习得的影响要远大于对母语习得和加工的影响(温植胜,2018)。

6.4.1　工作记忆与二语词汇和句法学习

　　近年来,在二语习得领域,研究者纷纷放弃 Chomsky 的普遍语法理论,转而从联结主义、信息加工等认知心理学角度对二语习得过程进行研究(温植胜和易保树,2015)。与普遍语法的“先天性假设”不同,联结主义语言观认为二语习得是基于构式的,语言习得在很大程度上可以看成是对语言序列进行组块构建的认知过程;由于工作记忆中的语音回路不仅具有语音短时存储功能,而且可以通过发音演练机制将这些语音和语言序列巩固到长时记忆中,因此工作记忆在这些语言序列的组块过程中发挥了重要作用(Ellis,1996)。在此假设的基础上,研究者进行了大量的实证研究。结果表明,语音工作记忆不仅与二语词汇习得密切相关(Bolibaugh & Foster,2013),而且会对二语的句法习得产生影响,与低工作记忆容量的二语学习者相比,高工作记忆容量的学习者在句法加工策略上更接近母语者(Dussias & Pinar,2010)。Martin & Ellis(2012)研究了语音短时记忆和工作记忆对人工语言单词和语法习得的影响。研究表明,语言短时记忆和工作记忆对二语单词习得和语法习得均存在显著影响。Dussias & Pinar(2010)使用移动窗口法考察了不同工作记忆容量的二语学习者如何加工英语长距离 wh- 问句。结果表明,只有高工作记忆容量的二语学习者才能够像英语母语者一样对句法信息进行实时加工。研究者认为,工作记忆是影响二语句子加工的重要因素。另外,一些研究者还考察了工作记忆容量对歧义句加工的影响,结果发现,工作记忆容量高的二语学习者句法加工模式更接近母语者。

　　国内研究者也从不同角度对工作记忆在以汉语为母语者的英语词汇和语法

学习中的作用进行了大量研究。唐瑜婷和陈宝国(2014)探讨了句子阅读过程中语境限制强度、句子长度和工作记忆容量对二语词汇学习产生的影响。研究表明,在自然阅读条件下,工作记忆容量的个体差异是影响二语词汇学习的重要因素,高工作记忆容量对二语词汇学习更有利。任虎林和金朋荪(2010)考察了工作记忆在嵌入式英语复杂句加工中的作用,发现工作记忆对中国英语学习者复杂句加工的反应时间有重要影响,但对加工效果基本没有影响。顾琦一和程秀苹(2010)研究了工作记忆对中国学习者理解英语花园路径句的影响。研究表明,中国学习者在花园路径句理解上存在消歧和曲解并存的不完整建构现象,而工作记忆容量与花园路径主句理解的错误率呈负相关,即工作记忆容量越大,被试在花园路径主句理解上的错误率就越低;但是并未发现工作记忆对这种特定句型不完整表征的建构产生影响。研究者认为,工作记忆容量与句子理解中的具体任务动态相关,不同的任务可能会涉及不同的工作记忆资源,而工作记忆容量的作用也随着认知任务不同而变化。可见,工作记忆容量与句子理解间的关系是复杂而具体的,其作用还需要更多进一步的检验和验证。

6.4.2　工作记忆与二语理解和输出

在二语习得过程中,如何有效地促进语言信息的输入和输出决定了学习者的最终学习效果。McLaughlin(1995)的信息处理模式将语言学习过程分为受控加工、自动加工和重新建构三个阶段。在学习初始阶段,学习者需要有意识地投入大量注意资源对语言信息进行受控加工;随着对输入信息的不断接触和练习,学习者的水平逐渐提高,语言加工由受控过程逐步转向自动化过程,同时,将语言知识通过重构变成内在的知识表征存储在长时记忆中。注意作为语言学习的重要认知机制,在信息的选择输入、加工存储和提取输出阶段均起到重要作用。由于二语学习者多为成人,二语学习时间较短,受到词汇和语法掌握欠缺的限制,在语言的理解和输出过程中对工作记忆的依赖更大(Skehan,2014;Wen,2015)。其他学者,如 Skehan(2012),进一步将二语习得过程分为语言输入、中央加工和语言输出三个阶段。工作记忆作为一种认知学能在二语习得各个阶段均发挥重要作用。工作记忆容量大的学习者可以更高效地分配认知资源,快捷地对长时记忆中的信息进行检索提取和实时加工,从而实现更好的语言理解和输入。

在语言理解方面,Alptekin & Erçetin(2011)以 69 名熟练掌握英语的土耳其大学生为被试,从字面理解和推断理解两个层面考察了工作记忆对阅读理解的影响,工作记忆测量采用计算机辅助的阅读广度测试。结果表明,工作记忆容量对学习者的推断理解有显著影响,但与字面理解的关系不明显。研究者认为,工作记忆是一个容量有限的资源系统,与简单字面理解任务相比,复杂的推断理解需要消耗学习者更多注意资源,学习者的工作记忆容量越大,推断理解能力越强,而字面理解能力和学习者的二语水平密不可分,对高水平的二语学习者来说,字面理解未能对其工作记忆容量造成过大的认知负荷。Fay & Buchweitz(2014)考察了工作记忆容量个体差异对二语听力理解水平的影响。结果显示,工作记忆容量能有效预测学习者的二语听力理解水平,即工作记忆容量越大,学习者听力理解水平越高。

在语言输出方面,Bergsleithne(2010)考察了工作记忆容量个体差异对二语写作的影响。研究表明,工作记忆容量对二语写作的准确度和复杂度均有显著影响,即工作记忆容量大的学习者,短时存储和即时提取信息的能力较强,写作产出的准确度和复杂度较高。研究者认为,工作记忆容量的差异反映了学习者在进行复杂任务加工时受控加工对注意资源需求的差异,容量大的学习者能更好地控制、协调和分配注意资源,换言之,能兼顾形式和意义,语言表现也更好。O'Brien、Segalowitz & Freed et al.(2007)研究了语音工作记忆对以英语为母语者的二语(西班牙语)口语流利度的影响。研究表明,在不同学习环境下,语音工作记忆对学习者的二语口语发展有促进作用。Weissheimer & Mota(2009)从流利度、准确度和复杂度角度考察了工作记忆容量个体差异对二语口语产出的影响。研究发现,工作记忆容量对二语口语产出的流利度和复杂度有预测作用,但与产出的准确度无显著相关性。这说明工作记忆容量差异对二语口语产出存在限制。

关于工作记忆对中国学习者二语学习过程和学习水平的影响,国内研究者也进行了积极的探讨。在语言理解方面,张晓东(2014)分析了工作记忆对中国英语专业学习者二语听力和阅读技能的影响。研究发现,言语工作记忆广度与二语阅读技能显著相关,但与二语听力技能之间的相关性并不显著。研究者也指出,不能因为其效应不显著就否定工作记忆在二语听力理解中的积极作用;由于听力理解是一种被动言语输入,听者无法控制言语输入速度,在二语听力加工过程中工作记忆负荷通常较高,当被试工作记忆广度普遍较小时便表现不出太大差异。刘会霞和燕浩(2017)以90名不同听力水平的二语学习者为研究对象,以工作记忆存储容量、加工准确度和加工速度为测量指标,考察工作记忆对二语学习者听力学习水平的影响。工作记忆的测量采用优化过的二语听觉广度测试。结果显示,工作记忆能力与听力水平显著相关,听力水平较高者在工作记忆存储容量、加工准确度和加工速度上都显著优于中、低水平学习者;工作记忆的存储容量和加工准确度对听力水平均有显著解释力,但对加工速度的解释力并不显著。这项研究支持了信息加工的观点,即高水平学习者的信息加工更接近母语者的自动化水平;而低水平学习者的信息加工主要依靠受控加工,需要使用更多注意资源保持激活状态,以便完成加工过程,加工方式多采用自下而上的模式,消耗在语义检索上的时间较多,大大减缓了加工速度。

　　在语言输出方面,金霞(2012)考察了 120 名中国非英语专业大学生的工作记忆容量对二语口语产出的影响。结果表明,工作记忆容量与二语口语流利度和准确度显著相关,工作记忆容量是制约二语口语产出的重要认知机制;分析结果还表明,工作记忆容量对二语口语流利度的制约作用随着二语水平的提高而降低。研究者认为,随着学习者二语水平的提升,口语产出编码自动化程度提高,对工作记忆资源的需求降低。易保树(2012)对工作记忆容量不同的二语学习者书面语产出的准确度、流利度和复杂度进行了对比研究。结果表明,工作记忆容量的个体差异对语言产出的准确度有显著影响;对于工作记忆容量较低的学习者,工作记忆容量对产出流利度和句法复杂度均有影响。研究者认为,二语学习者书面语产出的准确度、流利度和复杂度之间存在对注意资源需求的竞争,同时,这种对注意资源的竞争在一定程度上受到工作记忆容量个体差异的影响。

　　此外,研究者从语言理解与输出一体化的视角出发,开拓了二语习得学科本身特有的研究课题,这些课题集中在互动反馈和口译的认知研究方面。作为复杂的在线理解与实时表现活动,纠正性反馈和口译同样受到工作记忆容量的制约,工作记忆容量大的学习者往往可以更深刻地理解输入信息,更高效地配置注意资源,进行信息提取与在线加工,从而拥有更强的语言学习和表达能力(韩亚文,2015)。在口译的认知研究方面,研究者主要通过实证调查和量化分析的方法,考察工作记忆与同声传译之间的关系。研究表明,工作记忆容量与同声传译技能之间存在正相关(张威,2012)。然而,也有研究者认为,与普通译员相比,专业译员并没有表现出工作记忆容量上的优势(Kopke & Nespoulous,2006)。在互动反馈的研究方面,也存在研究结果相互矛盾的现象。例如 Mackey、Adams & Stafford et al. (2010)的研究表明,工作记忆容量高的学习者更容易注意到反馈,对目标语言形式的习得效果更加明显。Sagarra (2007)研究了计算机辅助下的教学互动中学习者工作记忆对重铸的影响。结果显示,学习者的工作记忆容量与重铸显著相关,工作记忆容量高的学习者重铸反馈的效果更好。而Trofimovich、Ammar & Gatbonton（2007）的研究则表明,学习者工作记忆容量的差异与重铸反馈的效果之间并不存在明显的联系。针对上述结果不一的现象,一些研究者指出,研究结果的相互矛盾可能与工作记忆的测量方法不够统一规范、研究变量控制不够严密有关（Mackey, Adams & Stafford et al. , 2010;陈士法,2016）。此外,工作记忆对不同类型二语交互活动的影响也并不相同。国内学者张薇、廖毅和陈晓湘（2018）比较了工作记忆容量对重铸、元语言线索、元语言线索加重铸三种类型纠正性反馈的调节效果。结果显示,被试的工作记忆容量越高,对重铸的即时和延时调节效用越明显;而对元语言线索与元语言线索加重铸这两类反馈而言,工作记忆容量的调节效用并不明显。鉴于此,研究者今后还有待通过更多规范严密的实验,对工作记忆在二语理解和产出交互活动中的作用进行深度研究。

6.5　结　语

自 Baddeley & Hitch（1974）提出工作记忆多成分模型至今,工作记忆研究已经取得了巨大进步。特别是在语言习得领域,研究者运用不同的理论框架和研究范式,从不同视角对工作记忆各成分在母语和二语习得中的作用进行了积极探索,研究领域不断拓宽,研究方法更加多样,但仍然存在一些问题有待解决。

（1）研究对象较为单一,研究成果分布不均衡

从目前的研究状况看,对工作记忆不同成分的考察无论在研究数量上,还是在对研究结果的解读上,都存在明显的不均衡现象。其中,语音回路相关的研究最多,涉及母语和二语习得的多个层面;关于视觉空间模板对语言习得过程影响的研究虽少,但一些研究者不断探索支持视觉表象的因素,也为视觉空间模板存储功能的研究提供了很多重要的研究成果;中央执行系统由于功能最为复杂,概念和研究范式一直含糊不清,相关的研究最少。近年来,认知神经科学的研究成果表明,中央执行系统并非单一的结构,包括转换、刷新和抑制三种相对独立的中央执行功能,这三种功能在复杂任务的执行中分别发挥作用（赵鑫和周仁来,2011）。对这三个子系统进行准确的测量和评估并明确它们在母语和二语习得过程中发挥的作用,对我们更好地理解人脑的语言认知机制具有重要意义。

（2）研究内容有待进一步深化、细化

目前的研究主要探讨工作记忆容量在母语与二语词汇和语法习得，以及听、说、读、写等过程中发挥的作用。然而，工作记忆是复杂的认知系统，单一的工作记忆容量是否完全等同于工作记忆能力仍有待商榷。此外，工作记忆的不同构成成分在语言各子技能习得过程中发挥的作用并不相同，如语音工作记忆对早期二语词汇习得水平有明显的预测作用，但随着学习者年龄的增长和学习水平的提高，这种预测作用逐渐减弱。在今后的相关研究中，研究者应根据不同的语言加工任务，选取合理规范的测量工具对工作记忆容量进行测定，以明确工作记忆各构成成分在语言习得各层面上的互动协作。

（3）对工作记忆影响因素的研究有待提高

工作记忆系统在语言习得中的作用并非一成不变，而是受到年龄、情绪、认知方式、认知灵活性等因素的影响。因此，工作记忆与其他个体差异因素的交互作用对语言习得不同层面的影响是研究者需要进一步探讨的问题。

（4）研究方法较为单一，跨学科技术运用不足

随着跨学科研究的发展，眼动追踪、事件相关电位、功能性磁共振成像和经颅磁刺激等技术和方法为语言习得中的工作记忆研究提供了新的研究视角和研究手段。这些技术和方法已在国外的语言研究中广泛使用，但从研究现状看，国内的语言研究者大多采用实验的行为研究，缺少神经生理研究的实验依据。未来国内研究者可以综合利用这些先进的实验技术和研究手段，通过更加翔实的数据对语言习得过程中工作记忆的认知神经机制和人脑的动态加工过程进行考察。

第七章

动机与二语发展研究

7.1 引 言

作为二语习得个体差异的主要因素之一,动机对二语习得效果具有重要影响。Dörnyei（2001）认为,动机是指人类行为的方向和强度,即人们试图去做某事的缘由、持续时间和努力程度。Richards et al.（2005）指出,二语学习动机是学习者为了学习二语付出努力的态度、欲望和意愿。Harmer（2007）认为,从根本上讲,动机是推动我们做某件事、实现某个目标的内在驱动力。Dörnyei（2005）进一步指出,动机关乎人类行为的方向及尺度。

二语习得中的动机研究可以追溯到 20 世纪 50 年代末,迄今已经有 60 多年的历史。国外二语动机实证研究是在理论框架下进行的。Dörnyei（2005）认为,自 20 世纪 60 年代初至 21 世纪初,动机研究经历了三个阶段:社会心理学阶段、认知情境阶段和过程导向阶段。第一阶段始于 Gardner & Lambert（1959）提出的社会教育模式和 Gardner & Lambert（1972）提出的社会心理模式。此后研究大都以社会心理模式为理论框架,其中又以 Gardner（1985）的融合型和工具型动机两分法最具影响力。第二阶段始于 Crookes & Schmidt（1991）的研究。动机心理学和教育心理学中认知理论的发展使研究者们希望拓展对二语学习动机的理解（Dörnyei, 2005）。第三阶段以 Dörnyei（2005）的二语动机自我系统为框架,该系统主要包括理想二语自我、应然二语自我和二语学习体验。理想二语自我是指二语学习者理想中自己具有的一些品质或二语学习者期望达到的理想状态,是学习者自己或他人为学习者设定的目标,与积极的情感和结果有关。传统的融合型动机和内化的工具型动机均体现了理想二语自我这一特征。应然二语自我是指学习者认为为了避免负面结果,自己应该具有的品质,尚未内化的工具型动机、外在动机与这一特征相关。二语学习经历指与特定学习情境或以往学习经历相关的情境动机。二语学习动机具有动态性,动态系统理论和定向动机流理论为二语习得动机研究提供了全新的视角。

7.2　动机理论

7.2.1　Maslow 的需求层次理论

美国心理学家 Maslow(1954)提出了需求层次理论,认为人类需求从低级到高级分别为生理上的需求、安全上的需求、情感和归属的需求、尊重的需求、认知的需求、审美的需求和自我实现的需求。这些需求能激发人的行为。需求得不到满足时,人们会感到焦虑,从而采取一定的行动来缓解焦虑。基于人类需求的动机理论把动机看成是满足不同层次的需求的过程。二语学习同样涉及生存需求、情感需求、认知需求等,因此就产生了"二语学习动机"的说法,并促成了相关二语学习动机理论的产生。

7.2.2　Lambert 和 Gardner 的工具型动机和融合型动机理论

20 世纪 50 年代,Lambert 和 Gardner 提出了二语学习的社会心理模式和社会教育模式。Gardner(1985)根据学习二语的目的,把二语学习动机分为融合型动机和工具型动机。如果学习外语的目的是要对某个社会文化有更多的了解,或为了融入该团体与人沟通,还准备接受使用这种语言的人们的文化和生活方式,这种动机就是融合型动机;工具型动机强调学习一种新语言的实际价值和好处,比如说外语可以帮助自己在工作中有更大发展。它的主要特点是无持久性、有选择性,一旦学习者认为语言作为工具的目的已达到,动机便消失了。大量研究结果表明,融合型动机和语言学习的成效有着密切的关系,因为具有融合型动机的学习者对于目的语的学习有强烈的兴趣,他们更愿意花工夫去完成目的语的学习目标。而且,一旦这些学习者产生了学习渴望、确定了学习目标,他们就会更加积极地去学习。同时,这种学习的状态也使学习者们体会到为实现学习目标努力奋斗的过程及其带来的喜悦。Gardner(1985)研究发现,主动学习者与被动学习者相比具有更多的融合型动机。在学习过程中,主动学习者经常参与课堂互动,他们的学习成绩也更优秀。Gliksman 也发现,学习者在课堂上的表现、参与课堂活动的程度也取决于他们有多强的融合型动机,学习者的融合型动机越强,课堂参与度也就越高(转引自 Ellis,1994)。Ellis(1994)也指出,有融合型动机的学习者在课堂中更活跃,而且基本不会逃课。作为融合型动机的一个主要元素,兴趣在英语学习中起着极其重要的作用。如果学习者对语言学习有兴趣,那么他们在课堂上表现得将更为活跃,完成学习任务的效果也更加显著,并更能持之以恒。然而,融合型动机不是唯一的语言学习成功的因素。Gardner(1985)指出,工具型动机也和语言学习相关,在一些特定的情境下,例如,当学习者对目的语的学习有很少或没有兴趣时,或学习者有很少或没有机会接触目的语的语言环境时,具备工具型动机,如通过等级考试、获取高薪职位、找到工作、读懂国外资讯,会对语言学习的帮助更为显著。

7.2.3　Deci 和 Ryan 的自我决定认知动机理论

美国心理学家 Deci & Ryan(1985)提出了一种关于人类自我决定行为的动机过程理论——自我决定认知动机理论。Deci & Ryan(1985)指出,自我决定是一种关于经验选择的潜能,是在充分认识个人需要和环境信息的基础上,个体对行动所做出的自由选择。该理论认为人是积极的有机体,具有先天的心理成长和发展的潜能,自我决定的潜能可以引导人们采取感兴趣的、有益于能力发展的行动,这种对自我决定的追求就构成了人类行为的内在动机。Deci & Ryan(1985)还指出,动机从来源上可分为内在动机和外在动机。内在动机指个体出于兴趣和活动本身的快乐而完成一项任务行动,不是因奖惩而产生的被动学习,而是以满足自身的需求为目的。外在动机是指个体受外部因素的影响,如为得高分、避免惩罚或得到报酬而产生的愿望。自我决定论包含四个分支理论,即认知评价理论、有机整合理论、归因定向理论、基本心理需要理论。其中,认知评价理论阐述了社会背景对人的内在动机的影响,把不同的动机与背景成分的类型联结起来,描述了自主支持(信息)、控制和无动机的背景成分。有机整合理论主要探讨了外在动机的类型和促进外在动机内化的条件。根据个体对行为的自主程度,外在动机分为外在调节、内摄调节、认同调节与整合调节四种形式,不同类型的外在动机其控制与自主的程度是不同的。归因定向理论认为,个体具有对有利于自我决定的环境进行定向的发展倾向,该理论描述了自主支持、控制行为或者无动机趋于社会环境这三种定向方式,强调允许来自个人定向经验和行为预测的个体差异。基本心理需要理论解释了基本心理需要的含义以及心理需要和主观幸福感的关系。自我决定认知动机理论涵盖了较多的动机类型,可以较为有效地评估学习者的学习动机,但是由于这一理论发展时间较短,还存在理论上的质疑,还需要更多的实证研究为新模式的建构提供支持材料。

7.2.4 Trembley 和 Gardner 的扩展动机理论模式

Lambert 和 Gardner 的研究在 20 世纪 80 年代末以后遇到了诸多挑战。Trembley & Gardner(1995)结合心理学的期望价值理论和目标理论,提出了扩展动机理论模式。这一扩展模式呈现了语言态度、动机行为、学习成绩三大因素之间的线性关系。其中,语言态度包括对二语本族语者的态度、融合性取向对二语的态度、对二语课程的态度、对二语教师的态度、工具性取向;动机行为包括注意力、动机强度、持久性。在语言态度与动机行为之间增加了目标显著性、效价及自我效能三个中间变量,其中目标显著性包括目标具体性和目标频度;效价包括二语学习的愿望和态度;自我效能包括行为期望值、二语运用焦虑度和二语课堂焦虑度。

7.2.5 Dörnyei 的外语学习动机三层理论模式

Dörnyei(1998)认为 Trembley & Gardner(1995)的模式忽略了学习者的学习动机会受到课堂环境的影响,提出了外语学习动机的三维框架理论,认为外语学习动机应该从语言层面、学习者层面和教学情境层面进行研究和测量。其中,语言层面是指目的语社会的政治、文化、经济状况和该语言的实用价值等,分为融合型动机和工具型动机;学习者层面是指与学习者个体相关的因素,如学习者对自己的评估、成就需要、学习时的自信心、学习者本身二语学习的能力;教学情境层面包含三方面的动机成分,即课程相关动机、教师相关动机、学习团体因素相关动机。课程相关动机主要是指学习时使用的教材以及教学方法等,教师相关动机是指教师的个性以及教学风格,学习团体因素相关动机指共同学习的学习小组、班级和学校的学习氛围以及团体凝聚力等。Dörnyei(1998)的学习动机框架充分展示了学习动机因素的多样性和复杂性。它将语言学习环境引入动机研究中,强调了学习动机的多层次性,指出了从语言、学习者和教学(学习)环境三个层面激发学习二语动机的可行性,并与课堂教学实际紧密联系,具有积极的实践教学意义。但是,该框架仍然有一些不足。它并未揭示出框架中各成分和要素之间的内部联系,未能包括目标成分,未能反映自我决定理论的最新发现,所列成分之间的差异过大,进行实证研究难度大;在语言层面上,运用融合/工具型动机两分法处理语言学习动机中所涉及的复杂的社会因素也过于简单。Dörnyei(2001)还提出了动机的过程观,把动机分成行动前动机、行动中动机和行动后动机,并强调在这三个过程中,动机是不断变化的,不同阶段也会运用到不同的动机策略。Dörnyei（2005）还借用心理学精神分析流派的自我系统来剖析动机，提出二语动机自我系统，该系统包括理想二语自我、应然二语自我和二语学习经历。理想二语自我与融合型动机相对应，应然二语自我则更多地关注工具型动机。这一理论不仅关注学习者本身，还注意到了客观环境对学习者动机的影响。

7.3　二语动机自我系统与动态系统理论

动态系统理论也被称为复杂系统理论，它起源于自然科学中混沌论与系统论的结合。首次将复杂系统理论引入应用语言学研究领域的是应用语言学家和教育家 Larsen-Freeman。Larsen-Freeman（1997）认为，倡导复杂性科学应用于语言学研究，开辟了应用语言学研究的新视角；一个系统之所以被称为复杂系统，首先是因为它由大量的要素和主体构成，其次是因为复杂系统的行为是这些构成要素和主体之间相互作用的结果，而不是任何单一的要素和主体的行为。她进一步分析了复杂性理论与 SLA 的共性关系，认为复杂性理论研究的复杂系统有以下特点：① 动态性，即随时间变化而变化，关注过程而非状态，强调系统在时间上的变化性；② 非线性，即结果与原因的非对应关系；③ 混沌性，即复杂系统行为呈现出完全随机的不规则、无法预测的状态；④ 不可预测性，即系统行为的随机性导致的复杂性和多样性；⑤ 初始条件敏感性，即初始条件的细微变化能导致质变的结果，即蝴蝶效应，而这一点恰恰指出了复杂系统不可预测的原因；⑥ 开放性，即信息或能量能出入系统，使系统的有序性和复杂性不断增加，强调系统与外界环境的交互作用；⑦ 自组织性，即系统开放性导致的系统有序性不断增加，达到某个临界点后无序混沌的系统会协调一致，新的结构或模式随系统构成部分的相互作用而涌现；⑧ 反馈敏感性，即反馈融入行为，强调反馈对于复杂系统的重要性；⑨ 适应性，即根据环境进行自我优化；⑩ 引子奇异性，即总体有型但细节无法预测；⑪分形性，即一模式能在不同层级上自我复现。Larsen-Freeman（1997）还进一步指出，作为一个自下而上的理论，复杂系统理论尊重语言习得的本质，认为使用语言是改变语言的途径，语言每次使用都会发生变化。复杂系统理论给我们带来了全新的语言观，使我们看清了语言所具有的复杂系统的关键特征。Larsen-Freeman（2008）进一步对复杂系统的关键特征作了如下界定：① 系统中的元素具有异质性；② 系统随时间而变化，具有动态性；③ 系统的变化呈现出非线性；④ 系统与外界进行能量和物质交换，具有开放性；

⑤ 系统能调整自身以适应外部环境的变化,具有适应性。

在二语动机自我系统框架下,学习动机不再是稳定的个体区别性特征,而是一个开放的动态发展系统。动机系统在众多影响因素的共同作用下发展,体现发展强度随时间变化的核心特征,动机发展是内外因素变化互动与适应的结果并呈多路径性。这就倡导研究者从"自我"与"动态"角度考察动机,实现从群体动机向个体动机的转变,实现从共时研究向历时研究的转变。Dörnyei 是率先运用动态系统理论阐释学习者个体差异的研究者。Dörnyei(2005)认为,复杂动态系统的非线性特征与二语学习动机的变化趋势具有高度的相似性,动机的状态和强度会随着学习者的个体发展在环境因素的作用下处于不断变化当中。Dörnyei(2009)以动态系统理论为基础,重新界定了个体差异的概念以及个体差异与环境之间的关系,认为学习者个体差异系统中的各个要素不是孤立的,而是相互联系的,它们之间的因果关系也不是永恒不变的,外界环境的影响往往会导致个体差异的变异性发展。除了 Dörnyei,国外还有一些学者主张运用复杂动态系统理论去研究语言学习动机。例如,Ushioda(2009)认为,语言学习中,除了学习者因素外,还有学习环境的大背景,而这两者又有复杂的相互影响的关系。因此,复杂动态系统理论的研究模式更适合。

7.4 复杂动态系统理论与二语学习动机研究

Larsen-Freeman(1997)倡导将复杂动态系统理论运用于应用语言学研究,但并未引起学界的强烈反响。复杂动态系统理论下的二语学习动机研究,尤其是实证研究,屈指可数。这可能是由于复杂动态系统理论自身的研究方法比较复杂。Dörnyei、MacIntyre & Henry(2015)描述了一种动机阶段性持续上升的状态。他们将其称为定向动机流。尽管原则上动态系统不可预测,但当清晰的愿景、明确的行动计划、可实现的短期目标及正面积极的情绪等多种因素相互交织时,系统会自组、涌现出定向动机流,这就为研究者提供了研究动态系统复杂机制的可能性。该书还介绍了一些相关的实证研究,如 MacIntyre & Serroul 使用个体动态测量法测量了 12 名加拿大大学生以秒为单位的动机波动,发现在实时交际过程中,动机、焦虑、自我评估和交际意愿四个因素在每一秒都影响了学习者的认知决定,最终典型交际模式在高一层维度上得以涌现;Henry 考察了多语者的语言系统,发现第二语言的学习动机与第三语言的学习动机互相制约、更迭交替,呈现出外语学习的螺旋式发展轨迹,体现了系统内部组成成分的互适过程；Nitta & Baba 通过对日本英语学习者写作文本流利度、复杂度的变化点分析和回顾性访谈，分析了学习者在写作活动中的自我调节能力，展现了宏观层面理想自我意识与微观层面自我调节能力"互适"的发展过程；Piniel & Csize 考察了21 名匈牙利英语学习者在 14 个星期中焦虑、自我效度与动机自我意识三者的发展关系；Chan、Dörnyei & Henry 采用反溯法，通过教师的群组访谈确认了七种学习者动机原型，再从动机原型中选取典型学习者进行回溯性访谈，追踪了这些学习者动机系统到达各自"吸态"的路径；Gregersen & MacIntyre 通过对智利一所大学的 18 名硕士研究生学习日志的分析，论述了动态系统理论的八大基本原则在教师—学习者双重自我认知中的体现；You & Chan 对 208 名中国二语学习者进行了问卷调查，结果显示脑海中理想二语学习者的意象鲜活与否很大程度上决定了动机强度，但意象本身仍不断变化，具有动态性。动态系统理论为定向动机流概念的提出奠定了基础，同时，定向动机流也从地理学上的湾流现象中获得灵感，并借用修辞手法将语言学习中这种目标驱动的高强度动机形象地表述出来。

7.5　定向动机流理论与二语学习动机研究

定向动机流理论由 Dörnyei、Muir & Ibrahim（2014）提出，但作为动机研究领域较新的概念，目前尚没有一个确切的定义。研究者把学习动机比喻为海洋湾流，以凸显其方向明确、时间持久、能量巨大等特点。定向动机流的共同模式是，一个清晰可见的目标与一条动机行为的具体路径相结合，使一种本来处于休眠状态的情境焕发新的生机和活力。因此，"正在经历定向动机流的学习者会意识到自己处于高效产出状态，且其行为能力远远超出他的想象"（Dörnye，MacIntyre & Henry，2015：97）。常海潮（2016）把定向动机流定义为以清晰目标或愿景为方向，以行为结构为路径，以惯常行为的完成即短期目标的实现为支撑点，能够引发和支持长期行为的强大驱动力。

定向动机流主要包括目标/愿景定向性、启动、参与者拥有意识、积极的情感状态、跳跃式与促成性结构五个维度。

维度之一：目标/愿景定向性。目标/愿景属于外语学习动机的意志范畴，目标/愿景定向性是指学习者的行为不是随意发生和发展的，而是循着一条既定轨迹，朝一个既定目标或愿景前进，而且唯有这一明确目标或愿景才能凝聚他的努力、精力和时间，才能引发他强烈的行为动机，并使他获得满意的学习效果。因此,目标/愿景定向性是动机流产生的前提条件,是定向动机流最主要的特征。愿景这一概念来源于二语动机自我系统的理想二语自我,指外语学习者希望自己拥有某些特征,即意愿、欲望和希冀。将愿景置于定向动机流首位,突出了外语学习者个体意志在动机中的重要性,彰显了学习者人格的核心地位。然而,愿景与目标在意义上并不完全对等。按照 Dörnyei & Kubanyiover(2014)的说法,愿景和目标都指为达到将来的状态所持有的定向目的,但是,除具有目标的抽象性、认知性等特点外,愿景还包含了感官要素,即与获得该目标相关的有形景象。

维度之二:启动。定向动机流的成功启动依赖于两个关键因素:必要条件(语境、个人和时间)的一致性以及特定触发刺激的有效性。必要条件的准确到位是触发刺激的必要基础,同时,触发刺激也在很大程度上决定动机流的强度。要成功启动定向动机流,不仅需要学习者个体相信自己的能力与目标难度相匹配,而且需要实时调整自己的精神状态,以长期维持目标带来的挑战与自身能力之间的平衡。触发刺激可以是期待已久的行动机会、来自外部的号召或对挑战个人自我形象事件的反抗等。只有定期、反复触发的刺激才能保证目标不被生活中的其他干扰所掩盖,使最终目标/愿景获得"持久的显著性",从而成为自动的行为调节器,定向动机流的功能得以彻底完成。在这一过程中,动机不可避免地在被干扰、中断之后重新触发,但学习者最终会实现具有高效触发机制的长期激励目标。

维度之三:参与者拥有意识。参与者拥有意识是指学习者认知目标或愿景,掌控行为进程,并不断感知进步,这是动机流持续运行的必要条件。学习者对于目标或愿景的追求完全是一种自主行为。因此,学习者的目标或愿景具有高度的个体化特征。根据 Deci & Ryan(1985)的自我决定理论,学习者动机与其自主性有密切关系,自主性强的语言学习者必然具有强烈的动机。除此之外,参与者拥有意识需要具备一定条件,即学习者不仅相信该项目的必要性和重要性,而且能够感知到完成这一项目的难度,并对实现最终目标充满信心。因此,这一维度属于外语学习动机的认知范畴。

维度之四:积极的情感状态。积极的情感状态指外语学习者的情绪特征,属于外语学习动机的情感范畴,是学习者在情绪上的正向感受。这是维持定向动机流强度的重要条件。积极的情感状态不是学习者所从事的某种活动本身所固有的欢愉,而是在期待某一目标实现过程中获得的快乐,不是一时的幸福状态,而是一种终极幸福感(Ryan & Deci,2000)。在动机流运行过程中,积极的情感状态具有延伸和辐射作用,它会使本来单调、无聊的行为突然变得令人愉快,因为它与学习者的深层价值观一致,有助于更高目标的实现。

维度之五:跳跃式与促成性结构。就像是海洋湾流,定向动机流一旦形成,便循着清晰的路径跳跃式、螺旋式前进。跳跃式和促成性结构既表明了动机流的路径,也是动机行为的结果,是外语学习者把动机行为内化的过程,代表了外语学习动机的行为范畴。由此可见,定向动机流融合了学习动机的愿望、认知、情感、行为四个范畴,形成了四位一体的全人化外语学习动机理论框架。这一框架决定了外语学习动机的多维度特征。Dörnyei、Muir & Ibrahim(2014)指出,定向动机流贯穿于整个学习过程的始末。因此,一定程度上也可以把定向动机流看作一个完整的项目实施过程。定向动机流代表着二语动机领域发展的最新动向。它汲取了以往二语动机理论的精华,使得外语学习动机成为一个多维度、跨学科、多层次的完整系统,为外语学习动机研究提供了全新视角,具有重要的理论意义和应用价值。

定向动机流理论为动机研究注入了新的血液。国外学者,如Ibrahim(2016),以定向动机流为理论框架开展了相关的实证研究,通过考察二语学习者动机强度的变化验证该假说的有效性。Ibrahim(2016)研究了九名来自中东和俄罗斯的成人英语学习者,发现学习者的动机行为中的确表现出定向动机流现象,持久性的高强度动机在二语习得中较为普遍,且不受学习者文化背景、环境和年龄的影响。

在国内,常海潮(2017)通过两阶段回溯性访谈,采用轨迹等效建模法探究了10名英语专业研究生大学本科四年学习动机的变化机制。研究结果表明,学习动机轨迹形成起伏波动的动机流;学习动机个体变异主要表现在目标/愿景定向性和促成性结构两个维度上;学习动机变化是期待回报、校园氛围、课堂教学等多重因素影响的结果。高校英语教学要多关注学习者学习动机动态变化和个体变异,营造良好学习环境,促进学习动机强度最大化。尹洪山(2018)采用定性分析的方法,以一名非英语专业的大学二年级学习者为被试,探究了定向动机流在二语写作过程中的变化趋势及其特点。研究发现,定向动机流的运行轨迹与写作目标的时间量程具有高度的耦合性,但动机流的消退具有一定的延后效应,定向动机流对二语写作的显性促进作用及积极情感作用说明定向动机流理论不仅有助于揭示动机强度变化对二语写作的影响,而且对创设学习愿景、增强学习者的写作体验具有启示意义。付蓓(2019)以定向动机流为理论视角,对三名非英语专业大学生的英语口语学习自我概念发展变化进行了历时考察分析。研究结果显示,愿景、"隐性"惯常行为、进度检查、积极情感等动机维度对英语口语学习自我概念的积极发展有显著作用。然而,过于理想化的目标、被评价和被比较的学习环境、进度检查和正向反馈的缺失将导致学习者无法获得语言学习的真实感和幸福感,口语学习自我概念很难呈现积极变化的趋势。宁建庚和蔡金亭(2019)使用质化研究方法,聚焦某本科院校四名应届毕业生所经历的高强度、持续性的动机轨迹,检验其动机行为中是否存在定向动机流的核心特征,从而验证其结构的有效性。研究表明,被试的动机行为中存在动机特征,即有长期目标的动机行为的方向性、显著的促成性结构、积极的情感,体现了定向动机流结构在个体及群组层面创造长期动机的实用价值。

7.6 国内学习动机研究现状及发展趋势

自20世纪90年代以来,通过借鉴国外相关理论,国内二语学习动机研究取得了一定的研究成果。尤其是21世纪以来,我国二语学习动机研究在学习动机建模、学习动机影响因素、学习动机与学习成绩及教学策略的关系、学习动机与自我认同的关系、学习动机本体等五方面取得了长足进展。高一虹、赵媛和程英等(2002)探讨了中国学习者的英语学习动机类型及其与自我认同变化的关系、动机类型与动机强度的关系以及个人因素对动机类型的影响,提出了七种动机类型,并按照内容将它们分为工具性、文化性和情境性三大类型。李炯英和刘鹏辉(2015)用定量与定性相结合的研究方法对我国18种外语类期刊2004—2013年发表的外语学习动机相关文献进行了统计分析,发现研究数量保持动态增长,研究视角注重学科融合,研究方法以实证研究为主、以理论研究为辅,研究对象包括不同学历层和年龄层的外语学习者,研究样本呈现大而精的发展趋势,且研究由静态横断研究向动态追踪研究发展。王峥(2016)梳理分析了2000—2015年我国外语类CSSCI来源期刊发表的二语动机研究论文,发现国内研究主要在基本认识、研究方法、理论应用等方面存在一些不足,在二语学习动机的基本认识问题上,国内研究者大多以静态视角看待二语学习动机,忽视了动机的时间性与过程性;国内多数研究将学习者个性特征、认知风格、家庭背景、学校/专业背景、二语学习经历等与动机密切相关的变量排除在外,忽视了个体与情境交互的复杂性以及每一个特定社会文化环境下的学习者的个体特殊性。Ushioda(2009:220)提出:"动机研究应聚焦真正的人,一个能思考、有感情的人,一个有身份认同、有个性、有独特历史与背景的人,一个有目标、有动机、有意愿的人,这个人根植于多种宏观、微观的情境之中,在其中活动,又是其有机组成部分。"国内也有少数学者,如高一虹等(2013),认识到了个体与情境交互的复杂性,指出英语学习动机差异在很大程度上是情境因素造成的,学校的教育理念与氛围、教师、课程设置等情境因素都会对个体动机产生重要影响。

在研究方法上,国内研究存在量化研究抽样方法欠规范、组平均法的结果难以说明个体的具体情况、通过自陈量表采集的数据可能失真或不完整、质化研究缺乏等问题。首先,未来的研究有必要丰富量化手段,结合课堂结构性观察、他评量表等手段全面、客观地收集数据而不仅限于使用一次性自陈量表。其次,二语动机研究可以采取开放式访谈、半结构式访谈、观察、日志分析、叙事等质性研究方法或人种志方法考察实际语境和互动中的真实人群,也可以综合运用质化和量化方法,使研究更为全面、深入,从而丰富关于二语动机的理论认识。再者,可以使用微变化研究法,在短时间内进行高频数据采集以得到密集语料,直接观察正在发生的变化,重视个体差异和语言发展的变异性;可以借助现代高科技仪器或手段,用计算机技术对动态复杂系统进行建模,通过调整模型的参数推断复杂系统中各变量及变量之间的关系;还可以用脑成像技术(包括脑电图和功能磁共振图像)对人脑活动的动态性进行直观的观察和记录。

第八章

基于 CiteSpace 的国际语言学习者个体差异研究(2008—2018)可视化分析

8.1 引　言

　　"个体差异"一词来源于差异心理学,指"每个人都具有的,但彼此间呈现出不同程度差异的持续性个体特征"(Dörnyei, 2005:1)。自 20 世纪 70 年代以来,学习者个体差异与语言习得水平的关系便成为研究者关注的焦点。研究表明,个体差异不仅与学习者母语习得的最终成就密切相关,而且是预测二语学习水平最有效的因素(Linck, Osthus & Koeth et al., 2014)。近年来,随着认知心理学、神经语言学的发展和跨学科技术的广泛运用,国外语言学习者个体差异研究也呈现出了新的发展态势:研究来源从单一的心理学领域扩展到多维领域,研究主题由静态渐变为动态,研究方法也日趋多元化(李茶和隋铭才,2012)。对这些研究成果进行梳理和分析,有助于把握近年来国际语言学习者个体差异研究的发展脉络,厘清这一领域主要的研究方向和热点课题,更好地促进国内研究的发展。目前,国内相关研究多侧重于主题归纳与内容分析,缺乏对文献数据的深度挖掘和系统梳理。相比较而言,可视化知识图谱能深入学科内部对其发展进程与结构关系进行分析,准确描述知识要素的流动过程,并可视化地展示学科的核心框架、前沿领域与热点演进。鉴于此,本研究利用美国德雷塞尔大学陈超美教授研发的 CiteSpace 引文可视化分析软件(以下简称 CiteSpace),对 2008—2018 年间国际期刊发表的语言学习者个体差异研究文献进行内容挖掘和数据整理,通过分析国外语言学习者个体差异研究的热点领域与核心文献,明确该领域研究的最新状况和发展趋势,为我国研究者未来的研究方向提供参考和借鉴。

8.2　研究设计

8.2.1　研究问题

本研究旨在探讨以下 4 个问题:2008—2018 年间国际语言学习者个体差异研究的核心领域有哪些? 2008—2018 年间国际语言学习者个体差异研究中有哪些课题是研究者关注的焦点? 2008—2018 年间国际语言学习者个体差异研究中的高被引文献有哪些?研究热点的演进情况如何?

8.2.2　数据来源

本研究采用的 CiteSpace 版本为 CiteSpace 5.3 R8。该软件可以实现文献的共被引分析,并挖掘引文空间的知识聚类和分布。

本研究数据来源于美国科学情报研究所的网络数据库 Web of Science。笔者以 individual difference 为检索主题词在 Web of Science 核心合集数据库 SCI 和 SSCI 的索引中进行主题检索,时间跨度为 2008—2018 年,研究领域为 language linguistics、linguistics 和 educational research,文献类型限于论文。经过去重处理后,共得到 432 篇文章,文献数据包括作者、标题、摘要、引用文献等信息。引文数据库数据的最后更新时间为 2018 年 12 月 31 日。

笔者将首先利用聚类分析从宏观上对国际语言学习者个体差异研究的核心领域进行分析,然后结合关键词词频和突变分析考察具体的研究热点和前沿课题的演进情况,最后通过分析高被引文献以确定国际语言学习者个体差异研究领域中发挥重要作用的核心文献及作者。

8.2.3　数据分析

CiteSpace 知识图谱能够将一个知识领域的发展脉络集中展现在一个引文网络图谱上,并把图谱上作为知识基础的引文节点文献和共引聚类所表征的研究前沿自动标识出来(陈悦、陈超美和刘则渊等,2015)。本研究采用聚类分析方法绘制二语习得学习者个体差异研究领域的知识图谱。

本研究以一年为一个时间切片,将软件的时间设置为"2008—2018",共得到 11 个时间片段,在 Term Source 选项中选择 Title、Abstract、Author、Keyword(DE)以及 Keyword Plus（ID）,在 Node Types 中分别选择 Keyword、Cited Reference 以及 Cited Author 进行分析,选择最小生成树算法和修剪分段网络算法,针对所选取的引文数据为每个时间切片内出版以及被引频次最高的 30 篇文献形成共被引网络,得到 21 个共被引文献网络聚类(聚类 0～20)。文献共被引是指如果两篇文献同时被一篇或几篇文献引用,则认为两篇文献存在共被引关系。文献共被引反映了文献之间在研究方向或主题方面有密切的联系。文献共被引的频次越多,说明它们之间的学术关联性越强。通过技术处理,笔者将研究主题关联紧密的文献归并为相互关联的文献群簇,进而生成 2008—2018 年间国际语言学习者个体差异研究领域的文献共被引聚类分析视图,见图 8-1。

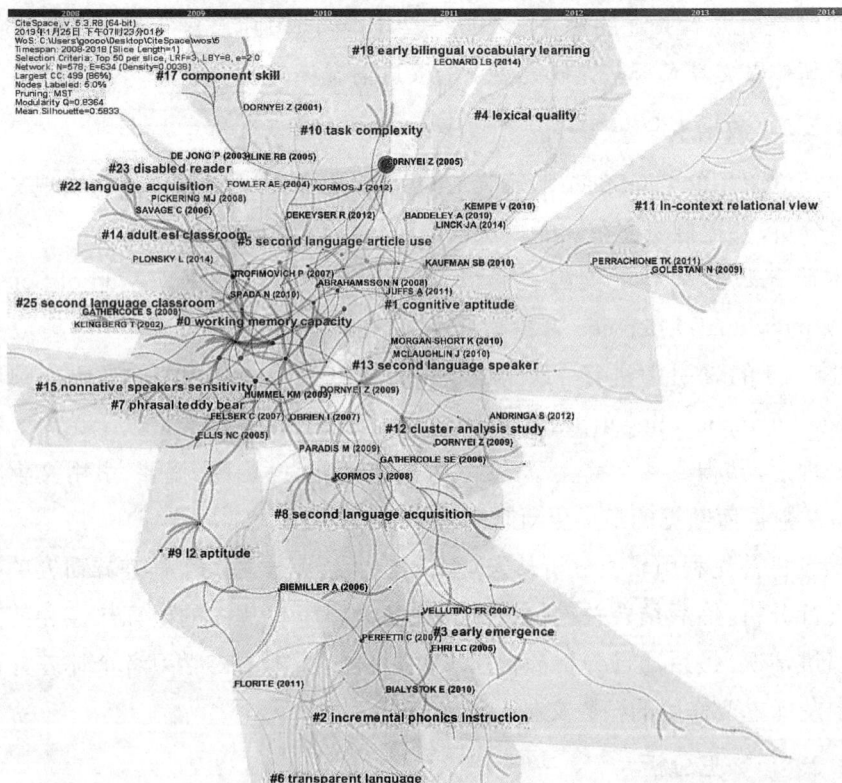

图 8-1　国际语言学习者个体差异研究领域文献共被引聚类分析视图(2008—2018)

如图 8-1 所示,在生成的文献共被引网络中,共有 578 个节点、634 个连接。其中,聚类值 Modularity Q 为 0.8364,聚类内部相似度指标 Silhouette 为 0.5833。一般认为,Modularity Q 值大于 0.4,Silhouette 值大于 0.5,则聚类结果比较合理可信。本研究中,Modularity Q 值和 Silhouette 值均大于 0.5,说明"聚类内节点的主题关联比较强,结果具有参考价值"(徐锦芬和聂睿,2015:4)。

8.3　结果与讨论

8.3.1　国际语言学习者个体差异研究核心领域

鉴于聚类 1（cognitive aptitude）和聚类 9（L2 aptitude）标签名称类似,本书将两个聚类统一归并到聚类 9；聚类 5（second language article use）、聚类 8（second language acquisition）和聚类 18（language acquisition）归并至聚类 18；聚类 14（adult ESL classroom）和聚类 20（second language classroom）归并至聚类 20。通过归并和调整,共得到 17 个聚类,从大到小依次为工作记忆（Cluster 0）、增量式拼读教学（Cluster 1）、读写萌发（Cluster 2）、词汇质量（Cluster 3）、透明语言（Cluster 4）、短语泰迪熊（Cluster 5）、二语学能（Cluster 6）、任务复杂度（Cluster 7）、语境中的关联视角（Cluster 8）、聚类分析研究（Cluster 9）、二语会话者（Cluster 10）、非母语者敏感度（Cluster 11）、组合技能（Cluster 12）、早期双语词汇学习（Cluster 13）、语言习得（Cluster 14）、有阅读障碍的学习者（Cluster 15）和第二语言课堂（Cluster 16）。

本书对排名居前的 8 个聚类进行详细讨论。

8.3.1.1　工作记忆

工作记忆通常指对来自短时记忆和长时记忆的信息同时进行保存、提取和控制的记忆系统（Altarriba & Isurin,2012）。经过 40 多年的发展,围绕工作记忆对语言习得影响的研究已成为当代语言学和认知心理学最关注的课题之一（陈士法,2016）。最近 10 年来,研究者多采用实证的方法,从认知心理学角度考察工作记忆容量对语言学习（特别是二语学习）的影响,以及工作记忆不同构成成分对语言习得各子技能的影响,主要集中在词汇习得、句法/语法加工、语篇的理解与产出和纠正性反馈等方面。

在工作记忆系统的构成上,Baddeley & Hitch（1974）提出的工作记忆多成分模型最具影响力。该模型认为工作记忆由语音回路、视觉空间模板、中央执行器和情境缓冲器四部分构成,各部分负责处理不同的信息存储和认知加工（Baddeley,2010）。目前,欧洲的认知心理学家主要以该模型为理论框架,探讨工作记忆的不同成分与语言习得不同层面之间的关系,关注语音工作记忆对二语词汇和语法习得的影响（Wen,2015）。研究表明,语音工作记忆具有将语音和语言序列进行组块并通过默读演练将其巩固到长期记忆的作用。因此,语音工作记忆能有效预测学习者的词汇和语法的习得与发展水平。French &

O'Brien（2008）通过非词重复测试考察了语音工作记忆在二语词汇和语法习得中的作用。结果表明，语音工作记忆能较好地预测二语词汇和语法的习得效果。与欧洲的研究者不同，以 Cowan 为代表的北美认知心理学家倾向于将工作记忆看成是长时记忆中的一部分，被临时激活而成为"注意的焦点"或"执行注意"，他们更多地关注执行工作记忆的个体差异对语言习得不同层级信息加工的影响。Kapa & Colombo（2014）以学前儿童和成年学习者为研究对象，考察执行控制能力是否能够预测他们成功学习一种新的人造语言。结果表明，执行控制能力和语言习得水平之间存在紧密联系。工作记忆是对信息进行短时存储与加工的记忆系统，其容量有限且存在显著的个体差异。就语言的理解和产出而言，涉及对语义、语法、句法和语用等多层面信息的加工与整合。由于工作记忆容量有限，这一复杂认知任务的各个阶段均会受到制约。大部分的研究表明，工作记忆容量与语言理解和产出水平呈正相关，即工作记忆容量大的学习者可以操作更多的认知资源进行信息的短时存储和加工，即时提取与保持信息能力较强，语言的理解加工和产出的准确性与复杂性较高（Indrarathne & Kormos，2017）。

　　纠正性反馈是指教师或同伴对学习者二语/外语表述中错误表达的反馈，可以进一步分为明确纠错、重铸、要求澄清、诱导、重复和元语言反馈六种主要形式（Ellis，2009）。由于纠正性反馈对二语习得互动过程的作用机制是一个复杂的认知心理过程，除了不同的反馈形式，工作记忆容量的个体差异很可能是影响反馈有效性的重要潜在因素。相关研究主要集中考察工作记忆是否能够影响纠正性反馈的有效性以及对哪种形式的反馈影响较大。从目前的研究结果来看，学者们对工作记忆能否影响反馈的有效性尚未得出一致结论。Sagarra（2007）研究了计算机辅助下的教学互动中学习者工作记忆对重铸的影响。结果显示，学习者的工作记忆容量与重铸显著相关，工作记忆容量高的学习者重铸反馈的效果更好。Trofimovich、Ammar & Gatbonton（2007）的研究则表明，在计算机辅助的重铸反馈中，学习者工作记忆容量的差异与重铸反馈的效果之间并不存在显著的关联。Mackey、Adams & Stafford et al.（2010）考察了 42 名以西班牙语为第二外语的学习者的工作记忆容量与纠正性反馈效果之间的关系后指出，工作记忆能对纠正性反馈的效果产生影响，但工作记忆容量的个体差异可能并不是影响语言水平提高的唯一因素，语言熟练程度、语法敏感度以及学习者其他的内在能力都有可能影响到不同形式反馈的效果。

　　随着跨学科研究的发展，脑成像、事件相关电位与功能性磁共振成像等先进技术为语言习得中的工作记忆研究提供了新的研究视角和研究手段。这些技术和方法已被广泛运用在国外的相关研究中,但在目前国内语言研究中的应用还存在明显欠缺。因此,国内研究者未来应加强跨学科研究方法和手段的运用,使用科学规范的工作记忆测量方法,从认知神经科学和脑科学的角度对工作记忆各组成部分在语言习得中的作用及交互机制进行进一步的探索。

8.3.1.2　增量式拼读教学

阅读是学习者在语言习得过程中必须掌握的一项重要的基本能力。为了获得阅读能力,学习者需要掌握他们所在文化中用于表征语言的一系列文字符号,并建立文字符号与特定音素之间的匹配联系。自然拼读是一种集拼读、拼写和阅读于一体的教学法。教师通过讲解音素和字符的匹配规则,使学习者了解字母和发音之间的关系,从而做到见词能读、听音识字。该领域的研究目前主要有两类。一类是研究自然拼读教学对正常学习者词汇解码能力、语音意识、语素意识和快速命名能力的影响。研究表明,在儿童早期的阅读学习中,语音意识是预测儿童阅读水平的重要个体差异变量,自然拼读教学能有效地促进儿童学习者的语音意识和语素意识,从而有效提高词汇解码能力和阅读流利度（Lesaux & Kieffer, 2010）。然而,也有研究指出,在增量式拼读教学中,儿童学习者词汇解码的技能并非随着学习进程而稳步提高,其解码准确度在经过短暂学习后便开始趋缓,而解码效率会随学习进程不断提升。同时,儿童学习者的语音意识、快速命名能力与词汇知识等认知和语言能力个体差异也会对自然拼读教学效果产生影响。另一类研究关注自然拼读教学对有阅读障碍的儿童阅读理解能力的促进作用。Schaars（2017）对 73 名患有阅读障碍儿童的阅读能力进行研究后发现,这些儿童的词汇解码能力和语音意识均低于正常同龄儿童,自然拼读教学对其词汇解码能力有促进作用,但简单词解码的促进效果更明显。此外,自然拼读教学对有阅读障碍的儿童的语音意识、音素意识、伪词辨认、单词认读和阅读理解能力也均有促进作用。

8.3.1.3　读写萌发

阅读和书写是儿童语言学习的重要组成部分。读写能力的早期萌发对儿童后期读写能力的发展和口语能力的习得都起到至关重要的作用。与传统的阅读准备概念不同,读写萌发理论认为,儿童在正式接受读写教育前,即能在日常生活中自然表露出对读写的态度以及相关知识和技能,其读写能力的发展是一个持续渐进的过程。读写萌发的概念由新西兰教育家 Marie Clay 于 1966 年提出,目前研究关注的主要因素包括语音意识、文字意识、口语能力等。

语音意识是对字词的各种语音结构进行识别和操作的能力。探索语音意识与儿童早期读写能力发展之间关系的研究表明，良好的语音意识对儿童形音匹配规则的习得与解码能力的提升至关重要，语音意识欠佳往往是儿童阅读困难的主要原因（Phillips，Clancy-Menchetti & Christopher，2008）。Patel、Snowling & de Jong（2004）考察了语音意识与儿童早期阅读能力发展之间的关系。研究表明，儿童的语音意识与单词解码的流利度和准确度密切相关，语音意识匮乏会导致解码困难，从而对阅读理解产生影响。无论语言正字法是否透明，语音意识都是预测儿童后期阅读能力发展的重要变量。

阅读是一种从印刷或书写的语言符号中获取意义的心理过程，文字用法、拼写规则、情境文字识别等文字知识或文字意识的获得与发展也是儿童早期读写能力的重要组成部分。研究发现，儿童的文字意识对后期语音意识和阅读能力的发展具有预测作用，文字意识强的学前儿童入学后阅读能力通常较强，阅读成绩也较好（Ehri，2005）。

幼儿口语能力的发展涉及语义知识的习得和句法规则的掌握。研究表明，早期口语能力的表现与儿童后期阅读能力的发展密切相关，许多具有读写障碍的儿童往往在词汇知识和语法规则的习得上存在缺陷，阅读干预不奏效的儿童也往往口语能力欠缺（Nation，2010）。Nation（2010）对242个儿童进行了历时3年的研究，以考察口语能力对儿童早期阅读发展的影响。结果表明，口语技能与书面语发展之间存在紧密联系，患有阅读理解障碍的儿童往往在入学前就表现出口语技能缺乏的症状，早期口语技能的缺乏可能会对儿童后期阅读理解的发展产生负面影响。

国内对学前儿童早期读写发展方面的研究成果较为鲜见，研究对象主要局限于普通儿童，缺少对特殊儿童早期读写能力发展的研究。因此，国内研究者未来应从国家发展的角度出发，进一步加强对儿童读写萌发方面的理论与实践研究，建立符合中国本土特色的儿童早期读写技能评估体系，并探讨对特殊儿童读写萌发障碍的筛查、评估与干预模式。

8.3.1.4　词汇质量

词汇质量是指学习者具备的与词汇形式、意义和用法有关的知识。根据词汇质量假设，高质量的词汇表征由词汇的正字法、音位和语义三部分构成，单词辨认就是对这些成分的提取；学习者的词汇表征在质量上存在个体差异，如有些人对单词的词形和意义的掌握较为牢固，而有些人则较为薄弱；同时，学习者的阅读技能也分为正字法、语音和语义三种加工能力（Perfetti，2007）。

目前，围绕词汇质量进行的阅读研究有三类。第一类是考察词汇表征与阅读技能之间的依存性。研究发现，学习者的词汇表征质量与其阅读理解能力密不可分，词汇知识会对句子的理解和推理产生影响，从而影响阅读理解。Veldre & Andrews（2014）运用眼动法对词汇质量和阅读理解之间的关系进行研究。结果表明，高质量的词汇表征对单词的快速提取起到促进作用，且有助于句子理解时副中央凹信息的有效加工和眼跳目标的选择，从而提高句子理解效率。第二类是对正字法加工、语音加工和语义加工三种能力在阅读理解中的作用进行考察，主要通过对比分析高、低水平阅读者在词义整合、单词的形义匹配和意义加工上的反应时间差异。第三类是研究词汇表征不同成分的交互作用对阅读技能的影响。研究表明，不同水平阅读者词汇表征的稳定性存在个体差异，各成分在阅读中的作用也并不相同。例如，Richter、Isberner & Nauman et al.（2013）的研究表明，高水平阅读者词汇表征的三个组成部分紧密相关，其中语义表征可以调节正字法表征和语音表征对阅读理解的影响；而低水平阅读者词汇表征三个组成部分的联系相对松散，正字法表征和语音表征的准确度对阅读技能的影响要大于语义表征。

词汇质量假设从词汇层面对阅读理解的个体差异现象进行解释，探讨不同词汇加工能力对阅读技能的预测作用。目前，国内有关词汇质量对词汇习得和阅读发展的研究仍比较匮乏。未来，国内研究者可以采用历时研究的方法，动态考察词汇各技能成分对阅读能力发展的解释力和预测力。这有助于我们更加深刻地理解阅读过程的本质，从而在教学中通过有针对性的训练提高二语学习和语言教学的效率。

8.3.1.5　透明语言

阅读是通过字形等视觉输入通达语音和语义的过程。单词字形和发音匹配的一致性往往会对学习者早期阅读能力的习得与发展产生影响（Moll，2014）。正字法透明度高的语言，字素与音素的形音匹配严格一致，同音字现象很少；而正字法透明度低的语言，字素到音素的匹配存在大量不一致或不规则的现象，同音字现象较多（Bonifacci & Tobia，2017）。目前，语言透明度对学习者语言理解影响的相关研究主要以 Hoover & Gough（1990）的"简单阅读观"为指导理论，通过混合模型分析和路径分析，考察学习者的解码能力和语言理解能力对阅读发展的影响是否会因习得语言的正字法透明度不同而产生差异。根据简单阅读观,阅读理解技能由字词解码和语言理解两个要素构成。其中,字词解码可将视觉符号转换为意义符号,涉及语音解码、正字法及形音转换等因素,是高效阅读的核心,也是语言理解的前提和基础(薛锦,2009)。Florit & Cain（2011）的元分析研究表明,在学习者阅读能力发展早期,解码能力和语言理解能力对阅读理解的影响会因习得语言的正字法透明度不同而有所区别,即低透明度语言的学习者提高字词解码技能所花费的努力可能要多于高透明度语言的学习者。在阅读过程中,字词解码能力通常表现为学习者的语音意识和快速自动命名能力。语音意识指识别、存储和操作音位水平语言表征的能力,对学习者词汇表征的形成起到重要作用。研究表明,语言中字素和音素匹配的一致性程度会对学习者的语音意识产生影响(Hummel, 2013),正字法透明度高的语言,字素和音素间的关联模式更易于学习者存储和识别。此外,当学习者阅读正字法透明度较低的拼音语言(如英语)时,往往需要使较多的形音匹配保持同时激活状态,从而增大了对认知资源的需求,阻碍了视觉—声音信息的整合或语音—词汇信息的提取,干扰了学习者自动命名能力,降低了阅读速度。

迄今为止,关于语言透明度与阅读发展关系的研究多以英语、意大利语和荷兰语等拼音文字体系为研究对象,从认知技能视角对中国学习者母语阅读和外语阅读发展的相关研究还十分少见。汉语作为一种表意文字,其字词解码机制与表音文字存在较大差异,母语的加工模式会在某种程度上对二语阅读产生影响。因此,国外相关研究得出的结论是否适用于国内语言学习者还需要更多实证研究进一步深入探讨。

8.3.1.6　短语泰迪熊

基于使用的语言观认为,语言发展是一个概率性过程,使用频次在此过程中发挥着至关重要的作用(Ellis, 2002)。高频出现的用例通过人的认知机制形成一系列从具体到抽象的认知结构(Langacker, 2008),对个体语言知识的历时建构和语言变异起着重要作用。在交际过程中,本族语者比我们认为的更趋于使用高频词汇和高频构式(钟志英,2014)。这些词汇和程式语是使用者最熟悉、使用最频繁的语言资源库,能够在使用过程中带来像泰迪熊一样的舒适感和安全感,被称为词汇泰迪熊(Hasselgren, 1994)或短语泰迪熊(Ellis, 2012)。这种语言使用频数的泰迪熊效应也符合 Zipf 分布规律,即在英语单词语料库中,只有极少数的词被反复经常地使用,而绝大多数词的使用频次很低。目前,基于使用频次的语言习得研究主要关注频次效应在单词、短语习得和构式加工中的作用。

大多数研究表明,学习者在语言学习过程中会出现过多使用个别高频词或程式语的现象(Cock & Granger, 2004),使用频次与语言学习水平之间存在密切联系(Milton & Daller, 2013)。Diessel & Hilpert（2016）的研究表明,学习者语法知识的建构以语言序列的使用经验为基础,语法图式或规则的产出受频次效应和语法相似性的影响。因此,从语言学习的角度来看,学习者对所学语言使用频次的个体差异与语言学习水平之间呈正相关,即学习者对语言单位的感知次数越多,印象就越深刻,在使用时越容易把它们当成语块进行自动存储和检索,语言加工的速度和流利度越高;而基于省力原则的泰迪熊效应降低了外语学习者使用新习得词汇或程式语的可能性,从而导致其外语知识掌握难以达到母语使用者的水平。

8.3.1.7　二语学能

二语学能通常是指通过课堂教学或自然接触最终成功学习一门外语的能力(Robinson,2012)。该领域的研究起源于 20 世纪 20 年代美国的语言学能测试,目的在于预测学习者是否能在外语学习中取得成功。20 世纪 90 年代起,随着认知科学的发展与二语习得等交叉学科研究的融合,二语学能研究也日益复杂和深入,工作记忆、注意、感知速度、提取能力等认知因素开始成为研究者关注的对象(Singleton, 2017)。目前,该领域的相关研究包括两方面。一方面,对学能因素在二语习得中的作用进行理论探索并建构外语学能理论模式。其中,以 Sparks 的"语言编码差异假设"、Grigorenko 的"外语习得中的创新认知能力"、Skehan 的"信息加工步骤理论"和 Robinson 的"语言学能综合体理论"最具有代表性。这些理论模式从不同角度反映出外语学能并非一个与生俱来、稳定不变的整体概念,而是一个由许多因素组成的动态发展的复杂概念(温植胜,2007)。此外,在这些理论模式中,工作记忆都被看成是语言学能的核心成分(Robinson, 2005)。学习者工作记忆的认知功能对二语句子加工、口语输出、阅读和写作能力均有重要影响。另一方面是关于语言学能与其他个体差异因素对二语习得最终结果影响的实证研究。其中,语言学能、起始年龄与二语习得最终水平的关系是研究的焦点之一。一般认为,起始年龄对二语习得最终水平存在影响,起始年龄早的学习者更有可能达到本族语者的语言水平。但也有研究表明,一些起始年龄较晚的学习者如具备较高的学能也可以在某些方面达到或接近本族语者的语言水平。Abrahamsson & Hyltenstam（2008）的研究表明,成人学习者的二语熟练程度若要达到母语者的水平,需要具备更高的语言学能,以弥补错过关键期对语言学习产生的负面影响。然而,对于早期儿童学习者而言,学能对其二语学习成绩的影响较为轻微。可见,高学能对晚学者达到或接近本族语者的水平是必要的,对早学者达到或接近本族语者的水平也有促进作用。

8.3.1.8　任务复杂度

任务复杂度是任务结构对语言学习者提出的注意、记忆、推理和其他信息加工方面的需求(Robinson,2001)。过去30年里,随着基于任务的方法在语言教学中日益普及,教学任务在二语习得中的作用也逐渐成为研究者关注的焦点。目前,该领域的研究主要集中在任务复杂度对二语产出的语言复杂度、流利度和准确度的影响上。Skehan & Foster(1999,2001)的有限注意力容量模型和Robinson(2003,2011)的认知假设模型是该领域研究中最具影响力的两种模型。这两种模型通过控制任务变量来影响学习者语言学习的表现和发展,都认为注意力资源的投入量对任务完成具有重要作用。然而,两者的区别在于有限注意力容量模型认为任务复杂度的提高会增加认知负荷,从而对语言产出起到负面作用;而认知假设模型认为任务复杂度的提高会延长学习者语言输入的时间,从而在一定程度上有利于语言的产出。这两种观点的分歧除了与任务复杂度等相关概念的界定标准差异有关外(闫荣,2015),也说明任务复杂度很可能并非独立作用于语言产出,而是受到了学习者情感和认知等因素的影响,从而使学习者对任务的难易程度作出不同的主观判断。不少研究者对语言学习中的任务复杂度和学习者个体差异之间的关系进行了研究,但实证研究较少,结论也并不一致。Robinson(2007)对42名母语为日语的英语二语学习者研究后发现,输出焦虑高的学习者,任务复杂度对语言产出的复杂度影响不大;但对于输出焦虑低的学习者,任务复杂度的提升会对语言产出复杂度起到促进作用。Révész(2011)考察了学习者的语言自信、焦虑和自我交际动力对任务复杂度的影响后发现,无论任务是否复杂,三个个体差异变量均未表现出任何影响。可见,个体差异因素与任务维度的互动关系还需要进一步的理论探索和实证研究,以明确其在语言教学中对语言产出和语言学习的作用。

8.3.2　国外语言学习者个体差异研究热点与前沿演变

关键词承载了文献的关键信息和知识点,是"文章主题的高度概括和凝练,出现频次高的关键词通常被认为是该领域的研究热点"(徐锦芬和聂睿,2015:6)。两个或多个关键词在同一篇文献中共现而形成的中介中心性反映了节点在网络图谱中的重要程度。中介中心性大于0.1的词说明其具有较强的影响力,是研究热点之间转化的重要拐点。

本研究运用 CiteSpace 可视化软件提取论文的关键词,绘制出学习者个体差异研究的关键词共现知识图谱(见图 8-2),进而对关键词进行高突变度分析,以探知 2008—2018 年间国外语言习得个体差异领域的研究热点及变化趋势。图 8-2 中网络的节点代表文献关键词,节点的大小和颜色的深浅与该关键词被引用频次的多少成正比,节点之间的连线代表关键词之间的共被引关系,连线的疏密度反映出关键词之间的关联程度,通过对关键词网络进行分析,有助于从微观上把握该领域研究的热点课题。

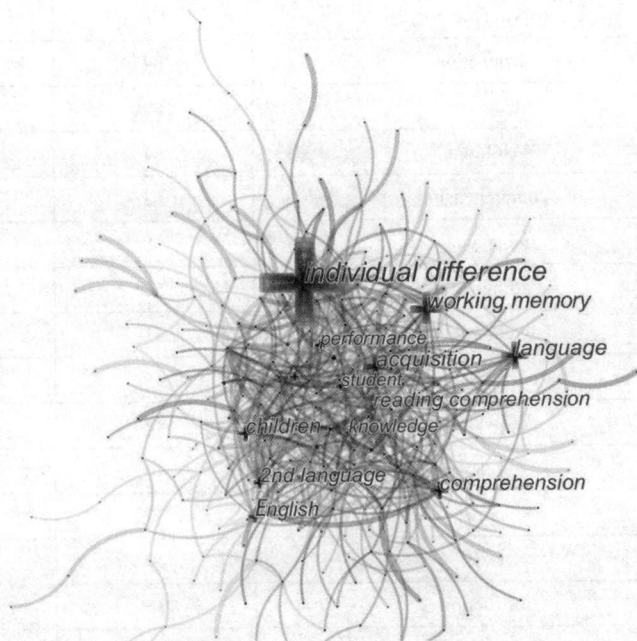

图 8-2 国际语言学习者个体差异研究领域关键词共现图谱(2008—2018)

由图 8-2 可见,关键词网络中最大的节点为 individual difference,这与本书讨论的主题相一致,其他出现频次超过 30 的关键词由大到小依次为 working memory、acquisition、language、children、comprehension、2nd language、English、reading comprehension、performance、knowledge、student、learner、skill、instruction、ability、motivation、short-term memory、2nd language acquisition(见表 8-1)。其中,working memory、acquisition、children、comprehension、2nd language、English、reading comprehension、student 及 motivation 的中心性数值排名居前,说明这些关键词处在共现网络中的重要位置,在语言学习者个体差异研究领域中起到关键的枢纽作用。

通过对上述关键词进行梳理和分析,可以看出 2008—2018 年间国外的语言习得学习者个体差异研究主要是针对以英语为主的语言研究,研究内容聚焦儿童本族语发展中的个体差异现象,也关注成人学习者个体差异对二语习得的影响。其中,工作记忆、儿童学习者语言习得、语言教学、学习动机以及阅读理解中的个体差异现象是该领域研究的热点课题。

表 8-1　国际语言学习者个体差异研究领域关键词(2008—2018)

序号	关键词	频次	中心性
1	individual difference	255	0.05
2	working memory	109	0.07
3	acquisition	84	0.15
4	language	80	0.07
5	children	64	0.09
6	comprehension	63	0.07
7	2nd language	56	0.07
8	English	52	0.07
9	reading comprehension	51	0.13
10	performance	45	0.08
11	knowledge	42	0.05
12	student	40	0.12
13	learner	39	0.07
14	skill	37	0.07
15	instruction	35	0.06
16	ability	35	0.01
17	motivation	31	0.11
18	short-term memory	31	0.04
19	2nd language acquisition	30	0.05

为了进一步了解国际语言习得个体差异领域的研究热点和演进历程,本书对文献关键词进行了高突变度检测并绘制了分析视图(见图 8-3)。对被引量突变的文献进行分析,有助于发现 2008—2018 年间国际语言学习个体差异领域重要文献知识的扩散、吸收和研究热点的演变情况。图 8-3 中深色线条代表该作者文献在对应时间区间内被引用的次数迅速增加,而强度(Strength)代表该文献的突变程度,数值越大说明该文献被关注的程度越高,影响力也越大。

Top 9 Keywords with the Strongest Citation Bursts

Keywords	Year	Strength	Begin	End	2008 – 2018
awareness	2008	2.6631	2008	2011	
short-term memory	2008	3.4654	2008	2012	
learning disability	2008	3.6695	2008	2012	
children	2008	2.9097	2008	2010	
phonological awareness	2008	3.147	2009	2013	
context	2008	3.0218	2009	2011	
attention	2008	2.5327	2010	2012	
aptitude	2008	4.9206	2012	2013	
school	2008	2.4987	2015	2016	

图 8-3　国际语言学习者个体差异研究领域关键词高突变统计图(2008—2018)

由图 8-3 可见,学习障碍(learning disability)、短时记忆(short-term memory)、语音意识(phonological awareness)和学习场景(context)呈现出较高的突变度且持续时间较长,说明这些课题 2008—2018 年间一直是学者们关注的重点;此外,学能(aptitude)突变度最强,反映出学习者语言学习的能力要素已经成为近年来个体差异研究的热点课题。根据前文对该领域核心聚类的分析结果,二语学能一直是个体差异研究领域的重点,这里表现出最高的突变度,说明学能问题正受到更多学者的关注,其研究热度未来有可能得以持续。

8.3.3　国外语言学习者个体差异研究核心文献与作者

在 CiteSpace 分析中,科学文献的相互引证反映了文献之间的内在联系,体现了科学知识的积累性、连续性、继承性以及学科的交叉渗透。文献的重要程度可通过被引次数得以体现,单位时间内被引次数越多表明该文献受关注程度越高,在知识发展过程中的影响力越大。根据研究需要,本书仅对被引用数量排在前十位的文献进行统计(见表 8-2)。这些文献即国外语言习得个体差异领域的核心文献。

表 8-2　国际语言学习者个体差异研究领域高被引文献统计表(2008—2018)

序号	文献名称	作者	年份	频次
1	《The Psychology of the Language Learner: Individual Differences in Second Language Acquisition》	Dörnyei, Z.	2005	23
2	《Phonological Short-Term Memory, Working Memory and Foreign Language Performance in Intensive Language Learning》	Kormos, J. & A. Sáfár	2008	12

续表

序号	文献名称	作者	年份	频次
3	《How Effective Are Recasts? The Role of Attention, Memory, and Analytical Ability》	Trofimovich, P., Ammar, A. & E. Gatbonton	2007	11
4	《Interactions Between Type of Instruction and Type of Language Feature: A Meta-Analysis》	Spada, N. & Y. Tomita	2010	11
5	《Implicit Learning as an Ability》	Kaufman, S. B., DeYoung, C. G. & J. R. Gray et al.	2010	10
6	《Exploring the Relationship Between Modified Output and Working Memory Capacity》	Mackey, A., Adams, R. & C. Stafford et al.	2010	10
7	《Aspects of Working Memory in L2 Learning》	Juffs, A. & M. Harrington	2011	9
8	《Working Memory and Second Language Comprehension and Production: A Meta-Analysis》	Linck, J. A., Osthus, P. & J. T. Koeth et al.	2014	9
9	《Insights into Second Language Reading: A Cross-Linguistic Approach》	Koda, K.	2005	9
10	《The Robustness of Aptitude Effects in Near-Native Second Language Acquisition》	Abrahamsson, N. & K. Hyltenstam	2008	9

表 8-2 显示，2008—2018 年间国外语言学习者个体差异研究中引用量最高的是匈牙利学者 Dörnyei 于 2005 年出版的著作《The Psychology of the Language Learner: Individual Differences in Second Language Acquisition》。该书分为八章，详细描述了语言学习者个体差异研究的发展历程，并全面介绍了性格、学能、动机、学习风格和学习策略五个主要的个体差异变量，以及焦虑、自尊、创造力、交际意愿和学习者信念五个其他变量。书中提出了二语动机自我系统这一全新的理论体系，对传统的融合型动机进行了重新解读，从全人的角度出发对学习者动机进行研究。自 2008 年起，该著作开始引起研究者的关注，引用量不断攀升并在 2012 年达到顶峰（见图 8-4）。虽然在 2014 年以后引用量减少，但该书仍是二语习得个体差异研究领域的重要文献，为以后的二语个体差异研究提供了新的范式。

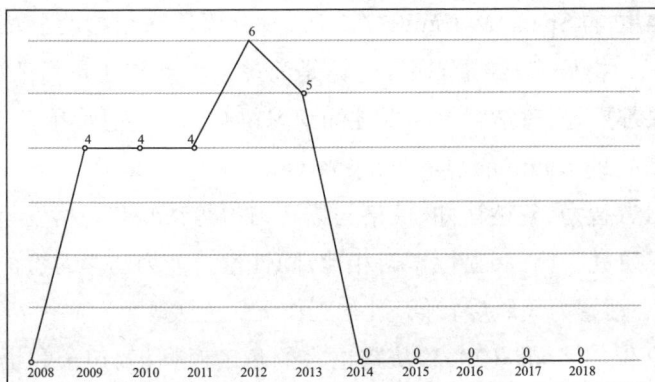

图 8-4　Dörnyei（2005）引用情况趋势

　　排在第 2 位的 Kormos & Sáfár（2008）对语音短时记忆和工作记忆容量与英语听、说、读、写成绩之间的关系进行了研究。结果显示,这两种记忆类型在二语习得教学中发挥的作用并不相同,语音短时记忆对初学者英语成绩的影响不明显,但与初中等水平学习者的学习成绩显著相关;而工作记忆容量与初学者英语各项技能的学习成绩之间存在显著关联。位于第 3 位的 Trofimovich、Ammar & Gatbonton（2007）考察了学习者工作记忆容量对重铸反馈效果的影响后发现,工作记忆容量的个体差异与计算机辅助的重铸反馈的效果之间并不存在显著关联。排名第 6 位的 Mackey、Adams & Stafford et al.（2010）继续对工作记忆与口语纠正性反馈之间的关系进行研究,结果表明,工作记忆容量对二语学习者的纠正性输出有积极影响。但作者同时也指出,工作记忆容量的差异很有可能并不是影响学习者语言水平提高的唯一因素,学习者的其他个体差异因素都有可能对反馈效果产生影响。排在第 7 位的 Juffs & Harrington（2011）对工作记忆个体差异在二语习得和产出过程中的作用进行了综述,并在文献分析和研究的基础上指出工作记忆并非单一的认知系统,其具体作用还受到学习者年龄、测量方法和语言学习任务等因素的影响;此外,工作记忆可能与学习者的注意力资源密切相关,因此工作记忆容量个体差异对二语学习水平的影响很可能是由于学习者对自身注意力资源的控制能力不同而导致的。位于第 8 位的 Linck、Osthus & Koeth et al.（2014）对已有的包含 3707 名被试的 79 个样本进行了元分析,对工作记忆在二语理解和产出中的作用进行了探讨。研究表明,工作记忆对二语学习过程涉及的复杂认知技能如听、说、读、写均有积极作用,然而工作记忆的不同成分和功能在二语习得各个层面中的作用仍然需要进一步探索。

排在第 4 位的 Spada & Tomita（2010）对英语语法结构的显性教学和隐性教学进行了元分析研究，结果表明，无论是简单语法结构还是复杂语法结构，显性教学的效果都更好，对学习者的受控知识习得起到了促进作用。

排在第 5 位的 Kaufman、DeYoung & Gray et al.（2010）对隐性学习能力个体差异与学习者智力、复杂认知、性格与语言习得等认知和性格变量之间的关系进行了研究。研究表明，和显性学习相比，隐性学习能力与学习者的性格有密切的关系，但与心理智力关联度较低，且与工作记忆无关。

排在第 9 位的 Koda（2005）从跨语言的角度对词汇、句子和语篇等阅读基本因素进行了考察，对一语与二语阅读之间的异同进行了详细的比较，同时对阅读测试和阅读教学相关的基本原则进行了探讨。

位于第 10 位的 Abrahamsson & Hyltenstam（2008）对学习者的语言学能与二语熟练程度的关系研究后发现，成人学习者的二语熟练程度若要达到母语者的水平，需要具备更高的语言学能，以弥补错过关键期对语言学习产生的负面影响。然而，对于早期儿童学习者而言，学能因素对二语学习成绩的影响较为轻微。

总体而言，以上 10 种高被引文献在 2008—2018 年间语言学习者个体差异研究领域发挥了重要作用。首先，文献强调了学习者个体差异因素对语言习得的重要作用，并凸显了工作记忆在语言理解与产出等方面的深远影响。作为人类高级认知活动的核心成分，工作记忆的测量方法、工作记忆的构成成分对语言习得子技能的作用、工作记忆与其他个体差异变量之间的交互作用对语言习得的影响等问题依然值得研究者进一步深入探讨。其次，学习者的个体差异会影响课堂互动和反馈的效果。因此，探讨如何在语言学习和课堂教学中适应个体差异，因材施教，对提高学习效果和教学质量都具有重要意义。这也与关键词词频分析中 acquisition 和 instruction 均为高频词的结果相符。

8.4 结语与展望

本研究借助 CiteSpace 计量分析软件，梳理了 2008—2018 年间国际语言学习者个体差异研究的相关文献，绘制了个体差异研究知识图谱，并对该领域的研究重点、热点课题、核心文献及关键作者进行了分析。结果显示，2008—2018 年间国际语言学习者个体差异研究多集中在工作记忆、儿童读写、二语学能和词汇知识习得等领域，其中工作记忆一直是研究的重点。此外，成人 ESL 课堂教学、语言学习的认知机制、语言教学和学习动机为当前的研究热点，受到国外研究者的广泛关注。在该领域的研究者中做出突出贡献的是 Dörnyei,他对语言习得的个体差异现象进行了详细阐述,并提出了二语动机自我系统,为语言学习动机研究提供了全新的理论框架和研究视角,对学习者个体差异研究产生了巨大影响。

　　语言的学习和发展是一个复杂的动态过程,是学习者个体差异因素、语言因素和环境因素彼此交织互动的结果。未来,国内研究者应注重环境因素对语言习得过程中个体差异因素作用的影响,采用动态的观点,探讨各因素随时间的动态变化及其对语言习得产生的影响。同时,应借鉴认知心理学和神经心理学的研究成果,从跨学科视角对语言学习者个体差异现象展开研究。学习者的认知因素(如工作记忆、人脑的语言加工机制)很可能仍是未来的研究热点。此外,由于学习者之间的个体差异是客观存在的,因此,科学地看待个体差异现象,寻找与学习者个体特征相适应的教学方法,对于教师因材施教,提高课堂教学质量具有重要意义。研究者未来应关注课堂环境下的学习者个体差异研究,并将研究成果在教学实践中加以验证。

第三编
纠正性反馈及学习者个体差异与
二语发展

第九章

学能与纠正性反馈对二语发展的影响

9.1 引　言

　　在二语习得研究领域,课堂互动一直是二语习得研究者关注的焦点。课堂互动不仅可以为学习者提供足够的语言输入,而且能使学习者进行意义协商并产出修正输出。纠正性反馈是指学习者错误使用二语进行口语或书面语产出时接收到他人提供的提示错误的反馈信息(Sheen & Ellis, 2011)。从形式上来看,纠正性反馈分为口头纠正性反馈和书面纠正性反馈。口头纠正性反馈是二语课堂互动的重要体现形式和组成部分。越来越多的证据表明,作为一种聚焦形式的教学方法,口头纠正性反馈有利于学习者的中介语发展。除了口头纠正性反馈,书面纠正性反馈的作用也是研究者们所关注的焦点问题,大量研究证明了书面纠正性反馈对提高学习者语言准确性的有效性,如 Bitchener、Young & Cameron(2005),Sheen(2007b),Shintani、Ellis & Suzuki(2014),Bitchener(2008),Stefanou & Révész(2015)。但学习者个体之间存在很大差异,学习者的个体差异因素,如学习者的二语水平、母语、学习动机、思维方式、工作记忆、语言学能,都可能会影响纠正性反馈的效果。其中,语言学能是个体差异的重要因素之一,能够预测学习者的二语水平。Dörnyei & Skehan(2003)指出,语言学能中的语言分析能力能预测学习者的学习速度。近年来,伴随认知心理学等学科的发展,研究者开始认识到语言学习的认知能力对二语习得结果的影响。然而,语言学能如何影响纠正性反馈的效果呢? 语言学能与包括课堂教学在内的语言学习环境等外部真实世界环境的联系如何? 语言学能与纠正性反馈的动态交互关系及其对二语发展的影响如何? 对于这三个问题,研究者们采用了不同的研究方法,得出的结论也不尽相同。本研究将对前人的研究进行综述。

9.2　纠正性反馈

9.2.1　纠正性反馈的定义及分类

Sheen & Ellis(2001)指出,纠正性反馈是指学习者错误使用第二语言进行口语或书面语产出时接收到的他人提供的提示错误的反馈信息。在二语习得研究文献中,纠正性反馈也被称为反馈、负反馈、负向语言证据、纠错。Lyster & Ranta(1997)把纠正性反馈分为六种形式,分别是明确纠错、重铸、要求澄清、元语言反馈、诱导和重复。下面是不同类型的纠正性反馈的定义和例句。① 明确纠错:教师明确指出学习者话语中的错误并给出正确形式。例如:Student: They play football yesterday. Teacher: You should say "they played". ② 重铸:教师对学习者的整体或部分语言错误提供正确的语法或语言形式。例如:Student: They play football yesterday. Teacher: They played football. ③ 要求澄清:教师要求学习者重新阐释自己的观点。例如:Student: They play football yesterday. Teacher: Sorry? ④ 元语言反馈:教师给予关于学习者所说话语中的语言形式正确与否的评论或信息,或提出问题。例如:Student: They play football yesterday. Teacher: You should use past tense. ⑤ 诱导:教师运用多种策略诱导学习者自我纠错。例如:Student: They play football yesterday. Teacher: They…? ⑥ 重复:教师用变化的语调重复学习者话语中的错误。例如:Student: They play football yesterday. Teacher: They play football? 从凸显性方面来看,这六种反馈形式有显性和隐性之分。显性反馈是教师直接纠正学习者的错误,包括明确纠错和元语言反馈;隐性反馈不直接指出学习者的错误,而是使用一定的策略对错误进行说明,包括重铸、要求澄清、诱导和重复。从是否鼓励学习者进行自我纠正方面来看,纠正性反馈分为输入型和促使输出型。输入型是给学习者提供正确的表达形式,包括明确纠错和重铸,促使输出型是促使学习者给出正确的表达形式,包括要求澄清、重复、诱导和元语言反馈。由于元语言反馈、诱导、要求澄清和重复这四种反馈策略都意在促使学习者进行自我修正,因此,Lyster & Mori(2006)把纠正性反馈分成明确纠错、重铸和提示三类。纠正性反馈的形式主要体现在两方面,即口头纠正性反馈和书面纠正性反馈。口头纠正性反馈包括即时反馈和非即时反馈。即时反馈是指当学习者在口语表达中出现错误时教师立刻指出,而非即时反馈则是指学习者表达出现错误后,教师会等其参与的交流活动结束后才指出。

口头纠正性反馈可以是隐性的,也可以是显性的。书面纠正性反馈在纠正学习者文本中出现的错误时,大多数是非即时(即延迟)的纠正,而且书面纠正性反馈没有隐性与显性之分。

9.2.2 纠正性反馈的有效性及影响纠正性反馈效果的因素

自 Lyster & Ranta（1997）对纠正性反馈进行分类以来,研究者们对纠正性反馈的研究热情与日俱增。关于纠正性反馈的现有研究主要围绕普遍运用的反馈形式、纠正性反馈的有效性以及各类反馈形式的有效性展开。例如,从普遍运用的反馈形式方面来看,Lyster & Mori（2006）以及 Lyster、Saito & Sato（2013）等研究发现,在六种反馈形式中,重铸是课堂互动中最常用的。从纠正性反馈的有效性方面来看,Bitchener、Young & Cameron（2005）,Sheen、Wright & Moldawa（2009）以及 Van Beuningen、de Jong & Kuiken（2008）等的研究表明,书面反馈有助于学习者中介语的发展。从各类纠正性反馈的有效性方面来看,Ellis（1994）发现,重铸促使学习者既关注形式又关注意义,能为学习者创造最佳的认知比较环境。McDonough & Mackey（2006）指出,重铸可以帮助学习者产生更多的修正后输出,让学习者注意到中介语与目标语之间的差距,从而促进二语习得发展。Trofimovich、Ammar & Gatbonton（2007）的研究表明,重铸既能指出学习者的错误,又不会中断互动的进行,是一种理想的反馈形式。重铸与形式聚焦结合可以释放工作记忆,不会中断交流进程,可以提高学习者语音感知准确度,促进二语发展。Long（2007）认为,重铸不仅给学习者提供负证据,而且还提供正面证据,是一个尤其有益的过程。然而,也有研究者,如 Lyster & Ranta（1997）,对重铸提出了批评,认为它并没有引发学习者的"领会",即学习者在获得纠正性反馈后对错误进行修正。Lyster & Saito（2010）所做的一项元分析也显示,促使输出型反馈的效果好于重铸。Sheen（2007b）等研究发现,显性程度高的纠错方式优于显性程度低的纠错方式。Van Beuningen、de Jong & Kuiken（2008）则发现直接纠错与间接纠错都有短期效果,但只有直接纠错有显著的长期效果。Shintani & Ellis（2013）比较了明确纠错与元语言反馈对英语不定冠词显性与隐性知识习得效果的差异,发现明确纠错无助于显性知识与隐性知识的学习,而元语言反馈有助于帮助学习者发展显性知识,但对隐性知识的习得基本无效。由此可知,对于各种纠正性反馈的效果,研究者们的观点不一,而且目前的反馈研究仅仅以反馈形式作为自变量,以被试对目标结构的习得效果为因变量,忽略了学习者认知因素、目标结构性质等可能影响反馈效果的重要因素,研究设计的单一性在一定程度上影响了研究结论本身的可靠性,因此还不能从目前的研究中得出较为一致的结论。

目前,研究者对口头纠正性反馈的研究包括反馈的类型、影响反馈效果的因素等,如 Ellis & Sheen(2006)、Brown(2014)。国内学者范玉梅和徐锦芬(2016)综述了国外二语/外语课堂口头纠正性反馈研究,发现对于反馈类型的研究结果基本都证实了口头纠正性反馈形式越具有显著性,对二语发展的效果就越好;反馈的有效性不仅与反馈类型有关,还受到很多其他变量,如年龄、二语水平、语言项目、教学环境、任务类型等的影响。对于书面纠正性反馈的实证研究包括书面纠正性反馈是否有效、哪些形式的书面纠正性反馈更有效以及影响纠正性反馈效果的因素有哪些。从目前的研究来看,影响书面纠错效果因素的研究主要集中在教师因素(主要体现为不同的纠正性反馈形式)以及时间因素(主要表现为短期/长期效果)上。但也有研究者开始注意到学习者个体差异因素可能影响纠正性反馈的效果。个体差异是指语言学习者个体所具有的区别于他人的稳定性特征。学习者个体差异在二语习得中是客观存在的。在众多影响二语习得的变量中,个体差异与二语习得的结果关系最为密切,其他变量均无法达到它的影响水平。学习者个体差异研究主要关注的重点问题是学习者个体差异对语言习得过程和语言习得结果有何影响。比如,苏建红(2014a)研究了学习者思维方式个体差异对不同方式书面纠正性反馈效果的影响,发现线性思维者接受直接反馈或间接反馈的学习效果均显著优于非线性思维者,但接受元语言反馈后,其学习效果相对非线性思维者并无实质性优势。苏建红(2014b)则通过考察学习者的目标语水平、语言分析能力与思维方式对书面纠正性反馈效果的影响,认为被试的英语水平(包括隐性知识、显性知识及元语言知识)可能影响其对错误的注意能力与意识程度,进而影响自我纠错能力;语言分析能力(包括语法敏感度与语法规则的推断能力)在很大程度上决定了被试能否更多注意到语言形式的错误并对反馈进行深度加工,进而决定最后的反馈效果或习得效果;线性思维和非线性思维的差异影响对纠正性反馈的加工和处理反馈的方式。

9.3　语言学能

9.3.1　语言学能理论及学能测试

学习者个体差异包括语言学能、学习动机、学习策略、认知方式、性格和学习观念等。自 20 世纪 60 年代以来,随着二语习得研究广度和深度的不断拓展,学习者个体差异研究,尤其是语言学能研究,逐步成为二语习得研究的重要领域之一。根据 Carroll(1981)的定义,语言学能是指人们在学习外语时表现出来的相对稳定的专门能力倾向,它取决于学习者某些相对稳定持久的特性的总和。在其他条件相同的情况下,语言学能将决定一个人需要多少时间才能达到某个特定的外语水平,或在一定的时间内能达到多高的水平。语言学能研究始于 20 世纪 20 年代,然而现代意义上的语言学能研究始于 20 世纪 50 年代美国心理学家 Carroll 所进行的研究。Carroll(1981)认为外语学能由四个部分构成:① 语音编码能力,即识别不同语音并把语音和代表它们的符号关联起来的能力;② 语法敏感度,即识别单词或短语在句子中的语法功能的能力;③ 语言归纳能力,即从一些语言的实例材料中推导并运用语言规则的能力;④ 对外语材料的联想记忆能力,即把外语单词和母语意义相联系起来的能力。1953—1959 年间,Carroll 和其他语言学家一直侧重研究外语学能测试题并最终出版了现代语言学能测试题库。该测试题库包含五大部分。第一部分:数字学习,先让学习者通过磁带学习库尔德语数字体系中 1 到 4 的数字表达法以及这些数字的十位、百位的表达法,然后,让测试者听、译一组由 1 到 4 的数字所构成的数字。第二部分:语音符号学习,学习者首先学习某些英语音素的书面表示法,然后测试其学习效果。第三部分:拼写提示学习,要求学习者辨认出根据语音而拼写的英语单词,然后从一组单词中选出它的近义词。第四部分:句中单词学习,该部分测试学习者的语法感知能力。第五部分:联想配对学习,先让学习者浏览一组库尔德语与英语相对照的词汇表,用这些词汇进行刺激与反应操练,然后运用多项选择题测试学习者对这些词汇的掌握程度。现代语言学能测试题库的五个测试部分与四种能力的对应关系如下:语音符号学习、拼写提示学习测试语音编码能力;句中单词学习测试语法敏感度;数字学习测试语言归纳能力和联想记忆能力;联想配对学习测试联想记忆能力。Carroll(1981)认为,语言学能不同于智力,甚至不同于语言智力;语言学能在人的一生中相对稳定,很难以任何具体的方式改变,所以训练和实践不能提高一个人的语言学能;语言学能不是二语习得的先决条件,所有的学习者,不管语言学能如何,都能达到一定程度的二语水平;作为一种能力,语言学能可以帮助提高外语学习的速度并降低学习的难度。

受 Carroll 的影响,Pimsleur(1996)设计出了一套主要针对中学生的语言学能测试题——语言学能测量表。Pimsleur(1996)认为语言学能包括以下三个成分:① 言语智力,包括个体的母语词汇知识和对语言材料进行分析推理的能力;

② 学习某种外语的动机；③ 听觉能力，包括语音辨别及把语音和代表它们的符号联系起来的能力。语言学能测量表涵盖了语言学习能力的诸多方面，具体包括以下五个方面：① 辨音测试；② 声音与代码间的关联测试；③ 测试者列举出与所给单词押相同韵的单词的能力测试；④ 语言分析能力测试，测试学习者语言归纳能力；⑤ 词汇测试，要求学习者确认不同单词的含义。语言学能测量表测试组合由六部分构成，分别是平均学分绩点、语言学习兴趣、词汇量、语言分析、语音辨别和语音—符号关联。Pimsleur（1996）的语言学能成分与他所设计的语言学能测量表的各部分试题相照应。在试题的第一部分，被试需要报告学校所学主要学科的平均成绩；在第二部分，被试需要报告学习某门外语的兴趣，是为了测量学习外语的动机；第三部分词汇和第四部分语言分析测量被试的言语智力；第五部分是语音辨别；第六部分是语音—符号关联，要求被试把听到的非词和它们正确的拼写形式联系起来。到目前为止，测量外语学能的工具以现代语言学能测试题库和语言学能测量表最为知名，在世界范围内运用最为广泛，而且两者都已被证明具有较高的信度和效度。

9.3.2　语言学能对二语水平的预测力

在影响外语学习的诸多因素中，语言学能一度被认为是影响个体差异的重要因素之一。研究发现，语言学能测试所得出的数值与二语水平测试的数值始终保持明显的正相关联系，语言学能能在不同程度上反映一个人的外语学习能力。在其他条件相同的前提下，外语能力倾向越高，外语水平的提高就越快。Carroll（1981）发现语言学能的数值与二语水平测试的数值始终保持明显的正相关，两者之间的相关系数随着参照值的不同在 0.40～0.60 之间浮动。Gardner（1980）回顾了几个关于加拿大学校法语学习情况与学能和动机之间关系的实验，发现语言学能与外语水平的相关系数为 0.41。Ehrman & Oxford（1995）研究了美国外语学校里学习 32 门不同外语的 282 名学习者各种不同因素与他们的口语和阅读能力之间的关系，发现语言学能与口语和阅读能力之间的相关系数高达 0.51，相关度比学习方式、学习策略或性格更高。Dörnyei & Skehan（2003）指出，国外不少实证研究已明确指出外语学能是最能预测外语学习结果的个体差异因素之一，两者的相关系数达到 0.40～0.60，大约跟学习动机的预测水平持平，远高于其他个体差异因素的预测效度。

学能测试的用途之一是了解学习者的外语能力倾向和预测学习者成功习得二语的潜力，测试结果主要用于选拔优秀的学习者、诊断学习障碍、帮助学习者选择恰当的语种、设置课程或把学习者安排到适当水平的班级。另外,学能研究者普遍重视对语言学能本身的研究,但由于语言学能自身的特征和理论建构方面的问题,学能研究在 20 世纪 60、70 年代曾一度处于休眠状态。20 世纪 90 年代起,随着认知心理学研究的发展,各种心智技能和构成语言学习能力的学能成分能被更精确地表征,研究者越来越认识到个体差异因素是二语习得成功与否最持续有效的预测因素,开始探讨语言学能与二语习得研究中一些重要问题的联系。学界逐步认识到只有与二语习得的理论相联系,才能克服语言学能结构中一些重大的理论不足。语言学能是动态发展的,会因其他条件的影响而发生变化。继 Carroll(1981)之后,又出现了语言学能理论的创新模式,比如,Skehan(1998,2002)突破了以往的语言学能框架,将外语学能的各个能力构念与基于信息加工的二语习得认知过程联系起来,有力地推进了语言学能理论研究。此外,Grigorenko(2000)提出了二语习得中的创新认知能力理论,Sparks、Ganschow & Patton(1995)提出了语言编码缺陷假设,Robinson(2001)提出了学能综合体理论。

在 Carroll(1981)的语言学能模型中,语言分析能力包括语法敏感度和归纳学习能力。前者指"识别句式结构中单词或其他语言实体语法功能的能力",后者指"推断或归纳支配语言材料的规则的能力",但在现代语言学能测试题库中并没有对两者加以区分。Skehan(1998)提出把两者结合,统称为语言分析能力。研究表明,在现代语言学能测试的三个组成要素(语音编码、分析和记忆)中,语言分析能力最能预测学习者的二语水平与学习速度,语言分析能力与二语水平及显性知识习得具有相关性(转引自 Li,2013)。

9.4 学能与纠正性反馈的相互作用及其对二语的影响

语言学能是一个多因素组成的复杂概念,不同学习者的学能各有特点,同一个学习者在不同的年龄阶段、学习过程、教学任务中也会表现出不同的学能变化特点。伴随认知心理学等学科的发展,研究者们开始认识到语言学习的认知能力对二语习得结果的影响,开始将语言学能与包括课堂教学在内的语言学习环境等外部真实世界环境相联系,研究它们之间的动态交互关系及其对二语的影响。Havranek & Cesnik(2001)研究了语言学能对纠正性反馈效果的作用,发现具有高语言学能的学习者从纠正性反馈中获益最多。有研究者考察了语言分析能力与口头纠正性反馈有效性之间的相互作用。比如,Sheen(2007a)通过考察学习者学习定冠词 the 和不定冠词 a 的用法,研究了重铸和元语言反馈两种反馈形式与学习者的语言分析能力之间的关联性,发现语言分析能力与元语言反馈具有相关性,与重铸没有相关性。Trofimovich、Ammar & Gatbonton（2007）研究了计算机交流环境下的重铸和学习者语言分析能力、注意力控制以及工作记忆之间的关系,发现在语法学习中,学习者的语言分析能力和纠正性反馈效果之间具有显著相关性,但在词汇学习中两者不具有相关性。Robinson（2001）、Erlam（2005）的研究发现,语言学能在不同的学习或教学条件下,对学习效果均产生不同的影响。Li（2013）以美国两所大学的 78 名以汉语为二语的学习者为被试,探究了两种类型（显性/隐性）的纠正性反馈（重铸和元语言反馈）与学习者的语言分析能力以及工作记忆之间的相互作用以及语言分析能力和工作记忆与两种反馈类型之间交互作用的差异,发现学习者的语言分析能力和工作记忆都是二语习得结果的重要预测因素;语言分析能力对隐性反馈的学习效果更敏感,而工作记忆对显性反馈的学习效果产生影响。

　　Carroll 当时所处的历史时期对记忆的理解存在一定的局限性,比如,将记忆能力简单理解为对词语的机械联想。近年来,随着认知心理学的发展以及人们对认知系统的理解不断加深,有研究者,如 Miyake & Friedman（1998）,主张将工作记忆作为外语学能的一个构成理念进行研究。工作记忆是容量有限的记忆系统,具有信息加工和信息暂时存储两大认知功能。在处理大量输入的语言材料时,它可以协助学习者不仅关注到意义,而且做到同时关注语言形式;在进行句型加工处理（如辨认、重构）的同时可以保留更多的语言材料供分析;在检索提取已经存储在长时记忆中的语言材料的同时保留当前正在接受加工处理的语言材料;在语言表达时还可协助提取更大的语块,甚至协助实现语言输出的自动化（Skehan, 1998）。工作记忆通过工作记忆容量在复杂认知系统中发挥作用。工作记忆容量的大小被认为是区分个体之间以及特殊群体之间差别的基础,能直接影响人类高级认知活动的效率。Goo（2012）把隐性反馈形式（重铸）和显性反馈形式（元语言反馈）作为自变量,探讨了反馈的凸显程度和工作记忆容量大小对目标语习得结果的影响,发现工作记忆容量能够显著预测目标语习得结果,并且对于接受隐性反馈的学习者习得目标结构的效果起调节作用,而对显性反馈的效果并没有显著影响。Mackey、Philp & Egi（2002）通过研究工作记忆容量对反馈效果的影响,发现工作记忆容量较高的学习者更容易注意到所给予的纠正性反馈,这类学习者对目标语言形式的习得效果也更好。工作记忆容量可以直接影响人们高级认知活动的效率,而口头纠正性反馈具有即时性,因而工作记忆极有可能对口头纠正性反馈的加工效率产生影响。对于两者的关系,还需要大量的实证研究加以验证。

　　口头纠正性反馈是指对语言使用者在语言交际活动中产生的口头语言错误进行反馈,而书面纠正性反馈指对语言使用者书面语言中产生的不恰当用法提供反馈信息。从认知的角度来看,口头纠正性反馈要求学习者更加依赖短时记忆,而书面纠正性反馈对学习者产生的认知负荷较小。口头纠正性反馈能使学习者立刻注意到自己的语言错误,具有即时性(只有少数口头纠正性反馈是学习者表达出现了错误,教师等其参与的交流活动结束后才指出),而书面纠正性反馈一般不具有即时性。口头纠正性反馈可以是教师仅针对学习者的错误表达进行说明,也可以是教师直接纠正学习者的错误,书面纠正性反馈是教师直接告知或纠正学习者产生的错误。从这个意义上来讲,书面纠正性反馈多是显性反馈。不少研究者考察了不同类型的聚焦书面纠正性反馈,即只针对一种或两种书面语言错误提供反馈。聚焦纠正性反馈与非聚焦纠正性反馈相对,后者指对大量的语言与结构错误提供反馈的效果,得出的研究结论不尽相同。Bitchener、Young & Cameron(2005)以及 Sheen(2007b)研究发现,包含元语言信息的直接纠错效果较好;Shintani、Ellis & Suzuki(2014)认为,直接纠错具有优势;而 Bitchener(2008)、Stefanou & Révész(2015)等则发现,直接纠错和包含元语言信息的直接纠错作用差异不大。但是,我们可以看出,无论是哪种形式的书面纠正性反馈,学习者在接受反馈之后进行重新写作,语言的准确性都有所提高,但学习者个体之间存在很大差异。学习者的个体差异因素,如学习者的二语水平、母语、学习动机、语言学能,都可能会影响书面纠正性反馈的效果。

　　在上文中我们已经谈到,不少研究者分析了语言学能(如语言分析能力)与口头纠正性反馈有效性之间的相互作用。那么,语言学能是否也影响书面纠正性反馈的效果呢?为此,不少研究者也进行了研究。Sheen(2007b)研究了以下三个问题:聚焦书面纠正性反馈对学习者冠词习得是否产生影响?直接纠错和直接元语言反馈对冠词习得的不同效果是什么?学习者的语言学能对纠正性反馈的效果有何调节作用?该研究将学习者个体差异作为影响纠正性反馈效果的因素,探讨了直接纠错(即在学习者的文本中标示出错误出现的位置并提供正确的语言形式)与直接元语言纠错(即在学习者的文本中标示出错误出现的位置、提供正确的语言形式并用元语言进行解释)对 111 名不同母语背景的中等水平成人 ESL 学习者冠词习得的不同影响以及语言分析能力对纠正性反馈效果的调节作用,发现纠正性反馈对提高学习者的语言准确性有显著效果,反馈效果与学习者的语言分析能力有显著的正相关性,语言分析能力与直接元语言纠错效果的相关程度高于与直接纠错效果的相关程度。Shintani & Ellis (2015)以 118 名英语为外语的日本大学生为被试,研究了两种形式的反馈——直接反馈(画掉不正确的单词,写上正确或缺失的单词)和元语言反馈(给被试发放包含对目标结构进行解释的讲义)对被试在听写重构任务中产出过去假设条件句和不定冠词的准确度的影响力以及被试的语言分析能力对两种不同形式的反馈效果的调节作用。结果表明,相比语言分析能力弱的被试,语言分析能力强的被试从两种形式的反馈中获益更多;对于在接受反馈之后对错误进行修改的被试,他们的语言分析能力发挥了更大的作用;如果被试在接受反馈后立刻重新写作,则语言分析能力的调节作用非常明显;相反,如果被试在接受反馈后没有立刻重新写作,则体现不出语言分析能力的调节作用。Shintani & Ellis (2015)由此认为,语言分析能力的调节作用依赖于纠正性反馈的类型、被试是否有修改错误的机会以及目标结构的复杂性,因为目标结构会影响被试的语言加工深度。目前已有研究证明目标结构的复杂性会影响书面纠正性反馈的效果,如 Frear (2012)研究发现,书面纠正性反馈有助于提高学习者对规则过去时的使用,而对于不规则过去时的使用却不起作用。Benson & DeKeyser (2019)以 151 名英语为二语的学术英语班级学习者为被试,考察了直接纠错(在学习者的作文中标出错误并给出正确的形式)和元语言反馈(在学习者的作文中标出错误并给出简明的语法规则)对被试在写作任务中产生的一般过去时和现在完成时错误的纠正作用,发现直接纠错比元语言反馈对一般过去时错误的纠正作用更持久,语言分析能力强的被试更容易从直接纠错中受益,而语言分析能力弱的被试更容易从元语言反馈中受益。众所周知,学习者的写作能力体现在很多方面,包括文章的内容、结构、修辞以及语言准确性等。那么,当学习者在文章内容、结构、修辞以及语言准确性方面均产生错误时,教师的纠正性反馈是否需要同时从这些方面着手呢?我们知道,学习者的语言加工能力是有限的,让他们同时注意并纠正这些不同方面的错误会加重他们对反馈进行加工的认知负荷。因此,要研究书面纠正性反馈的有效性,有必要聚焦在某一种或两种语言错误上。Sheen (2007b)、Shintani & Ellis (2015)、Benson & DeKeyser (2019)等人的研究就是关于聚焦书面纠正性反馈和语言学能的相互作用及其对学习者语言使用准确性的影响。

9.5　结语与展望

本研究综述了纠正性反馈(包括口头形式和书面形式)与语言学能的动态交互关系及其对学习者二语发展的影响。纠正性反馈是教师和学习者互动的重要形式,是发挥互动促进二语发展作用的关键,它在语言学习中的作用已不容置疑。那么,教师如何在语言教学中有效地实施反馈呢? 除了要考虑何时纠错、纠正哪些错误、如何纠正错误、谁来纠正错误之外,还应该充分认识到影响反馈效果的个体差异因素。语言学能是最能预测外语学习结果的个体差异因素之一。前人对语言学能与纠正性反馈的动态交互关系及其对二语发展的影响的研究使我们对语言学能的本质和纠正性反馈的复杂性以及二语发展的制约因素有了更加全面和深入的认识。学能研究结合教学环境不仅有利于理论建构,而且对二语学习和教学具有很高的应用价值。然而,我们也应该认识到目前的研究还存在一些不足之处,表现在以下方面。① 学习者的二语发展不仅包括语音、词汇、句法,还包括语义、语用等方面能力的发展。从目前来看,前人的研究主要集中在纠正性反馈对学习者词汇和句法使用的准确性方面的影响上,而对纠正性反馈与语音、语义、语用等二语能力之间关系的研究还很欠缺,未来研究可以在这些方面取得突破。② 目前对语言学能与纠正性反馈的交互作用研究大多局限在语言分析能力,即语法敏感度和归纳学习能力方面,对于语言学能的其他构成部分,如语音编码能力、联想记忆能力、语言学习和教学环境的研究还非常少见。这也是未来研究的创新点之一。

第 十 章

国内外工作记忆与二语习得纠正性反馈关系研究综述

10.1 引　言

近年来,随着二语教学理论从传统的以教师为中心向以学习者为中心转变,课堂互动逐渐成为外语学界关注的焦点。纠正性反馈作为重要的二语课堂互动方式,在教学法研究和二语习得理论的建构上都发挥了重要作用,已经成为目前二语习得研究领域中的热点课题(Li, 2013)。国外有关纠正性反馈的研究已有近 30 年历史。研究者认为,反馈能够引起学习者对目标语言形式的注意,并能够将自己的错误与目标语言形式进行比较,形成新的语言假设,有助于语言形式的习得(杨颖莉和于莹, 2016)。然而,纠正性反馈对二语习得的作用机制是一个复杂的认知心理过程,反馈的有效性不仅与反馈形式有关,还受到学习者个体差异、教学环境、任务复杂度等其他变量的影响。研究者应从语言、社会以及认知加工三个维度对影响纠正性反馈效用的因素进行全面考量(Ellis, 2010)。目前的纠正性反馈研究多从教师角度出发,将反馈的有效性以及不同反馈形式的有效性差异作为研究对象,对学习者接受反馈后的认知心理活动研究较少。工作记忆作为学习者个体差异中重要的认知变量,在个体的认知行为中具有不可替代的作用,与语言加工和输出有着密切的关系。因此,考察工作记忆对二语习得纠正性反馈效果的影响,有助于了解二语习得过程中人脑的认知加工机制,对教师因材施教,采取差异化的反馈策略以保证教学效果具有重要意义。本研究对国内外二语习得中工作记忆与纠正性反馈关系的相关研究进行了梳理和总结,以明确该领域的研究现状和发展方向,为国内研究者未来进一步探索二语课堂互动活动的认知心理机制提供参考和借鉴。

10.2　纠正性反馈与二语习得

纠正性反馈是指"由教师或同伴提供的任何有关学习者产出形式与目标语使用标准不一致的反馈信息"(Gass，2003:226)，包括书面纠正性反馈和口头纠正性反馈，也可进一步分为明确纠错、重铸、要求澄清、引导、重复和元语言反馈等六种具体类型(Lyster & Ranta，1997)。明确纠错是指教师直接指出学习者的非目标语错误并给出正确形式；重铸是指教师对学习者的非目标语产出进行全部或部分重组，使其更加接近目标语的正确形式；而要求澄清、引导、重复及元语言反馈四种类型均只给学习者提供一些线索，旨在促使其进行自我修正(范玉梅和徐锦芬，2016)。作为课堂教学互动的重要体现形式，最近20余年来，纠正性反馈一直是国内外互动研究的热点课题。

在二语写作领域，书面纠正性反馈是否有效以及何种反馈形式效果更好是长期以来学者们关注的问题。Truscott(1996，2007)指出，纠错会占用教师大量的时间和精力，不仅不能消除学习者写作中的错误，反而会降低学习者语言表达的流利度和复杂度，破坏轻松自在的学习气氛，应予以放弃。而以Ferris为代表的研究者则认为，教师的书面纠正性反馈能够引发学习者对目标语与中介语之间差异的关注，有助于提高学习者语言表达的准确性，对写作水平具有促进作用(Ferris & Roberts，2001；Bitchener & Knoch，2008)。这一重要发现促使研究者们开始重新审视纠正性反馈在写作教学中的作用，并从反馈明晰度、反馈焦点等不同角度对反馈的效果进行了深入考察(Ellis, Sheen & Murakami et al.，2008；陈晓湘，彭丽娜和郭兴荣等，2013)。然而，目前关于何种书面纠正性反馈形式的效果最佳尚没有一致结论，因为已有研究绝大多数忽略了学习者的语言水平、母语背景以及认知能力等许多影响反馈效果的重要个体差异因素(苏建红，2015)。

口头纠正性反馈的相关研究主要涉及重铸的效果以及重铸与其他反馈形式的比较方面。研究发现，重铸作为语言教学中的一种隐性反馈形式，占课堂教学反馈总量的一半以上，成为教师使用最频繁的反馈形式(Lyster & Ranta，1997)。虽然受到教师们的偏爱，但从领会角度来看，重铸对学习者二语发展的效果并不如其他反馈形式好(范玉梅和徐锦芬，2016)。Lyster(2004)在考察了聚焦形式的语言教学中重铸和提示反馈对法语词汇阴阳性习得的作用后指出，两种不同的反馈形式均能显著提高学习者语言表达的准确性，而接受提示反馈的实验组对目标语习得的效果要显著好于接受重铸反馈的实验组或无反馈组，表明显性反馈的效果优于隐性反馈。Ellis & Sheen（2006）以 34 名中低水平的学习者为研究对象，比较了重铸和元语言反馈两种不同的反馈形式对英语过去时 -ed 习得的影响。结果显示，元语言反馈组（显性反馈）在延时口语模仿和语法判断测试中的表现均明显优于重铸组（隐性反馈）。由此可见，重铸对于二语习得具有一定的促进作用，但不同类型的反馈对二语习得有不同影响，反馈的显性度与反馈效果密切相关，反馈的形式越具有显著性，越容易引起学习者的注意，对二语发展的效果越好。根据 Schmidt 的"注意假说"，注意是一种将输入转换为摄入的必要且充分条件，而纠正性反馈"正是起到了引发学习者注意目标语形式与他们中介语之间差距的作用，进而引发重新构建语法形式"（唐建敏和鲁莉，2016：76）。刘学华和张薇（2011）的研究也表明，纠正性反馈引起的学习者对目标语言问题的注意是目标语发展的重要标志。工作记忆作为一种对信息进行暂时存储和加工的记忆系统，具有维持注意、实施控制性提取和排除注意干扰等功能，是个体在复杂认知活动中表现差异的核心因素，与语言学习的最终结果有密不可分的联系。探讨工作记忆对二语纠正性反馈的调节作用，有助于了解纠正性反馈的认知心理机制，明确影响反馈效果的深层因素，提高反馈效果，是二语习得研究值得深入探索的课题。

10.3 纠正性反馈与工作记忆研究

工作记忆是一个用来临时存储和加工信息以便完成复杂认知任务的系统（Baddeley，2003）。自 20 世纪 70 年代以来，欧洲和北美的心理学家推出了一系列工作记忆理论模型，其中影响最大的是 Baddeley & Hitch（1974）提出的工作记忆多成分模型。该模型由中央执行系统、语音回路、视觉空间模板和情境缓冲器/区四部分构成。其中，中央执行系统是工作记忆的核心部分，负责对认知注意资源进行整体协调与分配；三个子系统则负责听觉、视觉和空间信息的存储与加工，以及整合不同来源的信息编码并为工作记忆和长时记忆提供交互衔接的工作平台。作为语言理解与产出一体化的交互活动，纠正性反馈对二语习得的作用机制而言是一个复杂的认知心理过程，反馈的有效性受到工作记忆容量的制约（Ellis，2017）。目前，国内外关于工作记忆对二语纠正性反馈效果调节作用的研究主要集中在口头反馈方面，考察工作记忆能否对口头反馈产生影响以及对哪种形式的口头反馈影响较大。

10.3.1 工作记忆与口头纠正性反馈

口头纠正性反馈作为复杂的在线理解与实时的口语表现活动,对学习者的工作记忆容量有着较高的要求。工作记忆容量大的学习者往往可以更深刻地理解输入信息,更高效地配置注意资源以进行信息提取与在线加工,从而拥有更好的语言学习和表达能力(韩亚文,2015)。Mackey、Philp & Egi(2002)的研究表明,工作记忆容量对重铸反馈的效果有明显影响。工作记忆容量大的学习者更能注意到反馈,从长期效果看,其学习进步更大,反馈效果保持得也更好。Sagarra(2007)研究了计算机辅助下的教学互动中学习者工作记忆对重铸的影响。数据来自 65 名学习西班牙语的以英语为母语的大学生,采用阅读广度测试对工作记忆容量进行测量。在经过一个学期的线上西班牙语形容词学习之后,研究者对学习者进行语法准确度判断测试。结果显示,在即时后测和延时后测中,学习者的工作记忆容量与重铸显著相关,工作记忆容量大的学习者重铸反馈的效果更好。Mackey(2010)对任务型教学中学习者产出的修正后输出和工作记忆容量之间的关系进行了考察。研究对象为 42 名学习西班牙语的以英语为母语的大学生,工作记忆容量测量采用听力形式的句子广度测试。研究发现,学习者的工作记忆容量与接受了要求澄清和诱导式反馈后的纠正性输出之间存在一定的相关性。这说明工作记忆容量能够对纠正性输出产生影响。研究还发现,学习者信息加工能力越强,产出的纠正后输出越多。Sagarra(2013)以 218 名学习西班牙语的母语为英语的初级学习者为研究对象,比较了以在计算机为中介的教学环境下学习者的工作记忆与重铸之间的关系。研究目标为西班牙语名词—形容词的性别一致性搭配或数字一致性搭配。结果显示,在以计算机为中介的教学环境下,工作记忆容量有助于巩固重铸的效果,工作记忆容量高的学习者更能注意到重铸的纠正意图,提高语言产出的语法准确度。这与 Mackey(2002,2010)的研究结果一致,但与 Trofimovich、Ammar & Gatbonton(2007)的研究结果不符。Trofimovich、Ammar & Gatbonton(2007)的研究表明,在计算机辅助的重铸反馈中,学习者工作记忆容量差异与重铸的效果之间并无明显相关性。

在二语互动中,不同形式的反馈会影响学习者对不同类型语言特征的注意程度及语言知识的建构,由此产生的认知负荷也不相同。研究者从反馈明晰度的角度出发,比较了工作记忆对元语言反馈、明确纠错和重铸等不同形式口头纠正性反馈的影响。Goo(2012)以 54 名中等水平的第二外语为英语的韩国大学生作为被试,采用前测、后测的实验设计,研究了在英语 that- 语痕的学习中,学习者工作记忆容量对重铸和元语言反馈两种不同反馈形式的调节作用。工作记忆容量采用阅读广度和运算广度测试进行测量。结果显示,在目标语结构的习得上,学习者工作记忆容量对重铸的效果有明显影响,但与元语言反馈的有效性无明显相关。研究者认为,这两种明晰度不同的反馈形式在引发注意的程度上存在差异,工作记忆中的中央控制器能在重铸中更好地发挥控制和分配注意的功能,而元语言反馈由于反馈形式较为明显,对认知注意资源的需求较少,工作记忆容量的调节作用不明显。但 Yilmaz（2012）在探讨了成年英语学习者的工作记忆、明确纠错和重铸之间的关系后发现,在土耳其语的方位格和复数标识习得实验中,学习者的工作记忆容量能有效调节纠正性反馈的有效性,工作记忆容量大的学习者更能注意到明确的纠错意图,反馈效果也更好。Li（2013）以来自两所美国大学的78 名以汉语为第二外语的学习者为被试,比较了重铸和元语言反馈两种不同反馈形式与工作记忆之间的关系。实验通过语法判断测试和诱导模仿测试来考察两种反馈形式对汉语量词习得的影响,采用听力广度测试对工作记忆容量进行测量。结果也表明,学习者的工作记忆容量能有效调节元语言反馈的效果。

　　国内研究者郑安逸（2016）考察了 120 名不同工作记忆容量的学习者接受重铸和元语言纠正两种反馈后习得英语过去时的表现,以探究工作记忆容量和反馈形式对语法知识习得的交互作用。结果显示,在语法判断测试和口语模仿测试中,工作记忆容量大的学习者后测成绩均明显高于工作记忆容量小的学习者;不同反馈形式只在大工作记忆容量者的测试成绩中存在显著的统计交互性,元语言纠正在语法判断测试中效果更好,而重铸在口语模仿测试中效果更好。这说明工作记忆对口头纠正性反馈的有效性具有预测作用,反馈的有效性差异还与测量方式有关。张薇、廖毅和陈晓湘（2018）以 80 名英语专业大一新生为被试,以 that- 语痕为目标语,考察了工作记忆容量对不同类型纠正性反馈效果的影响。结果发现,被试的工作记忆容量越大,对重铸的即时和延时调节效用越明显;而对元语言线索与元语言线索加重铸这两类反馈而言,工作记忆容量的调节效用并不明显。研究者认为,重铸要求学习者在加工意义的同时,将自身原本的语言错误与反馈提供的正确形式相比对,并将语音环中的听觉刺激进行解码后再与存储在长时记忆中的已知码进行匹配。这一过程要求学习者有较高的控制注意能力。元语言线索更加清晰易懂,被试并不需要对注意力资源进行有效控制,认知负荷较低。因此,对于元语言线索与元语言线索加重铸的反馈形式,工作记忆容量的调节效用并不明显。苏建红和蒋安琪（2020）借助口头的图片描述任务,考察了重铸和元语言反馈对中国学习者习得英语一般过去时的影响以及工作记忆对反馈效果的调节作用。研究以 78 名大一学生为被试,采用"前测—干预—即时后测—延时后测"的准实验设计,工作记忆能力测试采用一语阅读广度测试。结果显示,在接受元语言反馈和重铸反馈的学习者中,高工作记忆学习者的表现均优于低工作记忆学习者,这说明工作记忆对两种反馈的效果均有调节作用。此外,研究还发现,工作记忆与反馈形式对习得效果并无显著交互作用,这与 Goo（2012）的研究结果相矛盾。研究者认为,在本研究中,无论在重铸组还是在元语言反馈组,被试都有足够机会注意到错误并改正,从而降低了信息加工的认知负荷,导致工作记忆与反馈形式的交互作用被减弱。

此外,工作记忆对口头纠正性反馈效果的调节作用还受到工作记忆的测量方式、反馈任务复杂度和学习者年龄等因素的影响。Révész（2012）从测量方法的角度入手,探讨了纠正性输出和工作记忆容量的不同测量方法与重铸有效性的关系。实验以 90 名英语二语学习者为研究对象,采用"前测—后测—延时后测"的实验设计,考察了过去进行时结构的学习情况。研究发现,在口头输出测试中,重铸对学习者的语言发展具有显著的促进作用,但书面输出测试结果显示,重铸的促进效果较弱,而在书面语法判断测试中,重铸的效果最不明显。在重铸组中,采用阅读广度测试进行工作记忆测量的学习者在书面输出测试中表现最好,而使用数字广度和非词广度测试对工作记忆进行测量的学习者在口语输出测试中表现更好。这说明纠正性输出和工作记忆容量的测量方式是影响反馈效果的重要因素。Kim、Payant & Pearson（2015）探讨了实验环境下任务复杂度和工作记忆容量能否预测学习者对重铸的注意程度和语言发展水平。在 3 次实验中, 81 名以英语为外语的学习者被分成复杂任务组和简单任务组与 2 名以英语为母语者进行互动,通过 3 次口语产出测试考察学习者对英语问句结构的掌握,对重铸的注意程度采用即时提示回忆测试。研究表明,工作记忆容量能有效预测学习者对重铸的注意数量,工作记忆容量大的学习者在复杂任务互动中问句结构学习情况最好。这说明工作记忆容量是预测学习者对重铸的注意和影响英语问句发展的重要因素,而工作记忆在纠正性反馈中的作用受到了任务复杂度的影响。此外,目前的纠正性反馈研究多以儿童和青壮年学习者为研究对象,对老年学习者的工作记忆和二语纠正性反馈之间关系的研究尚不多见。Mackey & Sachs（2012）以 9 名学习英语的西班牙老年学习者(65～89 岁)为研究对象,探讨了工作记忆对英语问句构成规则习得的影响。实验为期 5 周,采用听力广度测试和非词广度测试来测量被试的工作记忆容量。在基于任务的互动中,被试与 8 名以英语为母语者进行互动,接受重铸形式的反馈。结果显示,在即时后测中,工作记忆容量对重铸的效果有明显的预测作用,工作记忆容量高的老年学习者在二语习得中取得了显著进步;但两次延时后测发现,工作记忆容量与重铸之间没有显著关联。这表明,年龄增长会导致学习者记忆能力衰退,不利于反馈效果的巩固。

10.3.2　工作记忆与书面纠正性反馈

二语写作是一个复杂的认知心理过程,涉及从长时记忆中提取知识组块(构思)、将观念转换成语言形式(转译)以及对语言信息进行阅读和重新编辑(监控)三个阶段,与工作记忆有着紧密的联系(Kellogg, 1996)。在监控阶段,当学习者接收到外界反馈的书面信息时,需要调动工作记忆的不同构成成分来协调分配注意资源,并对输入信息进行阅读存储和加工编辑,进而修正自己的书面表达,提高输出的准确性。然而,与口头纠正性反馈的即时性相比,书面纠正性反馈往往缺少时间紧迫性,学习者有相对充足的机会对反馈信息进行加工,产生的认知压力较低。例如,Payne & Whitney (2002)对计算机辅助的书面反馈和面对面口头反馈与工作记忆之间的关系进行了比较。被试对象为 58 个母语为英语的西班牙语学习者。研究表明,工作记忆对于口头反馈的影响更显著。研究者认为,计算机辅助的书面反馈对工作记忆容量起到了平衡的作用,在以网络聊天室为互动环境的书面反馈中,会话互动的速度较慢,产生的认知负荷较低,学习者有更多时间对反馈信息进行加工,工作记忆容量的作用不显著。Li (2019)详细考察了二语写作过程中工作记忆的不同功能与直接纠正性反馈、直接纠正性反馈加重写、元语言反馈和元语言反馈加重写四种不同的书面反馈形式之间的关系。实验以 79 名成年英语学习者为研究对象,安排了三次写作任务对被试英语被动语态的掌握情况进行考察,并采用阅读广度测试和非词广度测试分别对复杂工作记忆和语音短时记忆的功能进行考察。研究发现,复杂工作记忆对元语言反馈和直接纠正性反馈加重写的效果有明显的预测作用,而短时语音记忆与直接纠正性反馈加重写的效果之间没有相关性。这说明工作记忆能够影响书面纠正性反馈的效果,但工作记忆各构成成分在反馈过程中发挥着不同的作用。

从上述研究可以发现,在二语纠正性反馈过程中,学习者的工作记忆对不同形式反馈效果的影响取决于其对注意力资源的分配能力。工作记忆是一个能对信息进行短时存储和加工的容量有限的资源系统,控制注意机制是工作记忆容量的基本组成部分。Engle（2002）甚至认为,工作记忆就是将相关信息保持在焦点注意并抑制无关信息的能力。因此,当互动任务具有认知挑战性并需要学习者控制自身注意力资源时,工作记忆容量就会表现出不同程度的差异。在纠正性反馈过程中,工作记忆容量大的学习者可以更好地协调与分配注意资源,能够快速注意到教师或同伴的纠正意图,进而对中介语和目标语之间的差异进行认知对比,在兼顾意义的同时将额外的注意力用于对形式的监控,而且能将输入的反馈信息进行存储并使之保持待提取状态以备随后使用,有助于促进二语的发展。而工作记忆容量小的学习者由于其可分配的注意资源相对有限,且容易受到互动过程中意义交流的干扰,难以对纠正性反馈提供的信息进行充分加工,从而无法将其转化为显性知识在长时记忆中存储和快速提取。这导致他们的语言输出成了一个受工作记忆容量限制的非自动化的加工过程。可见,不同学习者工作记忆容量的个体差异是影响纠正性反馈效果并导致其二语发展差异化结果的重要原因之一。

10.4　结　语

本研究对纠正性反馈和工作记忆的理论基础进行了介绍和分析,并对工作记忆这一重要的学习者个体差异变量在二语纠正性反馈中作用的相关研究进行了梳理和总结,为国内研究者深入探讨中国环境下二语教学互动反馈的认知机制以及如何提高反馈的有效性来促进学习者的语言发展提供了重要的理论和实验依据。

到目前为止,国内外对于工作记忆这一认知因素在二语纠正性反馈中作用的研究仍十分匮乏,很多有争议的问题还需要更多研究加以验证。而且,现有的研究主要关注工作记忆对口头纠正性反馈效果的影响,对书面纠正性反馈作用的实证研究和理论研究均鲜有涉及（Li,2019）。书面纠正性反馈作为一个信息加工与处理的复杂认知过程,反馈的效果与学习者对反馈的注意程度和加工深度密切相关。工作记忆作为人类高级认知活动的核心,在书面纠正性反馈中的具体作用仍需通过更多的实证研究进一步考察。此外,工作记忆作为一种重要的认知功能,具有复杂的结构,其构成成分在不同反馈形式中的具体作用还需要研究者通过更为深入的研究加以阐明。同时,不同研究所使用的实验设计和工作记忆测量方法不同,导致实验结果大相径庭,有时甚至会得出相互矛盾的结论。今后的研究应运用统一规范的测量方法对工作记忆容量和纠正性输出进行测定,并结合先进的跨学科实验技术和研究手段,深入探究工作记忆对不同类型纠正性反馈效果的影响及作用机制,以更好地阐释二语教学互动反馈的认知心理过程,推动该领域研究的进一步发展。

第十一章

二语学习者学能与其修正输出关系研究

11.1 引　言

　　二语学习者个体差异研究是二语习得领域中较为重要的一环。Selinker（1972）认为，如果二语习得理论不将学习者个体差异置于中心地位，那将是令人无法接受的。学能是学习者个体差异中最重要的因素（Skehan，1989），但是其研究曾一度被忽视。主要原因是由于学能往往被认为是学习者个体固化的、较为稳定的个人特征，难以以具体的方式加以改变。但是，人们对学能特征的认识也随着认知、心理、社会等领域研究的逐步发展，以及各领域发展对于二语习得领域的影响而发生着变化。以前固化及不变的特征，现被认为是可变化的动态结构，其研究需与外语学习环境相结合（戴运财和蔡金亭，2008）。修正输出是指学习者对其错误言语输出进行修正的话步（Mackey，2009）。学习者在话轮中对其前述非目标语话语所做出的部分或者全部修正均被认定为修正输出。修正输出反映了学习者二语中介语的最高水平。学习者在进行修正输出时，需要调动学习者的学能进行反应，所以互动中的修正输出与学习者个体差异密切相关（Long，2007）。将这两者的关系进行讨论可以帮助我们了解外语学习者的个体差异对于中介语的影响及其学习轨迹。

11.2 研究背景

11.2.1　外语学能研究

　　外语学能是影响二语习得的最重要的学习者个体差异因素（Skehan，1989）。国外一些实证研究发现，学能是最能预测外语学习结果的个体因素之一，两者的相关系数达到 0.40～0.60（Ortega，2009）。对于外语学能的认识随着各领域研究的发展经历了一个变化的过程。起初，Carroll（1990）将学能定义为人们学习二语(外语)时所呈现的相对稳定的专门能力倾向。这个定义给予外语学能稳定性的特性。他认为学能由几个相互独立的能力构成，主要包括语音编码能力、语法敏感度、语言归纳能力、机械记忆能力，并在此基础上研发了现代语言学能测试题库。此后，大量的研究探索了语言学能所包括的要素，也有一些语言学能测试工具应运而生，如语言学能测量表和 VORD。但是，研究表明，语言学能的重要组成要素在 Carroll 的基础上并没有太大的变化，文献基本一致认为，现代语言学能测试题库有优势（Ortega，2009）。也就是说，影响最大和使用最广泛的还是现代语言学能测试题库。随后，Grigorenko（2000）提出了外语习得中的创新认知能力理论。此理论的基本观点是，语言学能不是生来就固定的，而是一种不断发展的专门能力（戴运财和蔡金亭，2008）。该理论将外语学习看作语言知识的五种习得过程，在四个语言层面以两种输入输出方式进行处理，并通过两种回忆任务来检测语言学习的信息编码、存储、检索这三个阶段的效果。近年来，对学能在教学环境下与二语习得的关系的探讨也给学能的研究带来了新视角。Robinson（2001）提出了语言学能综合体理论，他的学能概念是一个动态的结构，指出学能的构成要素应与不同条件下的外语学习相联系（戴运财和蔡金亭，2008）。

上述文献可以看出，首先，外语学能包括多个认知能力的组合。其次，外语学能概念从其稳定的特性逐步发展到动态的结构，同时学能的动态结构也应与二语学习的环境相结合。再次，对于学能的测量，使用最多的是 Carroll 的现代语言学能测试题库。虽然在后来的研究中，也有新的测量工具更能从认知的角度描述学能，但是现代语言学能测试题库还是使用最为广泛的，其效度也一直得到认可（Ortega，2009）。

11.2.2 修正输出

修正输出是指学习者接受了其交际者所提供的纠正性反馈后，对其原话语进行部分或者全部修改的话论（Mackey, Adams & Stafford，2010）。修正输出可以反映出语言学习者中介语的最高水平，也是衡量学习者是否能从纠正性反馈中获取收获的最强有力的预测指标之一（Swain，1998）。因此，修正输出是近年来二语习得领域中探讨互动效果方面的研究热点。Swain（1993）指出，输出对于语言学习者来说至关重要，因为学习者需要一种推动力量让其充分使用其资源来使语言能力最大化。他们需要反思其输出,修改其输出,加强输出的可理解性、得体性和准确性。由此可以看出,修正输出在外语学习中起着重要的作用,也是衡量外语学习者学习成效的重要指标。

11.2.3 外语学能与修正输出的关系

学能与二语学习环境相关,所以它也与二语学习环境中的互动相关,与互动中的纠正性反馈以及反馈后的修正输出相关。学习者的语言学能会影响其所给予的修正输出。例如,当教师或者其他交际者给学习者提出显性纠正性反馈时,学习者需要调动其学能对输出进行修正。鉴于修正输出在语言学习中的作用,有必要进一步探讨其与外语学能的关系。另外,本研究选择修正输出来研究其与外语学习者学能的关系,除了互动中的修正输出与学习者个体差异密切相关外,还将修正输出作为一个语言习得的结果来衡量,修正输出较某种语言测试更有优势。因为语言测试非动态,而修正输出的产出是个动态的过程,不同情境、不同反馈所给予的修正输出是不同的。这样一个动态的过程对学习者的学能要求更接近于真实的学习环境,所反映出的两者关系可能会更有效。

国内有不少对于外语学能的研究。纵观外语学能研究,学者们在理论、综述、学能测试工具以及学能与二语习得关系等方面均有探讨(戴运财和蔡金亭,2008;刘骏和蒋楠,2006;温植胜,2005)。但是,研究多以理论与综述为主,学能与二语习得关系的实证研究仅有一项探讨了学能与性别及英语学习成绩之间的关系(戴运财,2006)。但是,语言学习成绩只能作为一个固定值来看待,不能展现出语言产出的即时状态。另外,对于修正输出的研究近年来也有探究,但多围绕纠正性反馈形式对修正输出的影响展开,较少探讨其与学习者个体差异的关系。

以上情况表明,国内关于外语学能的研究还有内容需要充实,尤其是外语学习者学能与二语习得过程之间关系的研究并不充分。学习的过程作为学习动态的因素应该与学习者个体因素相联系进行研究。因此,本研究的目的在于探索外语学习者个体差异因素学能与外语修正输出的关系。

11.3 研究设计

11.3.1 研究问题

从理论方面而言,语言学能是一个包含各种认知能力的概念,但是其都指向两大类：分析能力和记忆能力（Ortega，2009）。因此，本研究旨在探讨学能中的分析能力和记忆能力。所以我们假设，有较高学能测试分数的学习者，其修正输出量比学能分数低者大。也就是说，分析能力强、记忆能力强的学习者比分析能力弱、记忆能力弱的学习者修正输出量大。

研究问题如下：外语学习者的外语总体学能与其修正输出之间是否有关系？外语学习者外语学能分项（分析能力与记忆能力）与其修正输出之间是否有关系？

11.3.2　研究对象

本研究选取 32 名非英语专业大学二年级学习者进行学能测试和参加可引导产生修正输出的互动活动。32 名学习者中 18 名为女性，14 名为男性。在互动中，教师对学习者的非目标语输出给予纠正性反馈，引导学习者产出纠正性反馈。学习者学习英语的时间均在 8 年以上，其英语水平为中级水平。

11.3.3　测试工具

研究所使用的测试工具是学能测试工具。学习者的学能由现代语言学能测试题库的部分测试题来测量。如前面所说，语言学能是一个包含各种认知能力的概念，但是其都指向两大类：分析能力和记忆能力（Ortega，2009）。所以，本研究所选取的测试部分是衡量学习者的分析能力和记忆能力的试题。分析能力的测试选取现代语言学能测试题库的第四部分。该部分是通过考察学习者的语法敏感度来测量学习者的分析能力。为避免被试受到二语的限制，题目被翻译为中文，共30题，每题1分。记忆能力部分选取现代语言学能测试题库的第五部分。被试在 4 分钟识记 24 对 Kurdish 和英语配对单词后，通过多项选择题测试记忆能力，从 5 个英语选项中选出相对应的 Kurdish 单词。

11.3.4　实验操作及数据收集

每位学习者在完成学能测试后，与教师进行配对活动。活动过程中对学习者非目标语产出，教师通过给予显性纠正性反馈，提供其进行修正输出的机会。本活动共有两种任务。这两种互动任务分别为信息差距（information gaps）（Mackey & Gass，2005）和完成故事（story completion）（Tarone & Swierzbin，2009）。在信息差距任务中，学习者和教师各自看一张相似的厨房画面，他们在互动中共同努力在两张相似的画面中辨识出图片的不同之处。在完成故事的任务中，学习者和教师共同看一组某人请求搭便车的图片。学习者向教师提问关于图中人物的问题，以获得足够的信息来完成故事。

研究采用 Mackey、Adams & Stafford（2010）的数据收集方法进行数据收集：
① 对于每对互动所产生的数据，先进行修正输出机会的标记，标记出在本次互动
中所出现的所有提供给学习者的可进行修正输出的机会次数；② 对学习者的言
语反应进行次数标记；③ 标记出在本次互动中学习者对于反馈所进行的修正输
出次数。此修正输出可以是比其前述话语更接近目标语，也可以与其前述话语
一样为非目标语形式。将非目标语形式也标注为修正输出的原因是修正输出的
过程与结果一样重要（McDonough & Mackey，2006）。

11.3.5　数据分析

数据分析目的在于通过一元回归分析探索学能与修正输出的关系。

11.4　研究结果与分析讨论

11.4.1　结果与分析

本研究使用 SPSS 17.0 进行一元回归分析，探索学能与学习者修正输出的
关系。在互动反馈中，教师共给学习者提供了 514 次修正输出的机会，平均每名
学习者修正输出的机会约为 16.06 次。学习者共进行了 392 次修正输出，平均
每名学习者的修正输出为 12.25 次。共有 122 次机会没有进行修正输出，平均
每名学习者有 3.81 次没有进行修正输出。具体情况见表 11-1。

表 11-1　学习者对于纠正性反馈所给予的反应

给予纠正性反馈的反应方式	平均频次	平均比例(%)	标准差	最小值	最大值
修正输出	12.25	76.40	3.44	7	18
非修正输出	3.81	23.60	2.56	0	9
总修正机会	16.06	100	1.59	12	19

为了确定学习者的学能测试成绩是否可以预测学习者在互动过程中产生的
修正输出，笔者做了一个线性回归分析。研究的假设是学能测试分数高的学习
者会比分数低的学习者在互动中产生更大的修正输出。更具体地说，学习者的
记忆能力和分析能力越强，在互动中产生的修正输出越大。具体情况见表 11-2。

表 11-2　学能与修正输出的关系

项目	R	B	R^2	β	F	t	P
学能总分	0.620	0.522	0.384	0.620	18.691	4.323	0.000

续表

项目	R	B	R^2	β	F	t	P
学能分析能力总分	0.666	0.830	0.444	0.666	23.956	4.895	0.000
学能记忆能力总分	0.252	0.315	0.063	0.252	2.031	1.425	0.164

首先从表 11-2 中可以看出,学能总分、学能分析能力总分和学能记忆能力总分与修正输出的相关系数分别为 0.620、0.666、0.252,虽然都呈正相关,但是由于记忆能力与修正输出的显著性 P 值大于 0.005,所以,记忆能力与修正输出的相关性不具备显著性。学能总分及学能分析能力总分与修正输出呈现正向、中等强度关系。就学能总分而言,学习者学能总分越高,其修正输出量越大。回归系数 B 值为 0.522,表明学能成绩每增加 1 分,预测学习者的修正输出会增加大约 0.5 次的产出;标准系数 β 值是 0.620,意味着学能测试成绩每增加 1 个标准差,预示着修正输出量会增加大约 0.5 个标准差;R^2 值显示,修正输出方差的 38.4% 可以用学能测试成绩来解释。就学能分析能力总分而言,学习者学能分析能力总分越高,其修正输出量越大。回归系数 B 值为 0.830,表明学能分析成绩每增加 1 分,预测学习者的修正输出会增加 0.830 次的产出;标准系数 β 值是 0.666,意味着学能测试成绩每增加 1 个标准差,预示着修正输出量会增加大约 0.666 的标准差;R^2 值显示,修正输出方差的 44.4% 可以用学能测试成绩来解释。

从回归分析结果来看,关于学能测试分数高的学习者会比分数低的学习者在互动中产生更大的修正输出的假设成立,而分析能力和记忆能力与修正输出的关系不尽相同。学习者分析能力强,可预测较大的修正输出的假设得到支持,而关于记忆能力的假设却没有得到支持。从线性回归分析数据可看出,学能是影响修正输出量的一项重要因素,且相关程度为中等强度,但是其强度在 35%～45% 之间,表明除学能以外的其他变量可能也对修正输出有重要的影响。

11.4.2　讨论

这项研究的目的在于验证语言学能同外语学习者的修正输出关系的假设,研究结果为该假设提供了一定的支持。对于研究问题的回答如下:学习者学能测试成绩与学习者修正输出的线性相关关系显著。这里我们发现学能和修正输出之间的关系与一些研究者的论点是相一致的,那就是学能在二语习得中可能是很重要的因素,它与外语学习效果相关。本研究的发现同时佐证了 Trofimovich、Ammar & Gatbonton(2007)的论点:"注意力和记忆的认知建构以及语言学能时刻影响着二语互动。"

　　虽然这项研究的结果总体上表明学能可能是影响修正输出的重要因素,但是对学能测试成绩的组成部分进行进一步分析时,我们发现分析能力的成绩与修正输出的线性相关关系显著,即学习者分析能力能预测其修正输出量,而学习者的联想记忆能力与其修正输出的线性相关关系不显著。这和 Robinson(2002)所说的是一致的:人类学能是由许多能力构成的,它们的组织形式是相互关联的层次结构,而不是单一或直接的形式;不同的认知能力与具体情境的背景息息相关。

　　在二语学习中,学能的各个分项能力到底起到了什么样的作用,学者的观点不同。有学者认为,在二语互动过程中,语言分析能力很可能决定了学习者是否具备分辨和注意他们自己话语和听得的话语之间的语言结构存在差异的能力。这种能力可能会影响学习者能否注意到修正性反馈中的目标成分,最终影响他们是否能从反馈中有所收获(Trofimovich, Ammar & Gatbonton, 2007)。但是,也有一些语言学家认为,在二语学习中,记忆能力比分析能力重要。本研究结果与 Skehan (2002)的研究结果有相同之处。Skehan (2002)研究发现,对于语言学习而言,记忆并不是最具有预测性的要素。对于记忆在二语发展过程中所扮演的不同角色,Oretga (2009)的说法颇具见解。她认为,记忆促进二语习得的速度和结果是个复杂的过程,它并不是简单地通过计算记忆与语言水平的相关性就能捕捉到。记忆很可能在某些领域可以较好地解释语言学习初期的成功,而在另一些领域则可以较好地解释语言学习后期的成功。另外,学能和记忆能力研究的关注点近来开始往工作记忆方向转变。工作记忆是指一个人所具有的同时存储和处理与手头工作相关的语言信息的能力。也就是说,工作记忆包含两个部分:一是存储和回忆信息,就像本研究所考察的记忆能力的概念一样;二是处理信息。Ellis (2001)和其他一些学者提出了假设,认为工作记忆可能是预测学习者在不同语言学习情境下能否成功学习的最重要的变量。一些研究也推断出了这种关系。那么,工作记忆中的两个部分是否都有这种预测性,这个问题值得我们进一步探讨。

11.4.3　研究局限性

　　研究结果表明,学能很可能是影响外语学习者修正输出的因素之一。但是,研究的被试为 32 名学习者,所以,结果的可推广性有一定的局限性。另外,有学者将工作记忆当作学能的一部分。所以,将来将工作记忆也纳入学能的研究范畴讨论其与修正输出的关系可能会让我们对二语的习得过程了解得更加深入。

11.5　结　语

Long（1996：451-452）的互动假设提出，通过互动获得的纠正性反馈可以促进中介语的发展，因为它"以有效的方式连接输入、学习者能力（学习的内部因素），特别是选择性注意和输出"。二语习得的理论研究支持这一观点，认为学习者在互动过程中接受到的反馈可以将上述因素连接起来，促进学习者对非目标语语言输出进行修改（Swain，1998）。近年来，纠正性反馈后的修正输出是研究的热点之一。本研究通过考察学习的内部因素与修正输出的关系阐明修正性输出在外语学习中的作用。由于学能涉及在执行复杂认知任务时的分析能力和记忆能力，这一内部因素可能与学习者关注纠正性反馈且相应地修改其输出的能力有关，故本研究特别关注学习者的学能与修正输出之间的关系。

通过对外语学习者的学能与其修正输出关系的探究发现，学习者的学能与修正输出有一定的相关性。因此，对于本次研究的外语学习者样本而言，高学能学习者在互动中接受了纠正性反馈后，其所产出的修正反馈多于低学能学习者。有趣的是，学能的分项能力与修正输出的相关性不尽相同，分析能力与修正输出的相关性具有显著性，而记忆能力与修正输出的相关性不具有显著性。今后将工作记忆纳入学能与修正输出关系的研究可能会让我们更加全面地了解学习的内部因素与修正输出的关系对外语学习的影响。

第十二章

英语课堂口语纠正性反馈的信念研究：
学习者与教师如是说

12.1 引 言

从外语学习的角度而言，信念可以被定义为学习者或者教师对二语学习的看法和想法(Kalaja & Barcelos, 2003)。在二语习得中，教师和学习者语言学习信念的研究在过去的数十年里蓬勃发展。信念研究迅速发展的原因有三。第一，信念在塑造和引导学习者学习和教师课堂实践方面发挥了重要作用(Kalaja & Barcelos, 2003)。教师信念会以某种方式反映在课堂实践中，会影响和/或指导课堂教学决策和行动(Borg, 2011)。第二，学习者的信念也与他们的学习行为直接相关(Borg, 2011)，进而直接影响学习结果(Mori, 1999)。第三，教师与学习者的信念有时并不尽相同，这种信念的不匹配可能会对学习产生负面影响(Kim & Han, 2007)。了解其差异并从理论上进行分析，最终可能会带来更有效的教学方法。纠正性反馈是近年来二语习得领域的研究热点，一些理论及实证研究发现其对语言学习有促进作用(Li, 2010)。但是，纠正性反馈的有效性受到一些变量的影响，其中包括教师与学习者的信念。因此，本研究旨在探究中国大学生英语学习者及高校英语教师对于纠正性反馈的信念，发现其在纠正性反馈策略使用信念方面的异同点，提出今后英语教学及教师发展方面的相关建议。

12.2 文献综述

以 Dewey（1933）的哲学为依据，Barcelos（2000）认为信仰是一种感知世界的方式，它能产生信心，对被认为是真实的事情采取行动。自 Elaine（1985）和 Wenden（1986）做了开创性工作以来，关于二语习得的信念一直吸引着应用语言学家的关注。近年来,社会文化框架已经成为"探索信念的一种路径"
(Negueruela-Azarola,2011:368)。社会文化理论的中介观强调,人类的认知
活动都需要经过中介工具的调节才能得以发展。基于此,许多研究依赖社会
文化理论来研究信念和行动的关系,认为信念是学习者行动的中介(Navarro &
Thornton,2011)。Alanen(2003)指出,一旦信念(或元认知知识)转变为中介手
段,它们就会对学习者或教师及其行为产生影响,而对于学习者来说,它们要么
会加强对语言的学习,要么会阻止他们学习语言。根据 Yang & Kim(2011:331)
的观点,只有适配信念才能作为"有效的中介工具,使学习者维持二语学习的积
极性"。

　　纠正性反馈是指教师用来吸引学习者注意其错误话语的一种教学方法,它
可能会引发学习者的修正输出(Suzuki,2004)。根据 Long(1996)的观点,反馈
与进一步的外语学习发展有关,因为它可以通过意义协商为学习者提供感知输
出和输入之间差异的机会(例如,Yamamoto,2003)。 近 20 年来,学习者二语
课堂口语产出研究受到了广泛的关注。许多研究已经发现,通过互动,反馈对于
学习者的外语发展具有一定的有效性(Li,2010)。然而,纠正性反馈的教学价
值仍然存在争议,许多学者和教师并不接受纠正性反馈对语言习得有益的观点。
他们觉得,并不是所有的纠正性反馈都能引起学习者的吸收或修正输出。他们
对于纠正性反馈的观念或者信念影响纠正性反馈在课堂上的实施。纠正性反馈
的信念是指学习者和教师在二语学习和教学中对纠正性反馈的效果以及如何在
课堂上实施的态度、观点、意见或立场(Li,2012)。研究学习者和教师对于纠正
性反馈的信念对于促进外语学习有较为重要的作用。首先,教师对于纠正性反
馈的认知和接受程度直接影响其课堂对于纠正性反馈策略的选择和使用,进而
影响学习者的语言学习效果。其次,纠正性反馈的有效性也取决于学习者对其
接受的程度。Sheen(2007b)发现对纠正性反馈持积极态度的学习者更容易从反
馈中获益。再次,对比学习者和教师对纠正性反馈的信念,发现学习者的期望和
教师的信念之间的差别,对于分析学习者对课堂的满意度和了解他们学习语言
的策略和动机具有较大的作用。最后,了解学习者和教师对于纠正性反馈的信
念可以帮助我们发现理论和实证研究的结果在多大程度上存在于学习者和教师
的信念差异上,进而提出教学启示和未来研究的方向。

　　近年来,国际纠正性反馈信念的研究分为四类。一是对学习者和教师纠
正性反馈信念的调查研究,了解学习者和教师纠正性反馈信念的概况(Agudo,

2015；Lee，2013；Schulz，2001）。二是对学习者和教师纠正性反馈信念的比较（Agudo，2014；Bell，2005；Davis，2003；Rahimi & Zhang，2015；Schulz，1996，2001）。三是关于教师信念和实践之间的差异研究（Basturkmen & Loewen，2004；Mori，2011；Roothooft，2014）。四是研究教师纠正性反馈信念是否可以通过某种培训而改变（Busch，2010；Kamiya & Loewen，2014；Sato，2013；Vásquez & Harvey，2010）。在国内，仅有一项对于学习者纠正性反馈的信念调查研究（朱彦，2016）。研究选取了19名大学生作为研究对象，以深度访谈为研究工具，探究中国大学英语教学模式下学习者对课堂上口头纠错反馈的信念。研究结果显示，学习者对口头纠正性反馈的信念整体上呈现出积极的态势。研究总结了国内大学英语课堂教学中所面临的现状和困境。相对于国际研究而言，我国此类研究开展得较少，且这一项研究的调查群体仅为学习者，调查对象也仅为19名大学生。这个样本的大小影响调查结果的有效性。因此，本研究拟通过大样本调查法探究学习者和教师对于口语课堂教学的纠正性反馈信念，研究问题如下：学习者和教师关于纠正性反馈的信念是什么？学习者和教师关于纠正性反馈的信念是否有差异？

对于学习者和教师关于纠正性反馈的信念，可以通过回答Hendrickson（1978）提出的五个问题来研究：错误应该被纠正吗？如何纠正错误？什么时候应该改正错误？谁提供纠正性反馈？哪些错误应该改正？除此之外，本研究还设计了问题调查学习者和教师对纠正性反馈对于学习者情感的影响，并调查教师对纠正性反馈教学策略获知的渠道。

12.3　研究方法

12.3.1　参与者

参与者是山东、陕西、黑龙江以及甘肃等地高校的2067名学习者和116名英语教师。在2067名学习者中，1092名（52.83%）是男性，972名（47.02%）是女性，3名（0.15%）未填写性别；1446名（69.96%）学习者为非英语专业本科生，159名（7.69%）学习者为非英语专业研究生，458名（22.16%）学习者为英语专业本科生，4名（0.19%）学习者未填写学习者群体归类；20岁以下的学习者1587名（76.78%），21～30岁的学习者471名（22.79%），31岁以上的学习者4名（0.19%），5名（0.24%）学习者未提供年龄信息。尽管学习者的年龄、性别、学习英语的动机（专业和学习层次）存在差异，也存在极少学习者在性别以及年龄等方面没有提供充分的信息,但是在研究问题中未设置上述信息作为变量进行考察。因此,本研究将他们作为一个整体进行研究。116 名教师均为非英语母语者。教师年龄为 24～59 岁,平均 40.8 岁。有 19 名(16.38%)男教师和 96 名(82.76%)女教师,其中 1 名(0.86%)没有具体说明性别。他们的教学经验从 4 年到 41 年不等,平均 13.8 年,其中初级职称教师 4 名(3.45%),中级职称 69 名(59.48%),高级职称 41 名(35.34%),2 名(1.72%)教师未提供职称信息。尽管他们在教学经验等方面也有一些不同,但本研究也将他们视为一个整体进行研究。

12.3.2　数据采集工具

本研究为学习者和教师准备了两份不同的问卷。问卷主体均用汉语书写。教师问卷包含 25 道题,学习者问卷包含 24 道题。第 1 部分共有 5 道题,为学习者和教师的背景资料信息。这 5 道题因涉及的群体不同而不同。问卷第 2 部分为调查的主干部分。为了便于对学习者和教师的信念进行对比,两份问卷主干部分的主要问题一致(问题 6～23 为 17 个陈述句),其中第 6～22 题为单选,第 23 题为多选。问卷采用里克特 5 分制(例如,"同意 =1""基本同意 =2""不确定 =3""基本不同意 =4"和"不同意 =5"),参与者被要求在 5 分量表上表明他们同意或不同意这些陈述的程度。学习者问卷的第 24 题为开放式问题,询问学习者对于口语课堂纠正性反馈其他想要表达的情况。教师问卷的第 24 题询问教师纠正性反馈知识的来源情况,第 25 题为其对于口语课堂纠正性反馈其他想要表达的情况。每份问卷的第 1 个版本都在山东某高校中进行了试测。针对试测中教师和学习者的反馈,笔者对问题表述等小问题进行了调整。由于问卷的主要组织结构和内容没有改变,试测教师和学习者的答案被纳入这些问题的最终分析中。

12.4　结果与讨论

12.4.1　错误应该被纠正吗?

问卷第 6、7、8 题考察了"错误应该被纠正吗"这个问题。对于"在课堂上,教师对于学生的口语错误进行纠错是必要的"这一问题,84.28% 的学习者选择了"同意"选项,而选择"同意"选项的教师仅为 40.52%。对于"犯错是学习的一部分,所以太多纠错是浪费时间"这一问题,选择了"同意"的学习者为

6.34%，而选择了"同意"的教师为 18.10%。对于"学生从教师的口语纠错中能收获很多"这一问题，72.52% 的学习者选择了"同意"，而选择"同意"的教师为 38.79%。这些结果可以看出，学习者对纠正性反馈的评价非常积极，但是，教师对提供纠正性反馈却不那么热情。这个结果与前期研究的结论相似。Li（2018）在整合了 7 项研究后发现，平均只有 39% 的教师认为纠正性反馈很重要。

从对本研究开放问题的回答中可以发现，学习者和教师从不同的角度认识错误是否应该被纠正。学习者一般将纠错当成进步的手段。他们认为，"纠错有利于同学更好地练习，多纠正还是有利于口语进步的"，"有错误才有进步，我觉得挺好的"，"这就是学习，在课上把不会的变成会的，把模糊的变成清楚的"。教师从教学安排、学习者信心维护等角度认为课堂口语纠正性反馈不一定是最好的方式。他们表示，"一味强调语言正确性，会打击学生积极性，不利于进一步发展口语交流能力"，"口语纠正是一个长期的过程，需要系统的讲解、大量的练习，现在的课堂时间远远满足不了，纠正就更没时间啦"，"大多数中国学生都怯于开口说英语，害怕出错，教师应该鼓励学生多练多说，不必纠结于细枝末节"。也有教师对于纠正性反馈的长期效果不看好。他们表示，"课堂纠错短期看有效，但长期如不经过强化复习，效果不能持续"。

12.4.2　哪些错误需要纠正？

对于"哪些错误需要纠正"，本问卷要求学习者和教师回答下列问题：纠正性反馈应该只用于阻碍交流的目标错误，还是用于所有的错误？纠正性反馈是否应该集中于某些特定的语言错误，如语法、词汇或者发音？问卷通过问题 9～13 考察了这些问题。对于问题 9"教师只应该针对学生那些影响交际的口误进行纠错"，22.31% 的学习者选择了"同意"或"基本同意"（分别为 10.60% 和 11.71%），选择"同意"或"基本同意"的教师为 74.14%（分别为 39.66% 和 34.48%）。这说明学习者和教师在此问题上存在较大的差异。教师在开放题目中表示"如果不妨碍交流，尽量少纠正"，"不用过度纠正，若学生口语错误不影响表达交流则尽量减少纠错"，学习者则认为"纠错有利无害"。对于问题 13"对于课堂上学生所犯的口语错误，教师都应该进行纠错"，68.55% 的学习者选择了"同意"或"基本同意"（分别为 37.93% 和 30.62%），而选择此两项的教师仅为 25%（分别为 7.76% 和 17.24%）。大部分学习者赞同所有口语错误都应该得到纠错。该观点没有得到很多教师的支持。

对于纠正性反馈是否应该集中于某些特定的语言错误，问题 10～12 进行了考察。对于问题 10"教师应该纠正学生口语中的语法错误"，58.88% 的学习者选择了"同意"或"基本同意"（分别为 33.38% 和 25.50%），选择此两项的教师仅为 37.07%（分别为 6.90% 和 30.17%）。对于问题 11"教师应该纠正学生口语中的词汇错误"，63.77% 的学习者选择了"同意"或"基本同意"（分别为 35.37% 和 28.40%），而选择此两项的教师为 48.28%（分别为 7.76% 和 40.52%）。对于问题 12"教师应该纠正学生口语中的发音错误"，高达 76.58% 的学习者选择了"同意"或"基本同意"（分别为 46.49% 和 30.09%），选择此两项的教师为 54.31%（分别为 15.52% 和 38.79%）。可以看出，在语音纠错方面，虽然学习者和教师的差别较为显著，但是两者均有过半的人数支持语音纠错。在纠正性反馈是否应该关注预先选择的语言结构方面，教师和学习者之间有相似观点，也有不同观点。对于语法纠错，学习者与教师的观点不同。教师支持语法纠错的人数较少，仅为 37.07%，这与一些前期的研究结果相似。在 Agudo（2014）的研究中，55 名教师中仅有 33% 的教师考虑了纠正一切语法错误的观点。在本研究中，教师存在"口语表达是交流，不应关注语法"的想法。对于词汇和语音的纠错，学习者与教师的观点较为接近，两群体均有过半的人数支持词汇和语音纠错。其可能的原因也许在于词汇和语音的错误较为明显，纠错方和被纠错方都易于关注到，而且词汇和语音的错误影响交际，不进行纠错则阻碍交际的有效进行。

12.4.3　同伴应该纠错吗？

问卷主要通过问题 14～16 来判断同伴是否应该纠错。对于问题 14"教师应该让学生自我纠正"，68.33% 的学习者（分别为 34.35% 和 33.98%）和 67.25% 的教师（分别为 27.59% 和 39.66%）选择了"同意"或"基本同意"。对于问题 16"同学们相互纠错比教师纠错更利于学习"，58.69% 的学习者（分别为 31.40% 和 27.29%）和 48.28% 教师（分别为 25% 和 23.28%）选择了"同意"或"基本同意"。学习者和教师对于学习者相互纠错是否能够减少学习者的压力和焦虑问题，也基本具有共识。68.89% 的学习者（分别为 38.51% 和 30.38%）和 70.69% 的教师（分别为 37.07% 和 33.62%）选择"同意"或"基本同意"。他们均认为学习者相互纠错可以减少学习者的压力和焦虑。上述结果可以看出，在对鼓励学习者相互纠错和相互纠错可以减少学习者焦虑的认识上，学习者和教师非常一致。对于学习者对于相互纠错的观点，国外研究的结论不尽一致。Agudo（2015）的研究发现，在 173 名以西班牙语为外语的学习者中，有

42%的学生赞同或强烈赞同在小组作业中接受同学的反馈。而在 Schulz（1996，2001）的研究中，824 名哥伦比亚英语学习者和 607 名美国外语学习者中，仅有15%的学习者更喜欢在小组作业中由他们的同学在全班面前纠正错误。对于教师对于同伴纠错的信念，结论也不相同。Agudo（2014）的研究显示，只有33%的受访者认为同伴纠错比教师纠错更有效，37%的人认为同伴纠错比教师纠错引起的焦虑更少。

本研究发现一组有趣的数据，即在第 14 和 16 题的选择中，选择"不确定"的学习者和教师的比例都非常高。第 14 题选择"不确定"的学习者为 21.24%，教师为 20.69%；第 16 题选择"不确定"的学习者为 26.08%，教师为 36.21%。这说明有相当一部分的学习者和教师对于同伴纠错的作用没有把握。他们可能既觉得同伴纠错会给学习者带来较小的压力，对于学习来说是有利的一面，同时又对同伴纠错的可信度信心不足，导致他们无法判断和选择。希望今后在此方面有更多的研究，发现同伴纠错的明确效果。

12.4.4　错误应该何时纠正？

错误应该何时纠正？纠正性反馈的时机在本研究中指在线和离线，错误是应该在口语活动进行期间或完成后被纠正（Li, Zhu & Ellis，2016）。对于在线反馈或者离线反馈问题，问卷主要通过问题 18 和 19 来进行判断。问题 18 "教师应该在错误出现后立即纠正"涉及在线反馈，57.82%的学习者选择了"同意"或"基本同意"（分别为 29.37% 和 28.45%），而选择此两项的教师仅为 18.10%（分别为 6.03% 和 12.07%）。离线反馈的问题主要关注离线的时间有多久远，是口语活动之后，还是课堂结束之后。对于问题 19 "教师应该在活动或者任务结束后纠正"，63.76%的学习者选择了"同意"或"基本同意"（分别为 33.38% 和 30.38%），选择此两选项的教师占 79.31%（分别为 31.90% 和 47.41%）。由此可以看出学习者与教师的差别，学习者既希望在线反馈，也希望离线反馈，而教师只支持离线反馈。本研究中学习者支持在线反馈的观点与国外的相关研究结论基本相同。譬如，Davis（2003）的研究发现，在 97 名以英语为外语的学习者中，有 86.6% 的人认为，为了防止坏习惯的养成，应该尽快纠正错误。Brown（2009）对 1409 名外语学习者进行了问卷调查，询问他们是否赞同教师不应该即时纠正错误的观点，平均得分为 2.12 分（满分 4 分）。这一观点在某种程度上支持在线或者即时反馈。由此可以断言，学习者希望他们的错误被立即纠正。

教师不支持在线反馈的结论与国外结论也比较相似。Brown（2009）发现，教师不应进行即时纠正的项目平均得分为 3.13 分(满分 4 分)。这表明,教师对于即时纠正学生的错误犹豫不决。另外,本研究中教师支持在线反馈的比例很低,这在某种程度上可能与其教育背景有关。本研究中的教师仅有不到 20%的人接受过关于纠正性反馈的培训,这正如 Kartchava (2006)所说,没有上过语言习得课程的教师比上过语言习得课程的教师更有可能反对即时纠正。此外,在一些调查研究的后续访谈中可以发现,反馈时机与错误类型相关。教师认为,阻碍交流的错误需要即时处理,其他错误可以等待(Rahimi & Zhang, 2015;Roothooft, 2014)。这说明,教师对提供纠正性反馈的理想时间的看法比较复杂,有必要进行更进一步的开放性问卷调查研究。

12.4.5　错误应该如何纠正?

错误如何纠正涉及反馈的分类。许多研究主要使用 Lyster & Ranta (1997)提出的反馈分类。为了便于同近年来大多数的纠正性反馈研究进行比较,本研究也采用该分类:重铸、明确纠错、元语言反馈、要求澄清、重复、诱导。本研究通过回答问题 21～22 判断学习者和教师对于纠错分类的信念。结果可以看出,教师觉得最有效的反馈形式是诱导(30.17%)和重铸(26.72%);学习者觉得最有效的反馈形式依次是诱导(21.58%)、明确纠错(21.43%)和重铸(20.75%)。对于纠错方式的有效性学习者和教师的看法较为一致:一是认为诱导学习者产出是最有效的方式,二是认为重铸的方式也比较有效。两者不同之处是学习者认为显性反馈也是较为有效的方式。

在为数不多的学习者反馈信念研究中,Lee (2013)的调查研究较为全面,其研究结果展示了学习者对不同纠正性反馈类型有效性信念的排名,明确纠错和重铸的排名明显高于提示——启发、重复、要求澄清和元语言反馈。学习者表示"当老师纠正我时,我希望他告诉我哪里错了,并即时提供正确的形式",这表明学习者更看好显性纠正。这个排序可以看出,无论是含蓄还是明确的形式,这些学习者想要被告知什么是正确的形式。这个结果与本研究有些不同。本研究中学习者觉得最有效的形式是诱导反馈。原因可能有二。一是被试群体不同。Lee (2013)在其研究讨论中指出,其研究的被试为一个特殊的群体,他们在美国攻读博士学位,即将担任各自学科的助教,与其他二语学习者群体不太相同,不能代表整个学习群体。二是 Lee (2013)的研究语境是英语为学习者的二语,而本研究的语境是英语为学习者的外语。语境的差异可以引发本研究中学习者对于自身外语产出的关注,因此,选择诱导反馈作为首选。

本研究中教师觉得最有效的反馈形式也是诱导（30.17%），这与其他几项研究（Dong，2012；Junqueira & Kim，2013；Kamiya，2014）的结论差别不大，教师似乎抗拒显性反馈，而倾向于隐性反馈。可以发现，本研究中的学习者和教师在最有效的反馈形式上意见较为统一，都选择诱导反馈。主要原因可能在于，诱导反馈为产出型反馈。在当今国内外语教学中，产出导向法对课堂外语教学产生了巨大的影响（文秋芳，2010）。

12.4.6 纠正性反馈对于学习者情感因素的影响

本研究通过问题 23 考察纠正性反馈对于学习者情感因素的影响，此题为多选题。学习者选择最多的选项是"感激"（占总量的 53.27%），学习者选择最少的选项是"更少语"（占总量的 13.06%）。学习者在开放问题中表示，"纠错有利于同学更好地练习，有益无害，有错要改，不丢人"，"我觉得老师可以随时提出来错误，不会尴尬"。教师选择最多的选项是"尴尬"（占总量的 63.79%），教师选择最少的选项是"高兴"（占总量的 11.21%）。可以看出，学习者和教师在纠正性反馈对于学习者情感因素的影响方面信念差异较大。学习者选择最多的选项是"感激"，表明学习者对于纠正性反馈有效性的信念是非常积极和高度赞同的，而教师却主要认为，纠正性反馈对于学习者的情感影响为"尴尬"，体现出教师对于纠正性反馈的信念并非高度赞同。这与 12.4.1 小节的结论相互印证，即学习者对纠正性反馈的评价非常积极，但是，教师对提供纠正性反馈却不那么热情。

12.4.7 培训对于教师纠正性反馈信念的影响

由于教师的信念影响教师的行为，研究专门设计了一个问题考察教师对于纠正性反馈的了解来源情况。这是一个多项选择题，结果如表 12-1 所示。可以发现，教师对于纠正性反馈的了解多基于经验，其中包括其作为语言学习者的经验（62.07%），或者作为语言教师的经验（85.34%），仅有 18.97% 的参与教师表示其对于纠正性反馈的了解来自教师培训课程。由此可以看出，多数教师对于纠正性反馈的了解缺乏系统性及理论性的支撑，培训对于教师纠正性反馈信念的影响不大。

表 12-1 教师对于纠正性反馈了解的主要来源情况

选项	我作为语言学习者的经验	我作为语言教师的经验	教师培训课程	我阅读的一些语言教学法的书籍和文章	空
比例	62.07%	85.34%	18.97%	30.17%	3.45%

在文献梳理过程中,仅有一项研究是调查教师对于纠正性反馈了解的来源情况(Agudo,2014)。研究结论是,教师对纠正性反馈的信念主要是从他们作为语言学习者的课堂学习经验中汲取的以及来自他们实习期间的初步教学实践,较少来自教师培训课程和语言教学法的学习。这个结论与本研究的结论大致相同。从理论到实证研究,纠正性反馈对于外语学习的促进作用基本得到证实,教师在纠正性反馈方面的培训应该成为教师发展的重要议程。

12.5 结　语

本研究旨在探究中国大学英语学习者及高校英语教师对于纠正性反馈的信念。问卷调查了山东、陕西、黑龙江以及甘肃等地高校的 2067 名英语学习者和 116 名英语教师,发现了学习者和教师在纠正性反馈对于英语发展的信念上的异同。两者信念存在的不同点表现在以下方面:① 80% 以上的学习者赞同错误应该被纠正,而赞同此观点的教师仅有 40%;② 学习者赞同其所犯的所有口语错误都应该得到纠正,该观点没有得到较多教师的支持;③ 学习者较为倾向于在线反馈,而教师则倾向于离线反馈;④ 对于纠正性反馈给学习者带来的情感影响,学习者多表示"感激",而教师多选择"尴尬"。学习者与教师在信念上的相同点表现在以下方面:① 两者都觉得应该进行同伴纠错,但是在该题选项中,两者选择"不确定"的人数都较多;② 两者都选择"诱导"作为最有效的反馈类型。由此可以看出,学习者和教师在对于纠正性反馈的信念上差异较大。这说明,为了使得纠正性反馈发挥出应有的作用,学习者和教师还应该达成更好的共识。

本研究还设置了一个问题,询问教师对于纠正性反馈知识的了解渠道。大多数教师回答说自身对于纠正性反馈的了解多基于经验:一是作为语言学习者的经验,二是作为语言教师的经验,真正从系统培训中获取的很少。这便出现一些很重要的问题:教师所拥有的纠正性反馈的信念是否都正确?如果在今后的教学中需要教师与学习者在信念上达成一致,教师哪些信念是可以作为保留来引导学习者,哪些信念需要重构?教师培训如何发挥作用?这都是今后研究和实践中需要关注的问题。

英语课堂口语纠正性反馈信念调查问卷
（教师版）

尊敬的老师：

您好！非常感谢您在百忙之中接受我们的问卷调查。本次调查为匿名,目的是要了解教师对于英语课堂口语反馈的信念。答案无对错好坏之分,只作为学术课题使用。问卷大约需要10分钟填写,希望您能抽出宝贵时间如实填写。感谢您的支持和合作！

第 1 部分:背景资料

★请您选择或者填写下列信息(在相应的选项后面的□内打√或者填写数字)。

1. 您的性别:男□　女□

2. 您所教授的学生群体:非英语专业本科生□　英语专业本科生□

3. 您的职称:助教□　讲师□　高级职称□

4. 您的年龄:35 岁及以下□　36 ～ 40 岁□　41 岁及以上□

5. 您的教龄:_____年。

第 2 部分:反馈信念调查

★请根据下列陈述,选择或者填写最能反映您想法的信息。

6. 课堂上,教师对于学生的口语错误进行纠错是必要的。

(1)同意　　　　(2)基本同意　　　　(3)不确定

(4)基本不同意　　(5)不同意

7. 犯错是学习的一部分,所以太多纠错是浪费时间。

(1)同意　　　　(2)基本同意　　　　(3)不确定

(4)基本不同意　　(5)不同意

8. 学生从教师的口语纠错中能收获很多。

（1）同意　　　　　　（2）基本同意　　　　　（3）不确定

（4）基本不同意　　　（5）不同意

9. 教师只应该针对学生那些影响交际的口误进行纠错。

（1）同意　　　　　　（2）基本同意　　　　　（3）不确定

（4）基本不同意　　　（5）不同意

10. 教师应该纠正学生口语中的语法错误。

（1）同意　　　　　　（2）基本同意　　　　　（3）不确定

（4）基本不同意　　　（5）不同意

11. 教师应该纠正学生口语中的词汇错误。

（1）同意　　　　　　（2）基本同意　　　　　（3）不确定

（4）基本不同意　　　（5）不同意

12. 教师应该纠正学生口语中的发音错误。

（1）同意　　　　　　（2）基本同意　　　　　（3）不确定

（4）基本不同意　　　（5）不同意

13. 对于课堂上学生所犯的口语错误，教师都应该进行纠错。

（1）同意　　　　　　（2）基本同意　　　　　（3）不确定

（4）基本不同意　　　（5）不同意

14. 教师应该让学生自我纠错。

（1）同意　　　　　　（2）基本同意　　　　　（3）不确定

（4）基本不同意　　　（5）不同意

15. 学生自我纠错可以减少学生的压力和焦虑。

（1）同意　　　　　　（2）基本同意　　　　　（3）不确定

（4）基本不同意　　　（5）不同意

16. 同学们相互纠错比教师纠错更利于学习。

（1）同意　　　　　　（2）基本同意　　　　　（3）不确定

（4）基本不同意　　　（5）不同意

17. 同学们相互纠错给学生带来的焦虑比教师纠错要少。

（1）同意　　　　　　（2）基本同意　　　　　（3）不确定

（4）基本不同意　　　（5）不同意

18. 教师应该在错误出现后立即纠正。
    （1）同意　　　　　　（2）基本同意　　　　　（3）不确定
    （4）基本不同意　　　（5）不同意

19. 教师应该在活动或者任务结束后纠错。
    （1）同意　　　　　　（2）基本同意　　　　　（3）不确定
    （4）基本不同意　　　（5）不同意

20. 教师应该在上课结束后纠错。
    （1）同意　　　　　　（2）基本同意　　　　　（3）不确定
    （4）基本不同意　　　（5）不同意

21. 您认为哪一种纠错方式最有效？（请选择，并说明原因）
    （1）教师将学生的错误用正确的方式直接表达出来。例如：
    　　Teacher：What did you do last weekend?
    　　Student：I watch a film with my friends.
    　　Teacher：You watched a film. That's interesting.
    （2）教师明确告诉学生表达中有错误，并把正确的表达用重读念出来。
    　　例如：
    　　Teacher：What did you do last weekend?
    　　Student：I watch a film with my friends.
    　　Teacher：No, not watch, watched.
    （3）教师用语法术语给予元语言反馈，如过去时、将来时或者形容词、
    　　动词。例如：
    　　Teacher：What did you do last weekend?
    　　Student：I watch a film with my friends.
    　　Teacher：You need to use the past tense.
    （4）教师使用要求澄清进行反馈，如"你能再说一遍吗"。例如：
    　　Teacher：What did you do last weekend?
    　　Student：I watch a film with my friends.
    　　Teacher：Can you say that again?
    （5）教师通过强调的语气将学生的错误进行重复。例如：
    　　Teacher：What did you do last weekend?
    　　Student：I watch a film with my friends.
    　　Teacher：I WATCH a film?（stressing the mistake, with rising

intonation）

（6）教师通过停顿提示学生进行自我纠错。例如：

Teacher：What did you do last weekend?

Student：I watch a film with my friends.

Teacher：Last weekend I …（pausing）？（rising intonation）

22. 您认为哪一种纠错方式效果最不好？（请选择，并说明原因）

（1）教师将学生的错误用正确的方式直接表达出来。例如：

Teacher：What did you do last weekend?

Student：I watch a film with my friends.

Teacher：You watched a film. That's interesting.

（2）教师明确告诉学生表达中有错误，并把正确的表达用重读念出来。

例如：

Teacher：What did you do last weekend?

Student：I watch a film with my friends.

Teacher：No，not watch，watched.

（3）教师用语法术语给予元语言反馈，如过去时、将来时或者形容词、

动词。例如：

Teacher：What did you do last weekend?

Student：I watch a film with my friends.

Teacher：You need to use the past tense.

（4）教师使用要求澄清进行反馈。例如：

Teacher：What did you do last weekend?

Student：I watch a film with my friends.

Teacher：Can you say that again?

（5）教师通过强调的语气将学生的错误进行重复。例如：

Teacher：What did you do last weekend?

Student：I watch a film with my friends.

Teacher：I WATCH a film?（stressing the mistake，with rising

intonation）

（6）教师通过停顿提示学生进行自我纠正。例如：

Teacher：What did you do last weekend?

Student：I watch a film with my friends.

Teacher：Last weekend I …（pausing）？（rising intonation）

23. 如果在课堂上给学生纠错,学生会_____。

（1）高兴

（2）尴尬

（3）感激

（4）语塞

（5）更少语

（6）紧张

24. 您对于纠正性反馈的了解主要基于_____。（可多选）

（1）我作为语言学习者的经验

（2）我作为语言教师的经验

（3）教师培训课程

（4）我阅读的一些语言教学法书籍和文章

25. 您对英语课堂纠正性反馈的其他看法_____

感谢您的支持和合作！祝您工作顺利,万事如意！

英语课堂口语纠正性反馈信念调查问卷（学生版）

亲爱的同学：

你好！

非常感谢你能接受我们的问卷调查。本次调查为匿名,目的是要了解学生对于英语课堂口语反馈的信念,以有利于今后的教学。答案无对错好坏之分,只作为学术课题使用。问卷大约需要 10 分钟填写,希望你能抽出宝贵时间如实填写。感谢你的支持和合作！

第 1 部分:背景资料

★请选择或者填写下列信息(在相应的选项后面的□内打√或者填写数字)。

1. 你的性别:男□　女□

2. 你是:非英语专业本科生□　英语专业本科生□

3. 你的英语语言测试通过情况:大学英语四级□　大学英语六级□　专业四级□　专业八级□　尚未参加或者通过上述考试□

4. 你的年龄:_____岁

5. 至今你学习英语已经_____年。

第 2 部分:反馈信念调查

★请根据下列陈述,选择或者填写最能反映你想法的信息。

6. 课堂上,教师对于学生的口语错误进行纠错是必要的。

　　(1)同意　　　　　(2)基本同意　　　　　(3)不确定

　　(4)基本不同意　　　　　(5)不同意

7. 犯错是学习的一部分,所以太多纠错是浪费时间。

　　(1)同意　　　　　(2)基本同意　　　　　(3)不确定

（4）基本不同意　　　　　（5）不同意

8. 学生从教师的口语纠错中能收获很多。

（1）同意　　　　　　（2）基本同意　　　　　（3）不确定

（4）基本不同意　　　　　（5）不同意

9. 教师只应该针对学生那些影响交际的口误进行纠错。

（1）同意　　　　　　（2）基本同意　　　　　（3）不确定

（4）基本不同意　　　　　（5）不同意

10. 教师应该纠正学生口语中的语法错误。

（1）同意　　　　　　（2）基本同意　　　　　（3）不确定

（4）基本不同意　　　　　（5）不同意

11. 教师应该纠正学生口语中的词汇错误。

（1）同意　　　　　　（2）基本同意　　　　　（3）不确定

（4）基本不同意　　　　　（5）不同意

12. 教师应该纠正学生口语中的发音错误。

（1）同意　　　　　　（2）基本同意　　　　　（3）不确定

（4）基本不同意　　　　　（5）不同意

13. 对于课堂上学生所犯的口语错误,教师都应该进行纠错。

（1）同意　　　　　　（2）基本同意　　　　　（3）不确定

（4）基本不同意　　　　　（5）不同意

14. 教师应该让学生自我纠错。

（1）同意　　　　　　（2）基本同意　　　　　（3）不确定

（4）基本不同意　　　　　（5）不同意

15. 学生自我纠错可以减少学生的压力和焦虑。

（1）同意　　　　　　（2）基本同意　　　　　（3）不确定

（4）基本不同意　　　　　（5）不同意

16. 同学们相互纠错比教师纠错更利于学习。

（1）同意　　　　　　（2）基本同意　　　　　（3）不确定

（4）基本不同意　　　　　（5）不同意

17. 同学们相互纠错给学生带来的焦虑比教师纠错要少。

（1）同意　　　　　　（2）基本同意　　　　　（3）不确定

（4）基本不同意　　　（5）不同意

18. 教师应该在错误出现后立即纠正。

（1）同意　　　　　　（2）基本同意　　　　　（3）不确定

（4）基本不同意　　　（5）不同意

19. 教师应该在活动或者任务结束后纠错。

（1）同意　　　　　　（2）基本同意　　　　　（3）不确定

（4）基本不同意　　　（5）不同意

20. 教师应该在上课结束后纠错。

（1）同意　　　　　　（2）基本同意　　　　　（3）不确定

（4）基本不同意　　　（5）不同意

21. 你认为哪一种纠错方式最有效？（请选择，并说明原因）

（1）教师将学生的错误用正确的方式直接表达出来。例如：

Teacher：What did you do last weekend?

Student：I watch a film with my friends.

Teacher：You watched a film. That's interesting.

（2）教师明确告诉学生表达中有错误，并把正确的表达用重读念出来。
　　　例如：

Teacher：What did you do last weekend?

Student：I watch a film with my friends.

Teacher：No，not watch，<u>watched</u>.

（3）教师用语法术语给予元语言反馈，如过去时、将来时或者形容词、
　　　动词。例如：

Teacher：What did you do last weekend?

Student：I watch a film with my friends.

Teacher：You need to use the past tense.

（4）教师使用要求澄清进行反馈，如"你能再说一遍吗？"。例如：

Teacher：What did you do last weekend?

Student：I watch a film with my friends.

Teacher：Can you say that again?

（5）教师通过强调的语气将学生的错误进行重复。例如：

Teacher：What did you do last weekend?

Student：I watch a film with my friends.

Teacher：I WATCH a film？（stressing the mistake，with rising intonation）

（6）教师通过停顿提示学生进行自我纠错。例如：

Teacher：What did you do last weekend?

Student：I watch a film with my friends.

Teacher：Last weekend I …（pausing）？（rising intonation）

22. 你认为哪一种纠错方式效果最不好？（请选择，并说明原因）

（1）教师将学生的错误用正确的方式直接表达出来。例如：

Teacher：What did you do last weekend?

Student：I watch a film with my friends.

Teacher：You watched a film. That's interesting.

（2）教师明确告诉学生表达中有错误，并把正确的表达用重读念出来。例如：

Teacher：What did you do last weekend?

Student：I watch a film with my friends.

Teacher：No，not watch，watched.

（3）教师用语法术语给予元语言反馈，如过去时、将来时或者形容词、动词。例如：

Teacher：What did you do last weekend?

Student：I watch a film with my friends.

Teacher：You need to use the past tense.

（4）教师使用要求澄清进行反馈。例如：

Teacher：What did you do last weekend?

Student：I watch a film with my friends.

Teacher：Can you say that again?

（5）教师通过强调的语气将学生的错误进行重复。例如：

Teacher：What did you do last weekend?

Student：I watch a film with my friends.

Teacher：I WATCH a film？（stressing the mistake，with rising intonation）

（6）教师通过停顿提示学生进行自我纠正。例如：

Teacher：What did you do last weekend?

Student：I watch a film with my friends.

Teacher：Last weekend I … （pausing）？（rising intonation）

23. 如果在课堂上给学生纠错,学生会_____。

（1）高兴

（2）尴尬

（3）感激

（4）语塞

（5）更少语

（6）紧张

24. 其他关于课堂英语口语纠错的一些看法和观点。（如果有,请书写）

_____

_____

谢谢你的支持和合作！祝学习进步！

参考文献

[1] Abrahams, S., Leigh, P. N., Harvey, A., Vythelingum, G. N., Griséa, D. & L. H. Goldstein. Verbal fluency and executive dysfunction in amyotrophic lateral sclerosis (ALS) [J]. *Neuropsychologia*, 2000, *38*(6): 734-747.

[2] Abrahamsson, N. & K. Hyltenstam. The robustness of aptitude effects in near-native second language acquisition [J]. *Studies in Second Language Acquisition*, 2008, *30*(4): 481-509.

[3] Adams, A. M. & S. E. Gathercole. Phonological working memory and speech production in preschool children [J]. *Journal of Speech, Language, and Hearing Research*, 1995, *38*(2): 403-414.

[4] Agudo, J. How do Spanish EFL learners perceive grammar instruction and corrective feedback? [J]. *Southern African Linguistics and Applied Language Studies*, 2015, *33*(4): 411-425.

[5] Agudo, J. Beliefs in learning to teach: EFL student teachers' beliefs about corrective feedback [J]. *Utrecht Studies in Language and Communication*, 2014 (27): 209-362.

[6] Alanen, R. A sociocultural approach to young language learners' beliefs about language learning [A]. In Kalaja, P. & A. M. F. Barcelos (Eds.). *Beliefs about SLA: New Research Approaches*. New York: Springer, 2003: 55-85.

[7] Alptekin, C. & G. Erçetin. Effects of working memory capacity and content familiarity on literal and inferential comprehension in L2 reading [J]. *TESOL Quarterly*, 2011, *45*(2): 235-266.

[8] Altarriba, J. & L. Isurin. *Memory, Language, and Bilingualism*: *Theoretical and Applied Approaches* [M]. New York: Cambridge University Press, 2012.

[9] Altman, H. B. & C. V. James. *Foreign Language Teaching*: *Meeting Individual Needs* [M]. Oxford: Pergamon Press, 1980.

[10] Andrade, J. & A. Baddeley. The contribution of phonological short-term memory to artificial grammar learning [J]. *The Quarterly Journal of Experimental Psychology*, 2011, *64*(5): 960–974.

[11] Arnold, J. & H. D. Brown. A map of the terrain [A]. In Arnold, J. (Ed.). *Affect in Language Learning*. Cambridge: Cambridge University Press, 1999: 1–24.

[12] Arroyo, D. C. & Y. Yilmaz. An open for replication study: the role of feedback timing in synchronous computer-mediated communication [J]. *Language Learning*, 2018, *68*(4): 942–972.

[13] Ashwell, T. Patterns of teacher response to student writing in a multiple-draft composition classroom: is content feedback followed by form feedback the best method? [J]. *Journal of Second Language Writing*, 2000, *9*(3): 227–257.

[14] Atkinson, R. C. & R. M. Shiffrin. Human memory: a proposed system and its control processes [A]. In Spence, K. W. & J. T Spence (Eds.). *The Psychology of Learning and Motivation*. New York: Elsevier, 1968: 89–195.

[15] Aubrey, S. Students' attitudes towards the use of an online editing program in an EAP course [J]. *Annual Research Review*, 2014, *17*(1): 45–57.

[16] Bachman, L. F. & A. S. Palmer. *Language Testing in Practice* [M]. Oxford: Oxford University Press, 1996.

[17] Baddeley, A. Is working memory still working? [J]. *European Psychologist*, 2002, *7*(2): 85–97.

[18] Baddeley, A. The episodic buffer: a new component of working memory? [J]. *Trends in Cognitive Science*, 2000, *4*(11): 417–423.

[19] Baddeley, A. Working memory [J]. *Current Biology*, 2010, *20*(4): 136–140.

[20] Baddeley, A. Working memory and language: an overview [J]. *Journal of Communication Disorders*, 2003, *36*(3): 189–208.

[21] Baddeley, A. Working memory in second language learning [A]. In Zhisheng (Edward) Wen. , M. B. Mota & A. McNeill (Eds.). *Working Memory in Second Language Acquisition and Processing*. Bristol, Buffalo & Toronto: Multilingual Matters, 2015: 17–28.

[22] Baddeley, A. Working memory: looking back and looking forward [J]. *Nature Reviews Neuroscience*, 2003, *4*(10): 829–839.

[23] Baddeley, A. , S. Gathercole & C. Papagno. The phonological loop as a language learning device [J]. *Psychological Review*, 1998, *105*(1): 158–173.

[24] Baddeley, A. & G. Hitch. Working memory [A]. In G. H. Bower (Ed.). *Psychology of Learning and Motivation*: *Advances in Research and Theory*. New York: Academic Press, 1974: 47–90.

[25] Barcelos, A. M. F. Researching beliefs about SLA: a critical review [A]. In Kalaja, P. & A. M. F. Barcelos (Eds.). *Beliefs about SLA*: *New Research Approaches*. Dordrecht: Kluwer Academic Publishers, 2003: 7–33.

[26] Barcelos, A. M. F. *Understanding Teachers' and Students' Language Learning Beliefs in Experience*: *A Deweyan Approach* (*John Dewey*)[D]. Tuscaloosa: The University of Alabama, 2000.

[27] Basturkmen, H. , Loewen, S. & R. Ellis. Teachers' stated beliefs about incidental focus on form and their classroom practices[J]. *Applied Linguistics*, 2004, *25*(2): 243–272.

[28] Bedell, D. & R. L. Oxford. *Cross-cultural Comparisons of Language Learning Strategies in the People's Republic of China and Other Countries* [M]. Honolulu: University of Hawaii Press, 1996.

[29] Bell, T. Behaviors and attitudes of effective foreign language teachers: results of a questionnaire study [J]. *Foreign Language Annals*, 2005, *38*(2): 259–270.

[30] Benson, S. & R. DeKeyser. Effects of written corrective feedback and language aptitude on verb tense accuracy [J]. *Language Teaching Research*, 2019, *23*(6): 702–726.

[31] Bergsleithne, J. M. Working memory capacity and L2 writing performance

[J]. *Ciências & Cognição*, 2010, *15*(2): 2-20.

[32] Berninger, V. W. & H. L. Swanson. Modifying Hayes and Flower's model of skilled writing to explain beginning and developing writing [M]. In Butterfield, E. C. (Ed.). *Children's Writing: Toward a Process Theory of the Development of Skilled Writing*. Greenwich: JAI, 1994: 31-56.

[33] Berquist, B. Individual differences in working memory span and L2 proficiency: capacity or processing efficiency? [A]. In Sorace, A., Heycock, C. & R. Shillcock (Eds.). *Proceedings of the GALA9 1997 Conference on Language Acquisition*. Edinburgh: The University of Edinburgh, 1997.

[34] Biber, D., Nekrasova, T. & B. Horn. *The Effectiveness of Feedback for L1-English and L2-writing Development: A Meta-analysis* [M]. Princeton: Educational Testing Service, 2011.

[35] Bitchener, J. Evidence in support of written corrective feedback [J]. *Journal of Second Language Writing*, 2008, *17*(2): 102-118.

[36] Bitchener, J. & D. R. Ferris. *Written Corrective Feedback in Second Language Acquisition and Writing* [M]. New York: Routledge, 2012.

[37] Bitchener, J. & U. Knoch. The contribution of written corrective feedback to language development: a ten month investigation [J]. *Applied Linguistics*, 2009, *31*(2): 193-214.

[38] Bitchener, J. & U. Knoch. The value of written corrective feedback for migrant and international students [J]. *Language Teaching Research Journal*, 2008 (12): 409-431.

[39] Bitchener, J., Young, S. & D. Cameron. The effect of different types of corrective feedback on ESL student writing [J]. *Journal of Second Language Writing*, 2005, *14*(3): 191-205.

[40] Bolibaugh, C. & P. Foster. Memory-based aptitude for native like selection: the role of phonological short-term memory [A]. In Granena, G. & M. H. Long (Eds.). *Sensitive Periods, Language Aptitude, and Ultimate L2 Attainment*. Amsterdam: John Benjamins, 2013: 205-230.

[41] Bonifacci, P. & V. Tobia. The simple view of reading in bilingual language-minority children acquiring a highly transparent second language [J].

Scientific Studies of Reading, 2017, *21*(2): 109–119.

[42] Borg, S. Teacher cognition in language teaching: a review of research on what language teachers think, know, believe, and do[J]. *Language Teaching*, 2003, *36*(2): 81–109.

[43] Borg, S. The impact of in-service teacher education on language teachers' beliefs [J]. *System*, 2011 (39): 370–380.

[44] Brown, D. The type and linguistic foci of oral corrective feedback in the L2 classroom: a meta-analysis [J]. *Language Teaching Research*, 2014, *20*(4): 436–458.

[45] Brown, V. Students' and teachers' perceptions of effective foreign language teaching: a comparison of ideals [J]. *The Modern Language Journal*, 2009, *93*(1): 46–60.

[46] Busch, D. Pre-service teacher beliefs about language learning: the second language acquisition course as an agent for change [J]. *Language Teaching Research*, 2010, *14*(3): 318–337.

[47] Carroll, J. B. Cognitive abilities in foreign language aptitude: then and now [A]. In Parry, T. & C. W. Stansfield (Eds.). *Language Aptitude Reconsidered*. Englewood Cliffs: Prentice Hall, 1990: 11–27.

[48] Carroll, J. B. Twenty-five years of research in foreign language aptitude [A]. In Diller, K. C. (Ed.). *Individual Differences and Universals in Language Learning Aptitude*. Rowley: Newbury House, 1981: 83–118.

[49] Carroll, J. B. & S. Sapon. *Modern Language Aptitude Test (MLAT)*[M]. New York: The Psychological Corporation, 1959/2002. (Reprinted in 2002 by Second Language Testing Inc.)

[50] Carroll, S. The irrelevance of verbal feedback to language learning [A]. In Eubank, L., Selinker, L. & M. Sharwood(Eds.). *The Current State of Interlanguage*. Amsterdam: John Benjamins, 1996: 73–88.

[51] Carruthers, P. *The Centered Mind: What the Science of Working Memory Shows Us about the Nature of Human Thought* [M]. Cambridge: Cambridge University Press, 2015.

[52] Catts, H. W. The simple view of reading: advancements and false impressions [J]. *Remedial and Special Education*, 2018, *39*(5): 317–323.

[53] Chandler, J. The efficacy of various kinds of error feedback for improvement in the accuracy and fluency of L2 student writing [J]. *Journal of Second Language Writing*, 2003(12): 267-296.

[54] Chaudron, C. A descriptive model of discourse in the corrective treatment of learners' errors [J]. *Language Learning*, 1977, *27*(1): 29-46.

[55] Chun, D. Computer-assisted language learning [A]. In Hinkle, E. (Ed.). *Handbook of Research in Second Language Teaching and Learning*. New York: Routledge, 2011: 663-680.

[56] Clay, M. M. Emergent reading behaviors [D]. Auckland: University of Auckland, 1966.

[57] Cock, S. D. & S. Granger. High frequency words: the bête noire of lexicographers and learners alike. A close look at the verb "make" in five monolingual learners dictionaries of English [A]. In William, G. & S. Vessier(Eds.). *Presented at the XIth EURALEX International Congress*. Lorient: Université de Bretagne-Sud, 2004: 233-243.

[58] Cohen, A. D. *Strategies in Learning and Using a Second Language* [M]. Harlow: Longman, 1998.

[59] Cohen, J. *Statistical Power Analysis for the Behavioral Sciences* [M]. 2nd Edition. Mahwah: Lawrence Erlbaum Associates, 1988.

[60] Cowan, N. An embedded-processes model of working memory [A]. In Miyake, A. & P. Shah(Eds.). *Models of Working Memory: Mechanisms of Active Maintenance and Executive Control*. Cambridge: Cambridge University, 1999: 62-101.

[61] Cowan, N. The focus of attention as observed in visual working memory tasks: making sense of competing claims [J]. *Neuropsychologia*, 2011, *49*(6): 1401-1406.

[62] Crookes, G. & R. Schmidt. Motivation: reopening the research agenda [J]. *Language Learning*, 1991, *41*(4): 469-512.

[63] Daneman, M. & P. A. Carpenter. Individual differences in working memory and reading [J]. *Journal of Verbal Learning and Verbal Behavior*, 1980(19): 450-466.

[64] Davis, A. Teachers' and students' beliefs regarding aspects of language

learning [J]. *Evaluation & Research in Education*, 2003, *17*(4):207-222.

[65] De Bot K. Dynamic systems theory and applied linguistics: the ultimate "so what"? [J]. *International Journal of Applied Linguistics*, 2005, *15*(1): 116-118.

[66] De Haan, P. & K. Van Esch. The development of writing in English and Spanish as foreign languages [J]. *Assessing Writing*, 2005, *10*(2): 100-116.

[67] Deci, E. L. & R. M. Ryan. *Intrinsic Motivation and Self-Determination in Human Behavior* [M]. New York: Plenmum, 1985.

[68] De Graaf, R. *Differential Effects of Explicit Instruction on Second Language Acquisition* [M]. The Hague: Holland Institute of Generative Linguistics, 1997.

[69] DeKeyser, R. M. Implicit and explicit learning [A]. In Doughty, C. & M. Long (Eds.). *Handbook of Second Language Acquisition*. Malden: Blackwell, 1993: 313-348.

[70] DeKeyser, R. M. The robustness of critical period effects in second language acquisition [J]. *Studies in Second Language Acquisition*, 2000, *22*(4): 499-533.

[71] DeKeyser, R. M. Implicit and explicit learning [A]. In Doughty, C. & M. Long (Eds.). *Handbook of Second Language Acquisition*. Malden: Blackwell, 2003: 313-348.

[72] DeKeyser, R. M., Alfi-Shabtay, I. & D. Ravid. Cross-linguistic evidence for the nature of age effects in second language acquisition [J]. *Applied Psycholinguistics*, 2010, *31*(3): 413-438.

[73] Dewaele, J. M. & A. Furnham. Extraversion: the unloved variable in applied linguistic research [J]. *Language Learning*, 1999, *49*(3): 509-544.

[74] Dewey, J. *How We Think: A Restatement of the Relation of Reflective Thinking to the Educative Process* [M]. Boston: Henry Holt, 1933.

[75] Diessel, H. & M. Hilpert. Frequency Effects in Grammar [M]. In Aronoff, M. (Ed.). *Oxford Research Encyclopedia of Linguistics*. Oxford: Oxford University Press, 2016: 120-135.

[76] Dong, Z. *Beliefs and Practices: A Case Study on Oral Corrective Feedback in the Teaching Chinese as a Foreign Language (TCFL) Classroom* [D].

Phoenix: Arizona State University, 2012.

[77] Dörnyei, Z. Individual differences: interplay of learner characteristics and learning environment [J]. *Language Learning Supplement*, 2009, *59*(1): 230-248.

[78] Dörnyei, Z. Motivation in second and foreign language learning [J]. *Language Teaching*, 1998, *31*(3): 117-135.

[79] Dörnyei, Z. *Motivational Strategies in the Language Classroom* [M]. Cambridge: Cambridge University Press, 2001.

[80] Dörnyei, Z. Attitudes, orientations, and motivation in language learning: advances in theory, research and applications[J]. *Language Learning*, 2003, *53*(Suppl 2): 3-32.

[81] Dörnyei, Z. *The Psychology of Language Learner*: *Individual Differences in Second Language Acquisition* [M]. Mahwah: Lawrence Erlbaum Associates, 2005.

[82] Dörnyei, Z. & M. Kubanyiova. *Motivating Learners, Motivating Teachers*: *Building Vision in the Language Classroom* [M]. Cambridge: Cambridge University Press, 2014.

[83] Dörnyei, Z. & I. Ottó. Motivation in action: a process model of L2 motivation [J]. *Working Papers in Applied Linguistics*, 1998(4): 43-69.

[84] Dörnyei, Z. & P. Skehan. Individual differences in second language learning [A]. In Doughty, C. J. & M. H. Long(Eds.). *The Handbook of Second Language Acquisition*. Oxford: Blackwell, 2003: 589-630.

[85] Dörnyei, Z. & S. Ryan. *The Psychology of the Language Learner Revisited* [M]. New York: Routledge, 2015.

[86] Dörnyei, Z., Muir, C. & Z. Ibrahim. Directed motivational currents: energising language learning through creating intense motivational pathways [A]. In Lasagabaster, D., Doiz, A. & J. M. Sierra(Eds.). *Motivation and Foreign Language Learning*: *From Theory to Practice*. Philadelphia & Amsterdam: John Benjamins, 2014: 9-29.

[87] Dörnyei, Z., MacIntyre, P. & A. Henry (Eds.). *Motivational Dynamics in Language Learning* [M]. Bristol: Multilingual Matters, 2015.

[88] Doughty, C. J. Cognitive underpinning of focus on form [A]. In Robinson, P. (Ed.). *Cognition and Second Language Instruction*. New York: Cambridge University Press, 2001: 125-151.

[89] Doughty, C. & M. Long. *Handbook of Second Language Acquisition* [M]. Malden: Blackwell, 2003.

[90] Dufva, M. & M. Voeten. Native language literacy and phonological memory as prerequisites for learning English as a foreign language [J]. *Applied Psycholinguistics*, 1999, *20* (3): 329-348.

[91] Dussias, P. E. & P. Piñar. Effects of reading span and plausibility in the reanalysis of wh-gaps by Chinese-English second language speakers [J]. *Second Language Research*, 2010, *26*(4): 443-472.

[92] Ehri, L. C. Learning to read words: theory, findings, and issues [J]. *Scientific Studies of Reading*, 2005, *9*(2): 167-188.

[93] Ehrman, M. E. & R. L. Oxford. Cognition plus: correlates of language learning success [J]. *Modern Language Journal*, 1995, *79*(1): 67-89.

[94] Elaine, H. Getting them all into the act: using audience participation to increase the effectiveness of role-play activities [J]. *Foreign Language Annals*, 1985, *18*(3):205-208.

[95] El-Ebyary, K. & S. Windeatt. The impact of computer-based feedback on students' written work [J]. *International Journal of English Studies*, 2010, *10*(2): 121-142.

[96] Ellis, N. & S. Sinclair. Working memory in the acquisition of vocabulary and syntax putting language in good order [J]. *The Quarterly Journal of Experimental Psychology*, 1996, *49*(1): 234-250.

[97] Ellis, N. Sequencing in SLA: phonological memory, chunking and points of order [J]. *Studies in Second Language Acquisition*, 1996, *18*(1): 91-126.

[98] Ellis, R. *Second Language Acquisition* [M]. Shanghai: Shanghai Foreign Language Education Press, 2008.

[99] Ellis, N. The dynamics of second language emergence: cycles of language use, language change, and language acquisition [J]. *The Modern Language Journal*, 2008, *92*(2): 232-249.

[100] Ellis, N. C. Formulaic language and second language acquisition: Zipf and the phrasal teddy bear [J]. *Annual Review of Applied Linguistics*, 2012(32): 17-44.

[101] Ellis, N. Frequency-based accounts of second language acquisition [A]. In Gass, S. & A. Mackey(Eds.). *The Routledge Handbook of Second Language Acquisition*. New York: Routledge, 2012: 193-210.

[102] Ellis, R. Anniversary article focus on form: a critical review [J]. *Language Teaching Research*, 2017, *20*(3): 405-428.

[103] Ellis, R. Cognitive, social and psychological dimensions of corrective feedback [C]. In Batstone, R. (Ed.). *Sociocognitive Perspectives on Language Use and Language Learning*. Oxford: Oxford University Press, 2010: 175-187.

[104] Ellis, R. Corrective feedback and teacher development [J]. *L2 Journal*, 2009(1): 3-18.

[105] Ellis, R. Grammar teaching practice or consciousness-raising? [A]. In Ellis, R. (Ed.). *Second Language Acquisition and Second Language Pedagogy*. Clevedon: Multilingual Matters, 1991: 232-241.

[106] Ellis, R. Task-based research and language pedagogy [J]. *Language Teaching Research*, 2004(3): 193-220.

[107] Ellis, R. *Understanding Second Language Acquisition* [M]. Oxford: Oxford University Press, 1985.

[108] Ellis, R. *The Study of Second Language Acquisition* [M]. Oxford: Oxford University Press, 1994.

[109] Ellis, R. The definition and measurement of L2 explicit knowledge [J]. *Language Learning*, 2004 (54): 227-275.

[110] Ellis, R., Loewen, S. & R. Erlam. Implicit and explicit corrective feedback and the acquisition of L2 grammar [J]. *SSLA*, 2006 (28): 339-368.

[111] Ellis, R. & Y. Sheen. Reexamining the role of recasts in second language acquisition [J]. *Studies in Second Language Acquisition*, 2006, *28*(4): 575-600.

[112] Ellis, R. *The Study of Second Language Acquisition* [M]. 2nd ed. Oxford:

Oxford University Press, 2008.

[113] Ellis, R., Sheen, Y., Murakami, M. & H. Takashima. The effects of focused and unfocused written corrective feedback in an English as a foreign language context [J]. *System*, 2008, *36*(3): 353-371.

[114] Engle, R. W. Working memory capacity as executive attention [J]. *Current Directions in Psychological Science*, 2002, *11*(1): 19-23.

[115] Erlam, R. Language aptitude and its relationship to instructional effectiveness in second language acquisition [J]. *Language Teaching Research*, 2005, *9*(2): 147-172.

[116] Fay, A. & A. Buchweitz. Listening comprehension and individual differences in working memory capacity in beginning L2 learners [J]. *Letrônica*, 2014, *7*(1): 113-129.

[117] Ferris, D. R. The case for grammar correction in L2 writing classes: a response to Truscott (1996) [J]. *Journal of Second Language Writing*, 1999 (8): 1-10.

[118] Ferris, D. R. *Treatment of Error in Second Language Writing Classes* [M]. Ann Arbor: University of Michigan Press, 2002.

[119] Ferris, D. R. Does error feedback help student writers/new evidence on the short- and long-term effects of written error correction [A]. In Hyland, K. & F. Hyland (Eds.). *Feedback in Second Language Writing*: *Contexts and Issues*. Cambridge: Cambridge University Press, 2006: 81-104.

[120] Ferris, D. R. *Treatment of Error in Second Language Student Writing* [M]. 2nd ed. Ann Arbor: University of Michigan Press, 2011.

[121] Ferris, D. R. & B. Roberts. Error feedback in L2 writing classes: how explicit does it need to be? [J]. *Journal of Second Language Writing*, 2001 (10): 161-184.

[122] Florit, E., Maja, R., Altoè, G. & M. C. Levorato. Listening comprehension in preschoolers: the role of memory [J]. *British Journal of Developmental Psychology*, 2009, *27*(4): 935-951.

[123] Florit, E. & K. Cain. The simple view of reading: is it valid for different types of alphabetic orthographies? [J]. *Educational Psychology Review*,

2011, *23*(4)：553-576.

[124] Frear, D. *The Effect of Written Feedback and Revision on Intermediate Chinese Learners' Acquisition of English* [D]. Auckland: The University of Auckland, 2012.

[125] French, L. M. & I. O'Brien. Phonological memory and children's second language grammar learning [J]. *Applied Psycholinguistics*, 2008, *29*(3)：463-487.

[126] Gardner, R. C. & W. E. Lambert. Motivational variables in second language acquisition [J]. *Canadian Journal of Psychology*, 1959, *13*(4)：266-272.

[127] Gardner, R. C. & W. E. Lambert. *Attitude and Motivation in Second Language Learning* [M]. Rowley: Newbury House Publishers, 1972.

[128] Gardner, R. C. On the validity of affective variables in second language acquisition: conceptual, contextual, and statistical considerations [J]. *Language Learning*, 1980, *30*(2)：255-270.

[129] Gardner, R. C. *Social Psychology and Second Language Learning*: *The Role of Attitude and Motivation* [M]. London: Edward Arnold, 1985.

[130] Gardner, R. C. & P. D. MacIntyre. A student's contributions to second language learning Part 1: cognitive variables [J]. *Language Teaching*, 1992 (25)：211-220.

[131] Gardner, R. C. & P. D. MacIntyre. On the measurement of affective variables in second language learning [J]. *Language Learning*, 1993, *43*(2)：157-194.

[132] Gass, S. Grammar instruction, selective attention, and learning [A]. In Phillipson, R., Kellerman, E. & L. Selinker et al. (Eds.). *Foreign/Second Language Pedagogy Research*. Clevedon: Multilingual Matters, 1991：124-141.

[133] Gass, S. Input and interaction [A]. In Doughty, C. J. & M. H. Long (Eds.). *The Handbook of Second Language Acquisition*. Malden: Blackwell, 2003：224-255.

[134] Gass, S. M. & E. M. Varonis. Input, interaction, and second language

production [J]. *Studies in Second Language Acquisition*, 1994, *16*(3): 283-302.

[135] Gass, S. & L. Selinker. *Second Language Acquisition*: *An Introductory Course* [M]. Mahwah: Lawrence Erlbaum Associates, 1994.

[136] Gass, S. & M. Varonis. Input, interaction, and second language production [J]. *Studies in Second Language Acquisition*, 1994 (16): 283-302.

[137] Gathercole, S. & A. Baddeley. *Working Memory and Language* [M]. Hove: Lawrence Erlbaum Associates, 1993.

[138] Gathercole, S. E. Working memory in children with reading disabilities [J]. *Journal of Experimental Child Psychology*, 2006, *93*(3): 265-281.

[139] González-Lloret, M. *A Practical Guide to Integrating Technology into Task-Based Language Teaching* [M]. Washington D. C.: Georgetown University Press, 2016.

[140] Goo, J. Corrective feedback and working memory capacity in interaction-driven L2 learning [J]. *Studies in Second Language Acquisition*, 2012, *34*(3): 445-474.

[141] Goswami, U., Ziegler, J. & U. Richardson. The effects of spelling consistency on phonological awareness: a comparison of English and German [J]. *Journal of Experimental Child Psychology*, 2005, *92*(4): 345-365.

[142] Granena, G. *Age Differences and Cognitive Aptitudes for Implicit and Explicit Learning in Ultimate Second Language Attainment* [D]. Maryland: University of Maryland, 2012.

[143] Granena, G. Language aptitude and long-term achievement in early childhood L2 learner[J]. *Applied Linguistics*, 2014, *35*(4): 483-503.

[144] Grigorenko, E., Sternberg, R. & M. E. Ehrman. A theory-based approach to the measurement of foreign language learning ability: the Canal-F theory and test [J]. *Modern Language Journal*, 2000, *84*(3): 390-405.

[145] Grimes, D. & M. Warschauer. Utility in a fallible tool: a multi-site case study of automated writing evaluation [J]. *JTLA Journal*, 2010, *8*(6): 1-43.

[146] Guerrero, M. D. & O. S. Villamil. Peer revision in the L2 classroom:

social-cognitive activities' mediating strategies and aspects of social behavior [J]. *Journal of Second Language Writing*, 1996 (1): 51–56.

[147] Guerrero, M. D. & O. S. Villamil. Activating the ZPD: mutual scaffolding in L2 peer revision [J]. *The Modern Language Journal*, 2000, *84*(1): 51–68.

[148] Han, J. & J. Jung. Patterns and preferences of corrective feedback and learner repair [J]. *Korean Journal of Applied Linguistics*, 2007 (23): 243–260.

[149] Harley, B. & D. Hart. Language aptitude and second language proficiency in classroom learners of different starting ages [J]. *Studies in Second Language Acquisition*, 1997, *19*(3): 379–400.

[150] Harley, B. & D. Hart. Age, aptitude and second language learning on a bilingual exchange [A]. In Robinson, P. (Ed.). *Individual Differences and Instructed Language Learning*. Amsterdam: John Benjamins, 2002: 301–330.

[151] Harmer, J. *The Practice of English Language Teaching* [M]. Harlow: Pearson Education, 2007.

[152] Harrington, M. & M. Sawyer. L2 working memory capacity and L2 reading skill [J]. *Studies in Second Language Acquisition*, 1992, *14*(1): 25–38.

[153] Hasselgren, A. Lexical teddy bears and advanced learners: a study into the ways Norwegian students cope with English vocabulary [J]. *International Journal of Applied Linguistics*, 1994, *4*(2): 237–258.

[154] Havranek, G. & H. Cesnik. Factors affecting the success of corrective feedback [J]. *EUROSLA Yearbook*, 2001, *1*(1): 99–122.

[155] Hayes, J. R. & N. A. Chenoweth. Is working memory involved in the transcribing and editing of texts? [J]. *Written Communication*, 2006, *23*(2): 135–149.

[156] Heift, T. Corrective feedback and learner uptake in CALL [J]. *ReCALL*, 2004(16): 416–431.

[157] Horwitz, E. K., Horwitz, M. B. & J. Cope. Foreign language classroom anxiety[J]. *Modern Language Journal*, 1986(70): 125–132.

[158] Hoover, W. A. & P. B. Gough. The simple view of reading [J]. *Reading and Writing: An Interdisciplinary Journal*, 1990, *2*(2):127-160.

[159] Hummel, K. M. *Introducing Second Language Acquisition: Perspectives and Practices* [M]. Hoboken: Wiley-Blackwell, 2013.

[160] Hwu, F. & S. Sun. The aptitude treatment interaction effects on the learning of grammar rules [J]. *System*, 2012, *40*(4): 505-521.

[161] Hyland, K. & F. Hyland. *Feedback in Second Language Writing: Contexts and Issues* [M]. New York: Cambridge University Press, 2006.

[162] Ibrahim, Z. I. *Directed Motivational Currents: Optimal Productivity and Long-term Sustainability in Second Language Acquisition* [D]. Nottingham: University of Nottingham, 2016.

[163] Indrarathne, B. & J. Kormos. Attentional processing of input in explicit and implicit conditions: an eye-tracking study [J]. *Studies in Second Language Acquisition*, 2017, *39*(3): 401-430.

[164] Jacobs, G. Miscorrection in peer feedback in writing class [J]. *RELC Journal*, 1989, *20*(1): 68-76.

[165] Jarvis, S. & T. Odlin. Morphological type, spatial reference, and language transfer [J]. *Studies in Second Language Acquisition*, 2000, *22*(4): 535-556.

[166] Juffs, A. Working memory and sentence processing: a commentary [A]. In Zhisheng, Wen, Mota, M. B. & A. McNeill(Eds.). *Working Memory in Second Language Acquisition and Processing*. Bristol, Buffalo & Toronto: Multilingual Matters, 2015: 125-135.

[167] Juffs, A. & M. Harrington. Aspects of working memory in L2 learning [J]. *Language Teaching*, 2011, *44*(2):137-166.

[168] Junqueira, L. & Y. Kim. Exploring the relationship between training, beliefs, and teachers' corrective feedback practices: a case study of a novice and an experienced ESL teacher [J]. *Canadian Modern Language Review*, 2013, *69*(2): 181-206.

[169] Kalaja, P. & A. M. F. Barcelos(Eds.). *Beliefs about SLA: New Research Approaches* [M]. Dordrecht: Kluwer Academic Publisher, 2003.

[170] Kamiya, N. & S. Loewen. The influence of academic articles on an ESL teacher's stated beliefs [J]. *Innovation in Language Learning and Teaching*, 2014, *8*(3): 205–218.

[171] Kamiya, N. The relationship between stated beliefs and classroom practices of oral corrective feedback [J]. *Innovation in Language Learning and Teaching*, 2014, *10*(3): 206–219.

[172] Kang, E. & H. Han. The efficacy of written corrective feedback in improving L2 written accuracy: a meta-analysis [J]. *The Modern Language Journal*, 2015, *99*(1): 1–18.

[173] Kang, E. An investigation on characteristics of recasts and learner repair in beginning and advanced ESL classrooms [J]. *Foreign Languages Education*, 2008(15): 51–75.

[174] Kang, E. Y. & Z. Han. The efficacy of written corrective feedback in improving L2 written accuracy: a meta-analysis[J]. *The Modern Language Journal*, 2015, *99*(1): 1–18.

[175] Kapa, L. L. & J. Colombob. Executive function predicts artificial language learning [J]. *Journal of Memory and Language*, 2014(76): 237–252.

[176] Kartchava, E. *Corrective Feedback*: *Novice ESL Teachers' Beliefs and Practices* [D]. Montreal: Concordia University, 2006.

[177] Kaufman, S. B., DeYoung, C. G. & J. R. Gray. Implicit learning as an ability [J]. *Cognition*, 2010, *116*(3): 321–340.

[178] Kaylani, C. The influence of gender and motivation on EFL learning strategy use in Jordan[A]. In Oxford, R. L. (Ed.). *Language Learning Strategies around the World*: *Cross-cultural Perspectives*. Honolulu: University of Hawaii Press, 1996: 75–88.

[179] Kellogg, R. T. A model of working memory in writing [A]. In Levy, C. M. & S. Ransdell (Eds.). *The Science of Writing*: *Theories, Methods, Individual Differences, and Applications*. Hillsdale: Lawrence Erlbaum Associates, 1996: 57–71.

[180] Kim, S. Revising the revision process with Google Docs [A]. In S. Kasten (Ed.). *Effective Second Language Writing*. Alexandria: TESOL Publications, 2010: 171–177.

[181] Kim, J. H. & Z. Han. Recasts in communicative EFL classes: do teacher intent and learner interpretation overlap? [A]. In A. Mackey (Ed.). *Conversational Interaction in Second Language Acquisition*. Oxford: Oxford University Press, 2007: 269-300.

[182] Kim, Y., Payant, C. & P. Pearson. The intersection of task-based interaction, task complexity, and working memory: L2 question development through recasts in a laboratory setting [J]. *Studies in Second Language Acquisition*, 2015(37): 549-581.

[183] Koda, K. *Insights into Second Language Reading: A Cross-linguistic Approach* [M]. New York: Cambridge University Press, 2005.

[184] Kopke, B. & J. Nespoulous. Working memory performance in expert and novice interpreters [J]. *Interpreting*, 2006, *8*(1): 1-23.

[185] Kormos, J. & A. Sáfár. Phonological short-term memory, working memory and foreign language performance in intensive language learning [J]. *Bilingualism: Language and Cognition*, 2008, *11*(2): 261-271.

[186] Krashen, D. *Principles and Practice in Second Language Acquisition* [M]. New York: Pergamon Institute of English, 1982.

[187] Krashen, S. *The Hypothesis: Issues and Implications* [M]. London: Longman, 1985.

[188] Lalonde, R. N., Lee, P. A. & R. C. Gardner. The common view of the good language learner: an investigation of teachers' beliefs [J]. *Canadian Modern Language Review*, 1987, *44*(1): 16-34.

[189] Landerl, K., Ramus, F., Kristina, M., Dénes, T., Ferenc, H. & C. Valéria. Predictors of developmental dyslexia in European orthographies with varying complexity [J]. *Journal of Child Psychology and Psychiatry*, 2012, *54*(6): 686-649.

[190] Langacker, R. *Cognitive Grammar: A Basic Introduction* [M]. Oxford: Oxford University Press, 2008.

[191] Larsen-Freeman, D. Complex, dynamic systems: a new transdisciplinary theme for applied linguistics? [J]. *Language Teaching*, 2012, *45*(2): 202-214.

[192] Larsen-Freeman, D. & N. Ellis. Language as a complex adaptive system [J]. *Language Learning*, 2009, *59*(1): 1-26.

[193] Larsen-Freeman, D. & L. Cameron. *Complex Systems and Applied Linguistics* [M]. Oxford: Oxford University Press, 2008.

[194] Larsen-Freeman, D. & M. Long. *An Introduction to Second Language Acquisition Research* [M]. London: Taylor & Francis Group, 1991.

[195] Larsen-Freeman, D. Chaos/Complexity science and second language acquisition [J]. *Applied Linguistics*, 1997, *18*(2): 141-165.

[196] Larsen-Freeman, D. Reflecting on the cognitive-social debate in second language acquisition [J]. *The Modern Language Journal*, 2007, *91*(5): 773-787.

[197] Larsen-Freeman, D. The emergence of complexity, fluency and accuracy in the oral and written production of five Chinese learners of English[J]. *Applied Linguistics*, 2006, *27*(4): 590-619.

[198] Laufer, B. The development of passive and active vocabulary in a second language: same or different? [J]. *Applied Linguistics*, 1998, *19*(2): 255-271.

[199] Lavolette, E., Polio, C. & J. Kahng. The accuracy of computer-assisted feedback and students' responses to it [J]. *Language Learning & Technology*, 2015, *19*(2): 50-68.

[200] Lee, C., Wong, K., Cheung, W. & F. Lee. Web-based essay critiquing system and EFL students' writing: a quantitative and qualitative investigation [J]. *Computer Assisted Language Learning*, 2009(22): 57-72.

[201] Lee, E. Corrective feedback preferences and learner repair among advanced ESL students [J]. *System*, 2013, *41*(2): 217-230.

[202] Leki, I. Coaching from the margins: issues in written response[A]. In Kroll, B. (Ed.). *Second Language Writing: Research Insights for the Classroom*. New York & Cambridge: Cambridge University Press, 1990.

[203] Lenneberg, E. *Biological Foundations of Language* [M]. New York: Wiley and Sons, 1967.

[204] Lesaux, N. K. & M. J. Kieffer. Exploring sources of reading

comprehension difficulties among language minority learners and their classmates in early adolescence [J]. *American Educational Research Journal*, 2010, *47*(3): 596-632.

[205] Levine, A., Reves, T. & B. L. Leaver. Relationship between language learning strategies and Israeli versus Russian cultural-educational factors [A]. In Oxford, R. L. (Ed.). *Language Learning Strategies around the World: Cross-cultural Perspectives*. Honolulu: University of Hawaii Press, 1996: 35-45.

[206] Li, S. & S. Roshan. The associations between working memory and the effects of four different types of written corrective feedback [J]. *Journal of Second Language Writing*, 2019(45): 1-15.

[207] Li, S. The Associations between language aptitude and second language grammar acquisition: a meta-analytic review of five decades of research [J]. *Applied Linguistics*, 2015, *36*(3): 385-408.

[208] Li, S. The effectiveness of corrective feedback in SLA: a meta-analysis [J]. *Language Learning*, 2010, *60*(2): 309-365.

[209] Li, S. The interactions between the effects of implicit and explicit feedback and individual differences in language analytic ability and working memory [J]. *Modern Language Journal*, 2013, *97*(3): 634-654.

[210] Li, S., Zhu, Y. & R. Ellis. The effects of the timing of corrective feedback on the acquisition of a new linguistic structure [J]. *Modern Language Journal*, 2016, *100*(1): 276-295.

[211] Lightbown, M. & N. Spada. Focus-on-form and corrective feedback in communicative language teaching: effects on second language acquisition [J]. *Studies in Second Language Acquisition*, 1990(12): 429-448.

[212] Lightbown, M. & N. Spada. *How Languages Are Learned* [M]. Oxford: Oxford University Press, 1999.

[213] Lightbown, M. & N. Spada. *How Languages Are Learned* [M]. Oxford: Oxford University Press, 2006.

[214] Linck, J. A., Osthus, P., Koeth, J. T. & M. F. Bunting. Working memory and second language comprehension and production: a meta-

analysis [J]. *Psychonomic Bulletin & Review*, 2014, *21*(4): 861-883.

[215] Loewen, S. & J. Philp. Recasts in the adult English L2 classroom: characteristics, explicitness, and effectiveness[J]. *Modern Language Journal*, 2006(90): 536-556.

[216] Long, M. The role of linguistic environment in second language acquisition [A]. In Ritchie, W. & B. Bahtia (Eds.). *Handbook of Second Language Acquisition*. New York: Academic Press, 1996: 413-468.

[217] Long, M. *Problems in SLA* [M]. Mahwah: Lawrence Erlbaum Associates, 2007.

[218] Loreto, S. D. & K. McDonough. The relationship between instructor feedback and ESL student anxiety[J]. *TESL Canada Journal*, 2013, *31*(1): 20-41.

[219] Lyster, R. & H. Mori. Interactional feedback and instructional counterbalance [J]. *Studies in Second Language Acquisition*, 2006, *28*(2): 269-300.

[220] Lyster, R. & L. Ranta. Corrective feedback and learner uptake [J]. *Studies in Second Language Acquisition*, 1997, *19*(1): 37-66.

[221] Lyster, R. Differential effects of prompts and recasts in form-focused instruction [J]. *Studies in Second Language Acquisition*, 2004, *26*(3): 399-432.

[222] Lyster, R. Prompts versus recasts in dyadic interaction[J]. *Language Learning*, 2009(59): 453-498.

[223] Lyster, R. & K. Saito. Oral feedback in classroom SLA: a meta-analysis [J]. *Studies in Second Language Acquisition*, 2010, *32*(2): 265-302.

[224] Lyster, R. & L. Ranta. Corrective feedback and learner uptake: negotiation of form in communicative classrooms [J]. *Studies in Second Language Acquisition*, 1997, *19* (1): 37-66.

[225] Mackey, A. & S. M. Gass. *Second Language Research* [M]. Mahwah: Lawrence Erlbaum Associates, 2005.

[226] Mackey, A. & J. Phlip. Conversational interaction and second language development: recasts, responses, and red herrings? [J]. *Modern Language Journal*, 1998(82): 338-356.

[227] Mackey, A. & R. Sachs. Older learners in SLA research: a first look at working memory, feedback, and L2 development [J]. *Studies in Second Language Acquisition*, 2012, *62*(3): 704–740.

[228] Mackey, A., Adams, R., Stafford, C. & P. Winke. Exploring the relationship between modified output and working memory capacity [J]. *Language Learning*, 2010, *60*(3): 501–533.

[229] Mackey, A., Gass, S. & K. Mcdonough. How do learners perceive interactional feedback? [J]. *Studies in Second Language Acquisition*, 2000(22): 471–497.

[230] Mackey, A., Philp, J., Egi, T., Fujii, A. & T. Tatsumi. Individual differences in working memory, noticing of interactional feedback and L2 development [A]. In Robinson, P. (Ed.). *Individual Differences and Instructed Language Learning*. Philadelphia: John Benjamins, 2002: 181–210.

[231] Martin, K. I. & N. C. Ellis. The roles of phonological short-term memory and working memory in L2 grammar and vocabulary learning [J]. *Studies in Second Language Acquisition*, 2012, *34*(3): 379–413.

[232] Maslow, A. H. *Motivation and Personality* [M]. New York: Harper and Row, 1954.

[233] McAndrew, D. Chaos, complexity, and fuzziness: science looks at teaching English [J]. *English Journal*, 1997, *86*(7): 37–43.

[234] McDonough, K. & A. Mackey. Responses to recasts: repetitions, primed production, and linguistic development [J]. *Language Learning*, 2006, *56*(4): 693–720.

[235] McInnes, A. Listening comprehension and working memory are impaired in attention-deficit hyperactivity disorder irrespective of language impairment [J]. *Journal of Abnormal Child Psychology*, 2003, *31*(4): 427–443.

[236] McLaughlin, B. Aptitude from an information-processing perspective [J]. *Language Testing*, 1995, *12*(3): 370–387.

[237] Meredith, R. D., Melinder, M. A. & D. M. Barch. The influence of a working memory load manipulation on language production in schizophrenia [J]. *Schizophrenia Bulletin*, 2003, *29*(3): 473–485.

[238] Miller, G. A. , Galanter, E. & K. H. Pribram. *Plans and the Structure of Behavior* [M]. New York: Holt, Rinehart & Winston, 1960.

[239] Milton, J. & J. T. Daller. Vocabulary size revisited: the link between vocabulary size and academic achievement [J]. *Applied Linguistics Review*, 2013, *4*(1): 151-172.

[240] Miyake, A. & D. Friedman. Individual differences in second language proficiency: working memory as language aptitude[A]. In Healy, A. F. & L. E. Bourne (Eds.). *Foreign Language Learning: Psycholinguistic Studies on Training and Retention*. Mahwah: Lawrence Erlbaum Associates, 1998: 339-364.

[241] Mori, R. Teacher cognition in corrective feedback in Japan [J]. *System*, 2011, *39*(4): 451-467.

[242] Mori, Y. Beliefs about language learning and their relationship to the ability to integrate information[J]. *Modern Language Journal*, 1999, *83*(4): 534.

[243] Naiman, N. M. et al. *The Good Language Learner*[M]. Toronto: Ontario Institute for Studies in Education, 1978.

[244] Nassaji, H. Effects of recasts and elicitations in dyadic interaction and the role of feedback explicitness[J]. *Language Learning*, 2009(59): 411-452.

[245] Nassaji, H. & E. Kartchava. *Corrective Feedback in Second Language Teaching and Learning* [M]. New York: Taylor & Francis Ltd. , 2017.

[246] Nation, K. & C. F. Norbury. Why reading comprehension fails [J]. *Topics in Language Disorders*, 2005, *25*(1): 21-32.

[247] Nation, K. A longitudinal investigation of early reading and language skills in children with poor reading comprehension [J]. *Journal of Child Psychology and Psychiatry*, 2010, *51*(9): 1031-1039.

[248] Navarro, D. & K. Thornton. Investigating the relationship between belief and action in self-directed language learning [J]. *System*, 2011, *39*(3): 290-301.

[249] Negueruela-Azarola, E. Beliefs as conceptualizing activity: a dialectical approach for the second language classroom [J]. *System*, 2011, *39*(3): 359-369.

[250] Nicholas, H., Lightbown, M. & N. Spada. Recasts as feedback to language learners [J]. *Language Learning*, 2001(51): 719-758.

[251] O'Brien, I., Segalowitz, N., Freed, B. & J. Collentine. Phonological memory predicts second language oral fluency gains in adults [J]. *Studies in Second Language Acquisition*, 2007, *29*(4): 557-582.

[252] O'Brien, I., Segalowitz, N., Collentine, J. G. & B. Freed. Phonological memory and lexical, narrative, and grammatical skills in second language oral production by adult learners [J]. *Applied Psycholinguistics*, 2006, *27*(3): 377-402.

[253] O'Malley, J. M. & A. U. Chamot. *Learning Strategies in Second Language Acquisition* [M]. Cambridge: Cambridge University Press, 1990.

[254] Ortega, L. *Understanding Second Language Acquisition* [M]. London: Hodder Education, 2009.

[255] Otaiba, S. A. & D. Fuchs. Who are the young children for whom best practices in reading are ineffective? An experimental and longitudinal study [J]. *Journal of Learning Disabilities*, 2006, *39*(5): 414-431.

[256] Oxford, R. L. Anxiety and the language learner: new insights [A]. In Arnold, J. (Ed.). *Affect in Language Learning*. Cambridge: Cambridge University Press, 1999a: 58-67.

[257] Oxford, R. L. Learning strategies [A]. In Spolsky, B. (Ed.). *Concise Encyclopedia of Educational Linguistics*. Oxford: Elsevier, 1999b: 518-522.

[258] Oxford, R. L. Preface: why is culture important for language learning strategies? [A]. In Oxford, R. L. (Ed.). *Language Learning Strategies around the World: Cross-cultural Perspectives*. Honolulu: University of Hawaii Press, 1996: ix-xv.

[259] Oxford, R. L. Use of language learning strategies: a synthesis of studies with implications for strategy training [J]. *System*, 1989, *17*(2): 235-247.

[260] Oxford, R. L. *Language Learning Strategies: What Every Teacher Should Know* [M]. Rowley: Newbury House, 1990.

[261] Panova, I. & R. Lyster. Patterns of corrective feedback and uptake in an

adult ESL classroom [J]. *TESOL Quarterly*, 2002, *36*(4): 573-595.

[262] Parry, T. S. & J. R. Child. Preliminary investigation of the relationship between VORD, MLAT, and language proficiency[A]. In Parry, T. S. & C. W. Stansfield (Eds.). *Language Aptitude Reconsidered*. Englewood Cliffs: Prentice Hall, 1990: 30-66.

[263] Patel, T. K., Snowling, M. J. & P. F. de Jong. A cross-linguistic comparison of children learning to read in English and Dutch [J]. *Journal of Educational Psychology*, 2004, *96*(4): 785-797.

[264] Payne, J. S. & P. J. Whitney. Developing L2 oral proficiency through synchronous CMC: output, working memory, and interlanguage development [J]. *CALICO Journal*, 2002(20): 7-32.

[265] Peacock, M. & M. Ho. Student language learning strategies across eight disciplines [J]. *International Journal of Applied Linguistics*, 2003, *13*(2): 179-200.

[266] Perfetti, C. A. Reading ability: lexical quality to comprehension [J]. *Scientific Studies of Reading*, 2007(11): 347-383.

[267] Pervin, L. A. & O. P. John. *Personality*: *Theory and Research* [M]. 8th ed. New York: John Wiley & Sons, 2001.

[268] Phillips, B. M., Clancy-Menchetti, J. & J. L. Christopher. Successful phonological awareness instruction with preschool children: lessons from the classroom [J]. *Topics in Early Childhood Special Education*, 2008, *28*(1): 3-17.

[269] Pica, T., Kanagy, R. & J. Falodun. Choosing and using communicative tasks for second language instruction [A]. In Crookes, G. & S. Gass (Eds.). *Tasks and Language Learning*: *Integrating Theory and Practice*. Cambridge: Cambridge University Press, 1993: 59-86.

[270] Pienemann, M. & M. Johnson. Factors influencing the development of language proficiency[A]. In Nunan, D. (Ed.). *Applying Second Language Acquisition Research*. Adelaide: University of Sidney, 1987:45-141.

[271] Pimsleur, P. *The Pimsleur Language Aptitude Battery* [M]. New York: Harcourt, Brace & Jovanovic, 1966.

[272] Polio, C. The relevance of second language acquisition theory to the written error correction debate[J]. *Journal of Second Language Writing*, 2012, *21*(4): 375–389.

[273] Rahimi, M. & L. Zhang. Exploring non-native English-speaking teachers' cognitions about corrective feedback in teaching English oral communication [J]. *System*, 2015(55): 111–122.

[274] Ransdell, S., Levy, C. M. & R. T. Kellogg. The structure of writing processes as revealed by secondary task demands [J]. *L1-Educational Studies in Language and Literature*, 2002, *2*(2): 141–163.

[275] Rebecca, L. Anxiety and the language learner: new insights[A]. In Arnold, J. (Ed.). *Affect in Language Learning*. Beijing: Foreign Language Teaching and Research Press, 2000: 58–68.

[276] Reichelt, M. A critical review of foreign language writing research on pedagogical practices [J]. *Modern Language Journal*, 2001, *85*(4): 578.

[277] Révész, A. Task Complexity, focus on L2 constructions, and individual differences: a classroom-based study [J]. *The Modern Language Journal*, 2011, *95*(1): 162–181.

[278] Révész, A. Working memory and the observed effectiveness of recasts on different L2 outcome measures [J]. *Language Learning*, 2012, *62*(1): 93–132.

[279] Richards, J. C. et al. (Eds.). *Longman Dictionary of Language Teaching and Applied Linguistics* [M]. Beijing: Foreign Language Teaching and Research Press, 2005.

[280] Richter, T., Isberner, M. B., Naumann, J. & Y. Kutzne. Lexical quality and reading comprehension in primary school children [J]. *Scientific Studies of Reading*, 2013, *17*(6): 415–434.

[281] Robinson, P. (Ed.). *Individual Differences and Instructed Language Learning* [M]. Philadelphia: John Benjamins, 2002.

[282] Robinson, P. Aptitude and second language acquisition [J]. *Annual Review of Applied Linguistics*, 2005(25): 46–73.

[283] Robinson, P. Cognitive complexity and task sequencing: studies in a

componential framework for second language task design [J]. *International Review of Applied Linguistics in Language Teaching*, 2005, *43*(1): 1–32.

[284] Robinson, P. Effects of individual differences in intelligence, aptitude and working memory on adult incidental SLA: a replication and extension of Reber, Walkenfield and Hernstadt (1991) [A]. In Robinson, P. (Ed.). *Individual Differences and Instructed Language Learning*. Amsterdam: John Benjamins, 2002: 211–266.

[285] Robinson, P. *Individual Differences and Instructed Language Learning* [M]. Philadelphia: John Benjamins, 2002.

[286] Robinson, P. Individual differences and the similarity of implicit and explicit adult second language learning [J]. *Language Learning*, 1997(47): 45–99.

[287] Robinson, P. Individual differences, cognitive abilities, aptitude complexes and learning conditions in second language acquisition [J]. *Second Language Research*, 2001, *17*(4): 368–392.

[288] Robinson, P. Learning simple and complex second language rules under implicit, incidental, rule-search and instructed conditions [J]. *Studies in Second Language Acquisition*, 1996, *18*(1): 27–67.

[289] Robinson, P. Task complexity, cognition, and second language syllabus design: a triadic framework for examining task influences on SLA [A]. In Robinson, P. (Ed.). *Cognition and Second Language Instruction*. New York: Cambridge University Press, 2001: 287–314.

[290] Robinson, P. The cognition hypothesis, task design and adult task-based language learning [J]. *Second Language Studies*, 2003(21):45–107.

[291] Robinson, P. Task-based language learning: a review of issues [J]. *Language Learning*, 2011, *61*(1):1–36.

[292] Robinson, P., Mackey, A., Gass, S. M. & R. Schmidt. Attention and awareness in second language acquisition [C]. In Gass, S. & A. Mackey (Eds.). *The Routledge Handbook of Second Language Acquisition*. New York: Routledge, 2012: 247–267.

[293] Römer, U. The inseparability of lexis and grammar: corpus linguistic perspectives [J]. *Annual Review of Cognitive Linguistics*, 2009, *7*(1): 140–162.

[294] Roothooft, H. The relationship between adult EFL teachers' oral feedback practices and their beliefs [J]. *System*, 2014(46) : 65-79.

[295] Ryan, R. M. & E. L. Deci. Self-determination theory and the facilitation of intrinsic motivation, social development, and well-being[J]. *American Psychologist*, 2000, *55*(1) : 68-78.

[296] Sabrina, L. D. & M. Kim. The relationship between instructor feedback and ESL student anxiety [J]. *TESL Canada Journal*, 2013, *31*(1) : 20-41.

[297] Sagarra, N. From CALL to face-to-face interaction: the effect of computer-delivered recasts and working memory on L2 development [A]. In Mackey, A. (Ed.). *Conversational Interaction in Second Language Acquisition: A Collection of Empirical Studies*. Oxford: Oxford University Press, 2007: 229-248.

[298] Sagarra, N. Optimizing the noticing of recasts through computer-delivered feedback: evidence that oral input enhancement and working memory help second language learning [J]. *Modern Language Journal*, 2013, *97*(1) : 196-216.

[299] Sato, M. Beliefs about peer interaction and peer corrective feedback: efficacy of classroom intervention [J]. *The Modern Language Journal*, 2013, *97*(3) : 611-633.

[300] Sauro, S. Computer-mediated corrective feedback and the development of L2 grammar [J]. *Language Learning and Technology*, 2009, *13*(1) : 96-120.

[301] Sawyer, M. & L. Ranta. Aptitude, individual differences, and instructional design[A]. In Robinson, P. (Ed.). *Cognition and Second Language Instruction*. New York: Cambridge University Press, 2001: 319-353.

[302] Schaars, M. M. H., Segers, P. C. J. & L. T. W. Verhoeven. Word decoding development during phonics instruction in children at risk for dyslexia [J]. *Dyslexia*, 2017, *23*(2) : 141-160.

[303] Schachter, J. Corrective feedback in historical perspective[J]. *Second Language Research*, 1991(7) : 89-102.

[304] Schmidt, R. Attention[A]. In Robinson, P. (Ed.). *Cognition and Second*

Language Instruction. New York: Cambridge University Press, 2001: 3-32.

[305] Schmidt, R. Awareness and second language acquisition[J]. *Annual Review of Applied Linguistics*, 1993(13): 206-226.

[306] Schmidt, R. Role of consciousness in second language acquisition[J]. *Applied Linguistics*, 1990, *11*(2): 120-158.

[307] Schmidt, R. & Y. Watanabe. Motivation, strategy use, and pedagogical preferences in foreign language learning[A]. In Dörnyei, Z. & R. Schmidt (Eds.). *Motivation and Second Language Acquisition.* Honolulu: University of Hawaii Press, 2001: 313-359.

[308] Schulz, R. A. Cultural differences in student and teacher perceptions concerning the role of grammar instruction and corrective feedback: USA-Colombia [J]. *The Modern Language Journal*, 2001, *85*(2): 244-258.

[309] Schulz, R. A. Focus on form in the foreign language classroom: students' and teachers' views on error correction and the role of grammar [J]. *Foreign Language Annals*, 1996(29): 343-364.

[310] Selinker, L. Interlanguage[J]. *IRAL*, 1972(10): 209-231.

[311] Sengupta. S. Peer evaluation: "I am not the teacher" [J]. *ELT Journal*, 1998(52): 19-28.

[312] Shaofeng, Li & R. Saeed. The associations between working memory and the effects of four different types of written corrective feedback [J]. *Journal of Second Language Writing*, 2019(45): 1-15.

[313] Sheen, H. Exploring the relationship between characteristics of recasts and learner uptake [J]. *Language Teaching Research*, 2006(10): 361-392.

[314] Sheen, Y. & R. Ellis. Corrective feedback in language teaching [A]. In Hinkle, E. (Ed.). *Handbook of Research in Second Language Teaching and Learning.* New York: Routledge, 2011: 593-610.

[315] Sheen, Y. Corrective feedback and learner uptake in communicative classrooms across instructional settings [J]. *Language Teaching Research*, 2004, *8*(3): 263-300.

[316] Sheen, Y. The effects of corrective feedback, language aptitude, and learner attitudes on the acquisition of English articles[A]. In Mackey, A. (Ed.).

Conversational Interaction in Second Language Acquisition. Oxford: Oxford University Press, 2007a: 301-322.

[317] Sheen, Y. The effect of focused written corrective feedback and language aptitude on ESL learners' acquisition of articles [J]. *TESOL Quarterly,* 2007b, *41*(2): 255-283.

[318] Sheen, Y., Wright, D. & A. Moldawa. Differential effects of focused and unfocused written correction on the accurate use of grammatical forms by adult ESL learners [J]. *System,* 2009, *37*(4): 556-569.

[319] Shintani, N. & R. Ellis. Does language analytical ability mediate the effect of written feedback on grammatical accuracy in second language writing? [J]. *System,* 2015 (49): 110-119.

[320] Shintani, N. & R. Ellis. The comparative effect of direct written corrective feedback and metalinguistic explanation on learners' explicit and implicit knowledge of the English indefinite article [J]. *Journal of Second Language Writing,* 2013, *22* (3): 286-306.

[321] Shintani, N., Ellis, R. & W. Suzuki. Effects of written feedback and revision on learners' accuracy in using two English grammatical Structures [J]. *Language Learning,* 2014, *64*(1): 103-131.

[322] Shintani, N. & S. Aubrey. The effectiveness of synchronous and asynchronous written corrective feedback on grammatical accuracy in a computer-mediated environment [J]. *The Modern Language Journal,* 2016, *100*(1): 296-319.

[323] Singleton, D. Language aptitude: desirable trait or acquirable attribute? [J]. *Studies in Second Language Learning and Teaching,* 2017, *7*(1): 89-103.

[324] Skehan, P. *A Cognitive Approach to Language Learning* [M]. Oxford: Oxford University Press, 1998.

[325] Skehan, P. Foreign language aptitude and its relationship with grammar: a critical overview [J]. *Applied Linguistics,* 2015, *36* (3): 367-384.

[326] Skehan, P. *Individual Differences in Second Language Acquisition* [M]. London: Edward Arnold, 1989.

[327] Skehan, P. Language aptitude [A]. In Gass, S. & A. Mackey(Eds.).

Routledge Handbook of Second Language Acquisition. New York: Routledge, 2012: 381-395.

[328] Skehan, P. *Processing Perspectives on Task Performance* [M]. Amsterdam: John Benjamins, 2014.

[329] Skehan, P. Task-based instruction [J]. *Language Teaching*, 2003, *36*(1): 1-14.

[330] Skehan, P. Theorising and updating aptitude [A]. In Robinson, P. (Ed.). *Individual Differences and Instructed Language Learning*. Amsterdam: John Benjamins, 2002: 69-93.

[331] Skehan, P. & P. Foster. The influence of task structure and processing condition on narrative retellings [J]. *Language Learning*, 1999(49): 93-120.

[332] Skehan, P. & P. Foster. Cognition and tasks [A]. In Robsion. P. (Ed.). *Cognition and Second Language Instruction*. New York: Cambridge University Press, 2001: 183-205.

[333] Smith, S. M. Consciousness-raising and the second language learner [J]. *Applied Linguistics*, 1981, *2*(2): 159-168.

[334] Spada, N. & Y. Tomita. Interactions between type of instruction and type of language feature: a meta-analysis [J]. *Language learning*, 2010, *60*(2): 263-308.

[335] Sparks, R. L. & L. Ganschow. Aptitude for learning a foreign language [J]. *Annual Review of Applied Linguistics*, 2001 (21): 90-111.

[336] Sparks, R., Ganschow, L. & J. Patton. Prediction of performance in first-year foreign language courses: connections between native and foreign language learning [J]. *Journal of Educational Psychology*, 1995, *87*(4): 638-655.

[337] Spoelman, M. & M. Verspoor. Dynamic patterns in development of accuracy and complexity: a longitudinal case study in the acquisition of Finnish [J]. *Applied Linguistics*, 2010, *31*(4): 532-553.

[338] Stefanou, C. & A. Révész. Learner differences, and the acquisition of

second language article use for generic and specific plural reference [J]. *The Modern Language Journal*, 2015, *99* (2) : 263–282.

[339] Stern, H. H. What can we learn from the good language learner? [J]. *Canadian Modern Language Review*, 1975 (31) : 304–318.

[340] Sternberg, R. Implicit theories of intelligence, creativity, and wisdom [J]. *Journal of Personality and Social Psychology*, 1985, *49* (3) : 607–627.

[341] Stiles, D. J. , McGregor, K. K. & R. A. Bentler. Vocabulary and working memory in children fit with hearing aids [J]. *Journal of Speech, Language, and Hearing Research*, 2011, *55* (1) : 154–167.

[342] Suzuki, M. Corrective feedback and learner uptake in adult ESL classrooms [J]. *Columbia University Working Papers in TESOL & Applied Linguistics*, 2004 (4) : 1–21.

[343] Swain, M. *Communicative Competence: Some Roles of Comprehensible Input and Comprehensible Output in Its Development* [M]. Rowley: Newbury House, 1985.

[344] Swain, M. Focus on form through conscious reflection [A]. In Doughty, C. & J. Williams (Eds.). *Focus on Form in Classroom Second Language Acquisition*. Cambridge: Cambridge University Press, 1998.

[345] Swain, M. The output hypothesis: just speaking and writing aren't enough [J]. *Canadian Modern Language Review*, 1993 (50) : 158–164.

[346] Tarone, E. & B. Swierzin. *Exploring Leaner Language* [M]. Oxford: Oxford University Press, 2009.

[347] Tobias, R. , Maj-Britt, I. , Johannes, N. & N. Yvonne. Lexical quality and reading comprehension in primary school children [J]. *Scientific Studies of Reading*, 2013, *17* (6) : 415–434.

[348] Trahey, M. & L. White. Positive evidence and preemption in the second language classroom [J]. *Studies in Second Language Acquisition*, 1993 (15) : 181–204.

[349] Tremblay, P. F. & R. C. Gardner. Expanding the motivation construct in language learning [J]. *The Modern Language Journal*, 1995, *79* (4) : 505–518.

[350] Trofimovich, P., Ammar, A. & E. Gatbonton. How effective are recasts? The role of attention, memory, and analytical ability [A]. In Mackey, A. (Ed.). *Conversational Interaction in Second Language Acquisition: A Series of Empirical Studies*. Oxford: Oxford University Press, 2007: 171-195.

[351] Truscott, J. Evidence and conjecture on the effects of correction: a response to Chandler [J]. *Journal of Second Language Writing*, 2004(13): 337-343.

[352] Truscott, J. The case against grammar correction in L2 writing classes [J]. *Language Learning*, 1996, *46*(2): 327-369.

[353] Truscott, J. The effect of error correction on learners' ability to write accurately [J]. *System*, 2007, *16*(4): 255-272.

[354] Truscott, J. & A. Y. P. Hsu. Error correction, revision, and learning [J]. *Journal of Second Language Writing*, 2008, *17*(4): 292-305.

[355] Ushioda, E. A person-in-context relational view of emergent motivation, self and identity [A]. In Dörnyei, Z. & E. Ushioda(Eds.). *Motivation, Language Identity and the L2 Self*. Bristol: Multilingual Matters, 2009: 215-228.

[356] Van Beuningen, C. G., de Jong, N. H. & F. Kuiken. The effect of direct and indirect corrective feedback on L2 learners' written accuracy [J]. *ITL International Journal of Applied Linguistics*, 2008(156): 279-296.

[357] Van Patten, B. & S. Borst. The roles of explicit information and grammatical sensitivity in processing instruction: nominative accusative case marking and word order in German L2 [J]. *Foreign Language Annals*, 2012a, *45* (1): 92-109.

[358] Van Patten, B. & S. Borst. The roles of explicit information and grammatical sensitivity in the processing of clitic direct object pronouns and word order in Spanish L2[J]. *Hispania*, 2012b, *95* (2): 270-284.

[359] Vanderberg, R. & H. L. Swanson. Which components of working memory are important in the writing process? [J]. *Reading and Writing*, 2007, *20*(7): 721-752.

[360] Vásquez, C. & J. Harvey. Raising teachers' awareness about corrective feedback through research replication [J]. *Language Teaching Research*,

2010, *14*(4):421-443.

[361] Veldre, A. & S. Andrews. Lexical quality and eye movements: individual differences in the perceptual span of skilled adult readers [J]. *The Quarterly Journal of Experimental Psychology*, 2014, *67*(4): 703-727.

[362] Verhoeven, L. & A. Vermeer. Communicative competence and personality dimensions in first and second language learners [J]. *Applied Psycholinguistics*, 2002, *23*(3): 361-374.

[363] Verspoor, M., Lowie, W. & M. Van Dijk. Variability in second language development from a dynamic systems perspective [J]. *Modern Language Journal*, 2008, *92*(2): 214-231.

[364] Vygotsky, L. S. *Mind in Society*: *The Development of Higher Psychological Processes* [M]. Cambridge: Harvard University Press, 1978.

[365] Walter, C. Transfer of comprehension skills to L2 is linked to mental representations of text and to L2 working memory[J]. *Applied Linguistics*, 2004, *25*(3): 315-339.

[366] Ward, M. Butterflies and bifurcation: can chaos theory contribute to our understanding of family systems? [J]. *Journal of Marriage and Family*, 1995(3): 629-638.

[367] Warschauer, M. Computer-mediated collaborative learning: theory and practice [J]. *Modern Language Journal*, 1997, *81*(4): 470-481.

[368] Waters, G. S. & D. Caplan. The measurement of verbal working memory and its relation to reading comprehension [J]. *Quarterly Journal of Experimental Psychology*, 1996, *49*(1): 51-75.

[369] Weinstein, C. E., Husman, J. & D. R. Dierking. Self-regulation interventions with a focus on learning strategies [A]. In Boekaerts, M. Pintrich, P. R. & M. Zeidner (Eds.). *Handbook of Self-regulation*. San Diego: Academic Press, 2000: 727-747.

[370] Weissheimer, J. & M. B. Mota. Individual differences in working memory capacity and the development of L2 speech production [J]. *Issues in Applied Linguistics*, 2009, *17*(2): 93-112.

[371] Wen, Z. , Mota, M. B. & A. McNeill. *Working Memory in Second Language Acquisition and Processing* [M]. Bristol, Buffalo & Toronto: Multilingual Matters, 2015.

[372] Wenden, A. Helping language learners think about learning [J]. *English Language Teachers Journal*, 1986, *40*(1): 3-12.

[373] Wenden, A. *Learner Strategies for Learner Autonomy* [M]. Hemel Hempstead: Prentice Hall, 1991.

[374] Wesche, M. B. Language aptitude measures in streaming, matching students with methods, and diagnosis of learning problems [A]. In Diller, K. C. (Ed.). *Individual Differences and Universals in Language Learning Aptitude*. Rowley: Newbury House, 1981.

[375] Wong-Fillmore, L. Individual differences in second language acquisition [A]. In Fillmore, C. J. , Wang, S. Y. & D. Kempler (Eds.). *Individual Differences in Language Ability and Language Behavior*. New York: Academic Press, 1979.

[376] Yamamoto, S. Can corrective feedback bring about substantial changes in the learner inter-language system? [J]. *Columbia University Working Papers in TESOL & Applied Linguistics*, 2003(3): 1-9.

[377] Yang, J. & S. Kim. International students' acculturation information seeking: personality, information needs and uses [J]. *Proceedings of the Association for Information Science and Technology*, 2011, *48*(1): 1-4.

[378] Yang, Y. & R. Lyster. Effects of form-focused practice and feedback on Chinese EFL learners' acquisition of regular and irregular past tense forms [J]. *Studies in Second Language Acquisition*, 2010, *32*(2): 235-263.

[379] Yilmaz, Y. Relative effects of explicit and implicit feedback: the role of working memory capacity and language analytic ability [J]. *Applied Linguistics*, 2012, *34*(3): 344-368.

[380] Yoshida, R. Teachers' choice and learners' preferences of corrective feedback types [J]. *Language Awareness*, 2008, *17*(1): 78-93.

[381] Young, D. J. Creating a low anxiety classroom environment: what does

language anxiety research suggest [J]. *The Modern Language Journal*, 1991, 75(4): 426-439.

[382] 常海潮. 定向动机流——二语动机理论研究新进展 [J]. 现代外语，2016 (5): 704-713.

[383] 常海潮. 英语专业学生学习动机变化机制研究——基于定向动机流理论的定性考察 [J]. 外语界，2017 (3): 39-47.

[384] 陈彩琦，李坚，刘志华. 工作记忆的模型与基本理论问题 [J]. 华南师范大学学报：自然科学版，2003 (4): 135-142.

[385] 陈庆荣，邓铸，蒋波. 工作记忆和句法复杂性对汉语判断单句的影响 [J]. 心理科学，2008 (3): 633-637.

[386] 陈士法，崔涛涛，罗小姝. 国内外语界工作记忆与第二语言习得关系研究 20 年 [J]. 北京第二外国语学院学报，2016 (2): 15-27.

[387] 陈晓湘，彭丽娜，郭兴荣，张姣，刘星. 聚焦和非聚焦书面反馈对英语非真实条件虚拟语气习得的影响 [J]. 外语与外语教学，2013 (2): 31-35.

[388] 陈悦，陈超美，刘则渊，胡志刚，王贤文. CiteSpace 知识图谱的方法论功能 [J]. 科学学研究，2015 (2): 242-253.

[389] 崔刚，柳鑫淼. 语言学习者个体差异研究的新阶段 [J]. 中国外语，2013 (4): 61-68.

[390] 戴运财. 语言学能对二语习得的影响 [J]. 外语教学与研究，2006 (6): 451-459.

[391] 戴运财. 工作记忆、外语学能与句法加工的关系研究 [J]. 外语与外语教学，2014 (4): 32-37.

[392] 戴运财. 学习者个体差异与二语习得 [J]. 宁波大学学报，2005 (5): 30-34.

[393] 戴运财，蔡金亭. 二语习得中的语言学能研究：回顾、现状、思考与展望 [J]. 外国语，2008 (31): 80-90.

[394] 戴运财，王同顺. 基于动态系统理论的二语习得模式研究——环境、学习者与语言的互动 [J]. 山东外语教学，2012 (5): 36-41.

[395] 丁锦红，王丽燕. 语音回路与阅读理解关系的眼动研究 [J]. 心理学报，2006 (5): 694-701.

[396] 樊瑞文，史华伟，黄幸，段怿炜，鄢鹤铭，常静玲. 工作记忆与词汇学习：基

于词图匹配任务的事件相关电位研究 [J]. 中国康复理论与实践，2019（1）: 70-75.

[397] 范玉梅, 徐锦芬. 国外二语/外语课堂口头纠正性反馈研究综述 [J]. 解放军外国语学院学报，2016（5）: 121-128.

[398] 方琼. 高校英语教学有效性研究——复杂性理论视角 [J]. 黑龙江教育学院学报，2015（4）: 150-152.

[399] 付蓓. 定向动机流视角下的英语口语学习自我概念发展变化——一项非英语专业大学生的历时跟踪个案研究 [J]. 外语界，2019（4）: 50-57.

[400] 高一虹, 赵媛, 程英, 周燕. 大学本科生英语学习动机类型与自我认同变化的关系 [J]. 国外外语教学，2002（4）: 18-24.

[401] 高一虹等. 大学生英语学习动机与自我认同发展——四年五校跟踪研究 [M]. 北京: 高等教育出版社，2013.

[402] 顾琦一, 程秀苹. 中国英语学习者的花园路径句理解——与工作记忆容量和语言水平的相关研究 [J]. 现代外语，2010（3）: 297-304.

[403] 顾伟勤. 重谈语言学能——外语学习中个体差异的一个重要构成 [J]. 中国外语，2008（6）: 62-67.

[404] 韩亚文. 工作记忆容量对中国英语学习者口语准确度、复杂度和流利度的影响 [J]. 外语教学，2015（5）: 65-68.

[405] 黄齐东. 二语习得过程的认知语言学诠释 [J]. 河海大学学报: 哲学社会科学版，2009（3）: 81-84.

[406] 金吾伦, 郭元林. 复杂性科学及其演变 [J]. 复杂系统与复杂性科学，2004（1）: 1-4.

[407] 金霞. 工作记忆容量限制对二语学习者口语产出的影响 [J]. 外语教学与研究，2012（4）: 523-533.

[408] 雷鹏飞, 徐锦芬. 课堂外语学习环境中的语言迁移——以动态系统理论为视角 [J]. 外语界，2017（3）: 57-64.

[409] 李毕琴, 徐展, 赵守盈. 工作记忆中汉语词长效应机制研究 [J]. 西南大学学报: 自然科学版，2009（6）: 179-183.

[410] 李茶, 隋铭才. 二语学习者个体差异研究: 由简单趋向复杂 [J]. 中国外语，2012（3）: 47-59.

[411] 李杰,陈超美. CiteSpace:科技文本挖掘及可视化 [M].北京:首都经济贸易大学出版社,2016.

[412] 李炯英,刘鹏辉.我国外语学习动机研究:回顾与思考(2004—2013)[J].外语界,2015(2):32-43.

[413] 李一员,吴睿明,胡兴旺,李红,P. D. Zelazo.聋童执行功能发展:聋童与正常儿童的比较 [J].心理学报,2006(3):356-364.

[414] 刘会霞,燕浩.二语听力个体差异的工作记忆效应 [J].现代外语,2017(2):213-222.

[415] 刘惠军,郭德俊.工作记忆的性质和工作机制 [J].首都师范大学学报:社会科学版,2006(1):108-114.

[416] 刘骏,蒋楠.中国学生外语学习能力倾向研究 [J].中国外语,2006(4):63-68.

[417] 刘学华,张薇.修正性反馈引发的注意对中国学习者目标语发展的作用 [J].外语与外语教学,2011(3):50-55.

[418] 鲁忠义,张亚静.工作记忆中的语音回路对汉语阅读理解的影响 [J].心理学报,2007(5):768-776.

[419] 陆爱桃,张积家,莫雷.注意控制和短时存储对音位流畅性和语义流畅性的影响 [J].心理学报,2008(1):25-36.

[420] 马拯,王同顺.外语学能和工作记忆对外语阅读的影响 [J].山东外语教学,2011(3):41-47.

[421] 宁建庚,蔡金亭.动态系统理论视角下的定向动机流个案研究 [J].外语教学,2019(3):69-75.

[422] 秦晓晴,文秋芳.中国大学生英语写作能力发展规律与特点研究 [M].北京:中国社会科学出版社,2007.

[423] 任虎林,金朋荪.工作记忆对中国英语学习者处理自嵌式英语复句的影响 [J].外语教学与研究,2010(2):125-130.

[424] 沈洪炎.工作记忆在写作过程中的作用——来自中文的证据 [D].广州:华南师范大学,2012.

[425] 苏建红.国外书面纠正性反馈实证研究述评 [J].西安外国语大学学报,2015(3):87-91.

[426] 苏建红.学习者思维方式个体差异对书面纠正性反馈效果的影响 [J].

外语与外语教学，2014a（4）：45-50.

[427]　苏建红．显性/隐性教学与语言分析能力对二语知识习得的交互作用
[J]．现代外语，2012（4）：385-392.

[428]　苏建红．认知因素、注意与书面纠正性反馈效果[J]．西安外国语大学学
报，2014b（1）：75-78.

[429]　苏建红，蒋安琪．口头纠正性反馈对中国英语学习者一般过去时习得的
影响——工作记忆的调节作用[J]．外语教学，2020（1）：76-81.

[430]　谭珂，马杰，连坤予，郭志英，白学军．双重缺陷汉语发展性阅读障碍儿童
的言语工作记忆和阅读能力研究[J]．心理与行为研究，2018（3）：308-
314.

[431]　唐建敏，鲁莉．二语习得中的纠正性反馈研究[J]．西安建筑科技大学学
报：社会科学版，2015（1）：75-80.

[432]　唐瑜婷，陈宝国．工作记忆、语境限制强调和句子长度对二语词汇学习的
影响[J]．心理科学，2014（3）：649-655.

[433]　王兰兰，苗兴伟．混沌/复杂系统理论在大学英语教学中的实际应用路径
探析[J]．外语教学，2013（6）：43-48.

[434]　王立非，江进林．国际二语习得研究十年热点及趋势的定量分析（2000—
2009）[J]．外语界，2012（6）：2-9.

[435]　王舜淋，张向前．基于复杂系统理论的知识型人才流动与产业集群发展
动力机制研究[J]．科技管理研究，2017（24）：186-192.

[436]　王峥．我国二语动机研究的基本认识、方法与理论应用：问题与建议[J]．
外语界，2016（3）：64-71.

[437]　温植胜．对外语学能研究的重新思考[J]．现代外语，2005（4）：148-
150.

[438]　温植胜．工作记忆与第二语言学习：面向整合性方法[M]．北京：外语教
学与研究出版社，2018.

[439]　温植胜．外语学能研究的新趋势[J]．华南师范大学学报：社会科学版，
2007（1）：148-150.

[440]　温植胜．外语学能研究新视角——工作记忆效应[J]．现代外语，2007
（1）：87-95.

[441]　温植胜，易保树．工作记忆与习得研究的新进展[J]．现代外语，2015（4）：

565-574.

[442] 文秋芳．英语专业学生口语词汇变化的趋势与特点 [J]．外语教学与研究，2006（5）：189-195.

[443] 文秋芳,王立非．二语习得研究方法 35 年：回顾与思考 [J]．外国语，2004（4）：30-34.

[444] 徐方．二语习得视域下句子理解中的工作记忆研究综述 [J]．中国海洋大学学报：社会科学版，2017（1）：109-115.

[445] 徐锦芬,寇金南．基于词频的国内课堂互动研究热点及趋势分析 [J]．解放军外国语学院学报，2014（3）：1-9.

[446] 徐锦芬,聂睿．基于 CiteSpace 的国际二语写作研究动态可视化分析（2004—2014）[J]．外语电化教学，2015（4）：3-9.

[447] 薛锦．解析二语英语阅读的两个成分：字词解码和理解 [J]．外语研究，2009（3）：70-74.

[448] 杨颖莉,于莹．反馈类型与任务投入量对词汇发展的作用 [J]．现代外语，2016（3）：408-439.

[449] 易保树,罗少茜．工作记忆容量对二语学习者书面语产出的影响 [J]．外语教学与研究，2012（4）：536-546.

[450] 尹洪山．二语写作中的定向动机流 [J]．外语学刊，2018（2）：64-68.

[451] 张公瑾．混沌学与语言研究 [J]．语言教学与研究，1997（3）：61-65.

[452] 张积家,陆爱桃．语音回路和视空间模板对音位流畅性和语义流畅性的影响 [J]．心理学报，2007（6）：1012-1024.

[453] 张威．工作记忆与口译技能在同声传译中的作用与影响 [J]．外语教学与研究，2012（5）：751-764.

[454] 张薇,廖毅,陈晓湘．工作记忆容量影响不同类型修正性反馈效用的研究 [J]．外国语，2018（2）：63-76.

[455] 张晓东．短时记忆、工作记忆及词汇知识对二语接收性言语技能的影响 [J]．外语界，2014（5）：38-47.

[456] 张璇,杨玉芳．工作记忆容量在语言理解中的作用及机制 [J]．心理科学，2009（5）：1030-1033.

[457] 赵鑫,周仁来．工作记忆中央执行系统不同子功能评估方法 [J]．中国临床心理学杂志，2011（6）：748-752.

[458] 郑安逸．工作记忆容量和反馈方式对英语学习者过去式习得的影响研究 [D]．南京：南京工业大学，2016．

[459] 郑咏滟．动态系统理论框架下的外语词汇长期发展 [M]．上海：复旦大学出版社，2015．

[460] 郑咏滟,温植胜．动态系统理论视域下的学习者个体差异研究：理论构建与研究方法 [J]．外语教学，2013（3）：54-58．

[461] 钟志英．英语的 Zipf 分布和二语学习者的高频语言点 [J]．外语界，2014（6）：2-10．

[462] 朱晓斌,张积家．工作记忆与小学生文本产生、书写活动的关系 [J]．心理科学，2004（3）：555-558．

[463] 朱彦．透过"反馈"之镜,倾听课堂之音——大学英语学习者对口头纠错反馈的信念探究 [J]．外语与外语教学，2016（1）：33-40

[464] 朱智贤．心理学大词典 [M]．北京：北京师范大学出版社，1989．